SECCIÓN DE OBRAS DE ANTROPOLOGÍA

EL DESTINO DE LA PALABRA

MIGUEL LEÓN-PORTILLA

EL DESTINO DE LA PALABRA

*De la oralidad y los códices mesoamericanos
a la escritura alfabética*

EL COLEGIO NACIONAL

FONDO DE CULTURA ECONÓMICA

MÉXICO

Primera edición,   1996
Segunda reimpresión, 1997

D. R. © 1996, EL COLEGIO NACIONAL
Luis González Obregón 23; Centro Histórico

D. R. © 1996, FONDO DE CULTURA ECONÓMICA
Carretera Picacho-Ajusco 227; 14200 México, D. F.

ISBN 968-16-4870-6

Impreso en México

CONTENIDO

INTRODUCCIÓN

Del destino de la palabra —la expresada por los forjadores de cantos, los sabios, los escribanos y pintores de los códices— se preocuparon muchos consumada la invasión de Anáhuac. Unos quisieron erradicarla, hacer que no quedara vestigio de ella. Los cantares debían silenciarse y los viejos libros con pinturas y caracteres reducirse a cenizas. Por ser inspiración del Demonio, tal debía ser su destino.

Otros, de estirpe indígena, siguieron entonando sus cantos pero a escondidas o intercalando en ellos invocaciones cristianas y sustituyendo a veces los nombres de sus dioses con los de *Tiox* (Dios), San Francisco o María. También hubo algunos que ocultaron sus libros para seguir normando sus vidas según lo que allí se enseñaba. Por ser tesoro inestimable, perdurar debía ser su destino.

Ambivalente fue la actitud de algunos frailes. Un ejemplo de esto lo tenemos en el encargo que fray Martín de Valencia y el obispo Sebastian Ramírez de Fuenleal hicieron a fray Andrés de Olmos en 1533. Se le ordenó que "sacase en un libro las antigüedades de estos naturales indios, en especial de México, Tetzcuco y Tlaxcala". El propósito era doble. Alcanzado dicho conocimiento, "lo malo y fuera de tino se podría mejor refutar y, si algo bueno se hallase, se pudiera notar, como se notan y tienen en memoria las cosas de otros gentiles" (Mendieta, 1941, I,

prólogo sin foliar). De esta suerte el saber y la palabra
indígenas podrían tener un doble destino. Serían
refutados y proscritos en lo que de malo tenían y, si algo
bueno hubiese, recordados como ocurría con el legado
de otros paganos.

Con criterio semejante procedieron otros frailes, entre
ellos Bernardino de Sahagún. Comparándose éste con "el
médico [que] no puede aplicar sus medicinas al enfermo
sin que primero conozca de qué humor o de qué causa
proceda la enfermedad", emprendió sus pesquisas para
identificar los males espirituales de los indígenas, "la
idolatría y ritos idolátricos y supersticiones idolátricas y
agüeros y abusiones y ceremonias idolátricas" (Sahagún,
1989, I, 31). Ello permitiría a los frailes "confutar este
maldito vicio" (I, 68), el de la idolatría, con el que "los dia-
blos engañaron a vuestros antepasados", como lo escribió
dirigiéndose a "los mexicanos, tlaxcaltecas y los que habi-
táis la tierra de Mechuacán y todos los demás indios de
estas Indias Occidentales" (1989, I, 65).

Digno de notarse es que quien, según lo escribió, con
tal criterio guió sus investigaciones, en el transcurso de
los años fue sintiéndose atraído por mucho de lo que iba
descubriendo. De tal actitud dan testimonio numerosas
expresiones suyas. En el mismo prólogo al libro I de su
Historia, en el que se comparó con el médico, escrito por
fray Bernardino entre 1576 y 1579, cuando puso en limpio sus manuscritos dice que:

> Aprovechará mucho toda esta obra para conocer el quilate de
> esta gente mexicana, el cual aún no se ha conocido.

En su opinión, la situación en que se encuentran, some-
tidos ya a los españoles, ha impedido valorar lo que
realmente son:

Fueron tan atropellados y destruidos ellos y todas sus cosas, que ninguna apariencia les quedó de lo que eran antes. Así están tenidos por bárbaros y por gente de bajísimo quilate, como según verdad en las cosas de policía [cultura] echan el pie delante [aventajan] a muchas otras naciones que tienen gran presunción de políticas, sacando fuera algunas tiranías que su modo de regir contenía. En esto poco, que con gran trabajo se ha rebuscado, parece mucho la ventaja que hicieran, si todo se pudiera haber (1989. I, 33).

En paralelo con esta apreciación hay otras a lo largo de la *Historia*, en especial en los prólogos a algunos de sus libros. En el que consta escribió en 1577 al sexto de ellos, dice:

Entre los mexicanos, entre los cuales los sabios, retóricos y virtuosos y esforzados, eran tenidos en mucho. Y de éstos elegían para pontífices, para señores y principales y capitanes, por de baja suerte que fuesen...

Fueron, cierto, en estas cosas extremados, devotísimos para con sus dioses, celosísimos de sus repúblicas [sus gobiernos y gobernados], entre sí muy urbanos; para con sus enemigos muy crueles; para con los suyos, humanos y severos, y pienso que por estas virtudes alcanzaron el imperio, aunque les duró poco, y ahora lo han perdido, como verá claro el que cotejase lo contendido en este libro con la vida que ahora tienen. La causa de esto no la digo por estar muy clara (1989, I, 305).

Con esta otra alusión a lo que significó la conquista española, hace referencia luego a la autenticidad de los textos que ofrece. Contradice así a

lo que algunos émulos han afirmado, que todo lo escrito en estos libros, antes de éste y después de éste, son ficciones y mentiras. Hablan [ellos] como apasionados y mentirosos, porque lo que en este libro está escrito no cabe en entendimiento de hombre el fingirlo [inventar lo expresado por los nahuas], ni hombre viviente pudiera fingir lo que en él está.

> Y todos los indios entendidos, si fueran preguntados, afirmarían
> que este lenguaje es propio de sus antepasados y obras que ellos
> hacían (1989, I, 365-366).

Tales obras son calificadas por él, con grande admiración, como "De la retórica y filosofía moral y teología de
la gente mexicana, donde hay cosas muy curiosas tocantes
a los primores de su lengua y cosas muy delicadas tocante
a las virtudes morales" (1989, I, 305). Y lo que parecerá tal
vez más asombroso, el mismo Sahagún, exponiéndose
incluso, más que a críticas, a condenaciones eclesiásticas y
aun del Santo Oficio, no dudó en alabar el contenido de
varias oraciones a Tezcatlipoca, diciendo que en ellas
"usan de muy hermosas metáforas y maneras de hablar";
"contiene sentencias muy delicadas"; "muy extremado
lenguaje..."

El título que puso al texto que constituye el capítulo XIX
del mismo libro VI, que no vieron ya esos otros que lo
acusaron de reavivar supersticiones, a diferencia de "sus
émulos" que tenían por fingidos tales testimonios, es en
verdad elocuente. Se refiere al *huehuehtlahtolli* o "antigua
palabra" que decía la madre a su hija exhortándola a
llevar una vida recta. Tan sabio pareció a Sahagún este
texto, y otro que también transcribió, que de ellos dijo:

> Mas aprovecharían estas dos pláticas, dichas en el púlpito, por el
> lenguaje y estilo en que están (*mutatis mutandis*) que muchos
> sermones, a los mozos y mozas, (1989, I, 370).

Así, el que investigó para poner al descubierto idolatrías, casi sin sentirlo quedó cautivado por lo que le pareció tan extraordinario en la sabiduría indígena. De ella
provenían obras que, a su juicio, más aprovecharían que
muchos de los sermones de curas y frailes. Esos discursos,
así como las oraciones a Tezcatlipoca, los himnos sacros,

los relatos legendarios e históricos, las noticias sobre el saber médico, las interpretaciones de los *tonalli*, destinos de los días, y la memoria acerca del enfrentamiento con los hombres de Castilla, eran para Sahagún —y para quienes promovieron que le fueran recogidos sus papeles— testimonios de la palabra y el saber indígenas. Del relato que integra la visión de los vencidos, notó que

...se escribió en tiempo que eran vivos los que se hallaron en la misma conquista y ellos dieron esta relación, personas principales y de buen juicio, y que [él] tiene por cierto que dijeron toda verdad (1989, II, 817).

A propósito ya de la forma como recibió los distintos testimonios que le proporcionaron los indígenas, formula Sahagún una doble precisión. Por una parte nos dice que

todas las cosas que conferimos me las dieron por pinturas que aquella era la escritura que ellos antiguamente usaban (1959, I, 78).

Por otra, menciona también "los parlamentos" que, según refiere, tuvo "con hasta diez o doce principales ancianos", entre ellos Diego de Mendoza Tlaltentzin, "hombre anciano de gran marco y habilidad", con los que se puso en contacto en Tepepulco, y luego "con otros ocho o diez principales, escogidos entre todos, muy hábiles en su lengua y en las cosas de sus antigüedades..." (1989, I, 78). Lo así obtenido, a través de la oralidad y los códices, considerado por Sahagún como cierto y valioso, debía tener como destino perdurar.

LO QUE DE SU ANTIGUA PALABRA PENSARON LOS NAHUAS

Los autores anónimos del manuscrito que se conoce como *Anales históricos de la Nación Mexicana* y del que ostenta el nombre de *Historia tolteca-chichimeca* o *Anales de Cuauhtinchan* y, más tarde, hombres como el tezcocano Gabriel de Ayala, el chalquense Chimalpahin y los mexicas Cristóbal del Castillo y Fernando Alvarado Tezozómoc, trabajando por su propia cuenta, emprendieron asimismo lo que pensaron era una especie de rescate del saber y la palabra nativos. Ellos, como otros muchos nahuas, habían aprendido a escribir valiéndose del alfabeto. Y, aunque en algunos casos copiaron y preservaron las pinturas y signos glíficos de los códices que pudieron consultar, optaron por redactar sus obras en su propia lengua, con la escritura latina, adaptada para representar los fonemas del náhuatl.

En tanto que Chimalpahin en su *Octava relación* describe con pormenores los *amoxtli* o códices que le sirvieron de fuente, Alvarado Tezozómoc al principio de su *Crónica mexicáyotl* da a conocer su propósito de historiar y reconstruir genealogías y señala con precisión cuál es la forma como llevará a cabo el transvase de la oralidad y el contenido de los códices, a la escritura alfabética. Restringiéndonos a éste ultimo, cabe recordar algo acerca de su vida. Nacido entre 1525 y 1530, murió entrado ya el siglo XVII. Su madre, doña Francisca de Motecuhzoma, era hija del supremo gobernante al que se dio el calificativo de Xocoyotzin. Su padre, Diego Huanitzin, era a su vez nieto del señor Axayácatl. Por ambas líneas era don Fernando de nobilísimo linaje.

Analizaré las palabras con que dio principio a su crónica en las que precisamente describe la relación entre oralidad, códice y texto escrito con el alfabeto. Es interesante que comience valiéndose de vocablos que connotan la idea de hablar" *Nican mihtoa, motenehua,* "Aquí se dice, se habla..." A ellas sigue la enunciación de lo que va a tratar, "cómo llegaron, entraron los ancianos, los nombrados teochichimecas, gentes de Aztlan, los mexicanos... que vinieron a buscar tierras, a merecerlas, aquí en la gran ciudad de México Tenochtitlan, lugar de su fama, su dechado..." (Tezozómoc, 1992, 4).

Señalado ya el asunto acerca del cual "dirá, hablará", añade como si estuviera contemplando un códice con pinturas: *izcatqui nican umpehua, nican mottaz, nican icuiliuhtoc in cenca cualli, in cenca nezcalli tlahtolli,* "he aquí, empieza aquí, se vera aquí, está pintada aquí, la muy buena, muy notable palabra..."

Tras insistir en que esa palabra habla del principio de la gran ciudad de México Tenochtitlan, la que surgió en medio del agua, entre los carrizales, los cañaverales, describe cuáles son los testimonios de que dispone y el proceso mismo de su transvase a su propio texto con escritura alfabética.

> Así lo vinieron a decir, lo vinieron a asentar en su relato, y para nosotros lo vinieron a dejar en sus papeles los ancianos, las ancianas.

De nuevo la referencia es a la oralidad y a los códices pictoglíficos, esos que con celo preservan los ancianos. Explicando más esto, añade:

> Eran nuestros abuelos, nuestras abuelas,
> nuestros bisabuelos, nuestras bisabuelas,
> nuestros tatarabuelos, nuestros antepasados.
> Se repitió como un discurso su relato,
> nos lo dejaron y vinieron a legarlo
> a quienes ahora vivimos,
> a los que salimos de ellos.
> Nunca se perderá,
> nunca se olvidará
> lo que vinieron a hacer,

lo que vinieron a asentar,
su tinta negra, su tinta roja,
su renombre, su historia, su recuerdo.

Relato que se repite como un discurso, tinta negra, tinta roja, evocación de los libros de pinturas, no habrá de perderse ni olvidarse:

Así en el porvenir
jamás perecerá, jamás se olvidará,
siempre lo guardaremos
nosotros, hijos de ellos.
Nietos, hermanos menores,
tataranietos, biznietos,
descendientes, su sangre, su color,
lo vamos a decir, a comunicar
a quienes habrán de vivir,
habrán de nacer,
los hijos de los mexicas,
los hijos de los tenochcas.

Para ello don Fernando ha tomado la pluma, pondrá con los signos del alfabeto el antiguo relato —*in huehueh nenotzaliztlahtolli*— el antiguo relato hablado; —*in huehueh nenotzalizamoxtlahcuilolli*– el antiguo relato de los códices. Para el mexícatl es ello *topial in tlahtolli*, el legado nuestro, la palabra. Ella es la que Alvarado Tezozómoc transvasa —*auh in tictlalia yn amoxtlahcuilolli*— "la que ponemos en este libro", al que todavía adjudica, como recordando aquellos de los ancianos, el epíteto de "pinturas". Todo lo que así registra ahora, "lo que ellos dijeron y asentaron en sus papeles pintados, no es mentira ni fingieron nada al asentarlo".
Los nombres de varios de esos ancianos, que le trasmitieron su palabra y sus pinturas, los evoca enseguida: "Don

Diego Huanitzin, padre mío preciadísimo, noble; don Pedro Tlacahuepantzin, mi tío [hijo de Motecuhzoma]; Don Diego Francisco Tehuetzquititzin y los demás amados nobles, a quienes escuché, los que bien, de cierto, conocían los antiguos relatos, las palabras suyas que yo aquí recojo". A redundancia o ingenuidad sonaría añadir que en el pensamiento y el corazón de Alvarado Tezozómoc existió la certeza de que, en el transvase que él estaba efectuando de la oralidad y los códices a la escritura alfabética, el destino de la palabra era perdurar para siempre como raíz de vida de los mexicas y los demás nahuas.

Esto es lo que pensaron, al igual que don Fernando, otros como Chimalpahin, Cristóbal del Castillo, Juan de Pomar, Gabriel de Ayala, Fernando de Alva Ixtlixóchitl. Que habría de perdurar por su valor intrínseco esa antigua palabra lo reconocieron también, según vimos, hombres como Olmos y Sahagún, a los que podrían añadirse Bartolomé de Las Casas, Alonso de Zorita, Juan de Torquemada y otros. Hoy, sin embargo, como ocurrió ya a Sahagún, vuelven a levantarse algunas voces que niegan la perduración y tienen por falseado lo que se transvasó a escritura alfabética. La intención del presente libro es prestar oído, con enfoque de crítica serena a tales cuestionamientos.

La escritura, invención autónoma de unos pocos, difundida luego entre muchos

En muchos lugares del mundo, aunque en diferentes tiempos y de modos distintos, se desarrolló un proceso cultural muy complejo pero de enorme trascendencia: el paso o transvase de la palabra a alguna forma de escritura. Pocos fueron, sin embargo, los pueblos que, de manera autónoma, llegaron a descubrir cómo representar lo que pensaban y decían valiéndose de signos que esculpían en la piedra y la cerámica o pintaban en los muros, en lienzos, papiros y otros materiales

De épocas muy remotas provienen los más antiguos petroglifos que se conocen. Son, como su nombre lo indica, signos incorporados a piedras, figuras de animales, imágenes del sol, la luna, las estrellas, manos, pies y asimismo diseños o trazos para nosotros difíciles de interpretar. Y otro tanto puede decirse de muchas representaciones que acompañan a pinturas murales en cuevas y abrigos rocosos. En tales petroglifos y pinturas tenemos los primeros testimonios de los afanes del ser humano por no dejar escapar algo de lo que pensó, sintió y dijo. Pero esos signos, no obstante su gran interés, no constituyen todavía una escritura en sentido estricto. Pueden tenerse como apuntamientos o señales pero no como representaciones estructurales de secuencias de pensamientos o palabras.

La escritura, que vino a ser el registro plástico y sistemático por medio de signos que aprisionan lo que se piensa o se dice en el fluir de la palabra, canto, relato o discurso, si bien ha llegado a florecer de múltiples formas en incontables ámbitos de cultura, originalmente fue invento autónomo de unos cuantos pueblos. Los egipcios y los mesopotámicos, los habitantes de los valles del río Indo y también los del Hoang Ho, el río Amarillo en China, y asimismo los mesoamericanos fueron inventores de distintos sistemas de escritura. Se ha afirmado, probablemente con razón, que todas las formas de escritura que ha conocido la humanidad en sus escasos milenios de historia *escrita*, se derivan, de un modo o de otro, de alguno de esos sistemas originales.

La escritura griega, por ejemplo, que fue el antecedente de la latina, la cirílica y otras, se derivó en un largo proceso, de la fenicia y ésta a su vez de la egipcia. Caso aparte es el de la escritura china, proveniente del desarrollo de la inventada en el ámbito del río Amarillo. De la escritura china se derivaron más tarde otras como la japonesa, coreana y tibetana.

Algunos estudiosos se han preguntado en tiempos recientes acerca de lo que significó no ya precisamente el invento de la escritura sino la introducción de ésta, sobre todo entre pueblos que no la poseían, para representar lo que antes conservaban por medio de la tradición oral. De muy distintas formas se desarrolló el proceso de aprisionar con signos escritos lo que anteriormente, a través de siglos, repetía el pueblo de viva voz en sus cantos, plegarias y discursos. En ocasiones tal proceso fue espontáneo en cuanto que hubo sabios, tal vez sacerdotes, que hicieron suya adaptándola, la escritura, invención original de otras gentes. Pero en otros casos la aceptación y adaptación fueron impuestas por pueblos vencedores. Mas allá de éstas y otras diferencias, el proceso implicó para las comunidades ágrafas, ver cómo lo que había sido la viviente expresión de su palabra, cual mariposa del canto, quedaba atrapada y como clavada, fija ya para siempre en los signos inscritos en piedras, tabletas de arcilla, papiros, lienzos o simplemente en el papel.

LA EXPERIENCIA MESOAMERICANA

Apartados de contacto con el viejo mundo, los mesoamericanos comenzaron a desarrollar, desde siglos antes de la era cristiana, incipientes formas de escritura. Podían representar con ella sus fechas y cómputos calendáricos, nombres de lugar y persona así como varios géneros de aconteceres, conquistas, entronizaciones, nacimientos y muertes. De esa primera invención, que puede calificarse de germinal, provinieron luego varias formas de representación a base de imágenes y signos glíficos. De ellas dan testimonio numerosos monumentos con figuras e inscripciones, así como unos pocos libros o códices que han llegado hasta nosotros.

No todos los mesoamericanos llegaron a poseer una escritura completa, capaz de representar cabalmente la secuencia del pensar y la expresión de la palabra. Correspondió a los mayas la invención de tal logro con características que les fueron propias y exclusivas. Las investigaciones de los epigrafistas han mostrado que, desde el periodo clásico y probablemente desde siglos antes, los mayas fueron dueños de una escritura glífica de carácter logosilábico. Significa esto que diseñaron glifos o caracteres que representaban una palabra o un pensamiento ("logos") y otros que registraban fonéticamente sílabas. Combinados éstos integraban la grafía de palabras. En ocasiones los glifos silábicos entraban en combinación con los de carácter "logos". Las diversas formas de estructuraciones asumían el carácter de "cartuchos", es decir de elementos compuestos, como había ocurrido también en la escritura egipcia. De este modo, los mayas, además de mantener vivas sus tradiciones orales, podían poner por escrito en sus monumentos, libros, vasos de cerámica y otros objetos, aquello cuyo recuerdo deseaban conservar: textos históricos, religiosos y de otros contenidos.

Mucho menos completa fue la escritura, también logosilábica, de otros mesoamericanos como los mixtecas y nahuas. No obstante, su sistema glífico les permitía consignar fechas, nombres de personas y lugares, así como numerosas ideas incluso abstractas o referentes a determinados géneros de aconteceres. Tanto en el caso de la escritura mixteca-nahua como en la maya, los glifos se registraban acompañados de imágenes de considerables potencialidades semánticas: talladas en los monumentos, y pintadas con vivos colores en los códices, vasos de cerámica, lienzos y otros objetos.

Desde luego que también entre mixtecas, nahuas y otros mesoamericanos se mantenía viva la tradición oral, sistemáticamente memorizada en las escuelas. Mas aún, al no poseer, como los mayas, una escritura completa, la oralidad constituía especialmente entre estos pueblos elemento clave que se vinculaba estrechamente con el contenido de sus códices, inscripciones y pinturas. En el presente libro habremos de ver con algún detenimiento cómo operaba esto en el transcurrir de su existencia, sobre todo en lo concerniente a los rituales, consultas calendárico-astrológicas, recordaciones históricas, cantares, discursos y saber acerca de las realidades sagradas.

LA FRACTURA DE UN SISTEMA CON RAÍCES MILENARIAS

La conquista española y lo que a ella siguió, alteró profundamente la cultura indígena y trastocó de modo particular sus formas de saber tradicional y los medios de preservación de sus conocimientos religiosos, históricos y de otras índoles. Sin exageración puede afirmarse que acarreó la fractura y a la postre la muerte de un sistema de preservación de conocimientos con raíces milenarias. Algunos frailes humanistas como Andrés de Olmos, Toribio de Benavente Motolinía, Diego Durán, Bernardino de Sahagún y otros, denunciaron lo mucho que se había perdido con las quemas de códices, considerados como objetos vinculados con el culto del Demonio. Al decir de ellos, esas destrucciones los "dejaron tan sin luz" (Durán, 1867-1880, II, 71), para entender el espíritu y la cultura indígenas. Esos mismos frailes fueron los que trataron de rescatar cuantos testimonios pudieron del antiguo saber mesoamericano.

En las crónicas que escribieron dan cuenta de cómo procedieron en su empeño de allegar testimonios de la cultura indígena. Coinciden ellos al referir que la tradición oral y los libros con pinturas y caracteres constituyen sus fuentes principales. De modo particular Andrés de Olmos, Bernardino de Sahagún y asimismo varios indígenas, discípulos suyos, fueron más allá de la redacción de crónicas o historias en castellano acerca de la cultura indígena. Su empeño se fincó en la recopilación de testimonios en la lengua nativa. Esto fue posible porque, desde pocos años después de la toma de México-Tenochtitlan, los frailes con la colaboración de sus estudiantes nahuas se habían dedicado a aprender su lengua y a representarla por escrito, haciendo para ello una adaptación del alfabeto latino.

De este modo la oralidad y lo expresado en los antiguos libros de pinturas y caracteres comenzó a ser transvasado a escritura alfabética. Desde luego hay que reconocer que este proceso afectó hondamente al que hemos calificado de sistema indígena de preservación de conocimientos con raíces milenarias. En realidad se produjo una sustitución. En los "textos" indígenas que se pusieron por escrito con el alfabeto quedó silenciada la oralidad y desaparecieron los signos glíficos y, casi siempre, también todas o la mayor parte de las imágenes pintadas con vivos colores.

Además —hoy es casi lugar común repetirlo— en el proceso del transvase, que fue otro de los aspectos del trastocamiento cultural, pudo haber siempre tergiversaciones y otras diversas formas de manipulación. Dependiendo del grado en que esto haya ocurrido, podrá afirmarse que hubo transvase de testimonios o meramente redacción de textos que fueron tan sólo mermado reflejo de la antigua expresión.

Únicamente los pocos códices que escaparon a la destrucción y, sobre todo en el caso de los mayas, el gran conjunto de sus inscripciones en estelas, códices, vasos y otros objetos, se nos presenta ahora como testimonios genuinos e incuestionables. Desde otro punto de vista, son ellos la piedra de toque que nos queda para contrastar con ella la significación que pueden tener los "textos" en lengua indígena que —al decir de los frailes y sus estudiantes nativos— fueron transvasados de la oralidad y los códices a la escritura alfabética.

CONTENIDO Y PROPÓSITO DE ESTE LIBRO

Mi intención es reunir aquí los resultados de varias investigaciones que he emprendido relacionadas en distintas formas con la temática enunciada. Es ella, expuesta en pocas palabras, la del valor que puede atribuirse, en cuanto testimonio indígena, a determinados textos que en su lengua se transcribieron con el alfabeto en los años que siguieron a la invasión española. Con tal propósito distribuyo este libro en cuatro partes.

En la primera me aboco críticamente al tema de los "textos" y su relación con la oralidad, los códices e inscripciones. En ella tomo en cuenta los varios cuestionamientos que se han expresado al respecto. La pregunta central es la de si hemos traducido y estudiado en verdad algo al menos de la antigua palabra.

Ofrezco en la segunda parte varios ejemplos de textos nahuas escritos con el alfabeto durante el siglo XVI y asimismo páginas de algunos códices prehispánicos con cuyo contenido guardan estrecha relación. El propósito es

mostrar cómo esos textos que entonces se comunicaron
oralmente, aun cuando no sean necesariamente "lectura"
de las dichas páginas de un códice, constituyen de hecho
evocaciones o comentarios de lo representado pictoglíficamente en uno o varios de tales antiguos manuscritos.

La tercera parte, aunque concebida originalmente
como una investigación por sí misma, la presento ahora
en razón de su significado a la luz de la temática que aquí
interesa. Incluye el análisis de las informaciones que
obtuvo otro fraile, Francisco de Bobadilla, entre gentes
nahuas muy apartadas del centro de México que desde
hacía varios siglos habían emigrado estableciéndose en el
istmo de Rivas en Nicaragua. Dichos informes fueron
compilados en fecha muy temprana, 1528, cuando en
México ningún fraile había iniciado todavía pesquisa alguna sobre la cultura nahua. El análisis y consiguiente estudio comparativo, en especial de los testimonios que sobre
visión del mundo, creencias y prácticas religiosas allegó
Bobadilla, con los textos "transvasados" al alfabeto por
Olmos, Sahagún y otros, resultan en extremo reveladores.
Gentes nahuas, separadas entre sí por miles de
kilómetros, se nos muestran en posesión de tradiciones
culturales muy semejantes y a veces idénticas.

En la cuarta y última parte la atención se dirige a
describir la naturaleza, géneros y atributos principales, de
los textos que, según feliz expresión de Ángel María Garibay K., quedaron "en la luminosa prisión del alfabeto"
(Garibay 1953-1954, I, 15). Tomando en cuenta la conceptualización indígena de los distintos géneros de expresión
—la rica variedad de los *cuicatl* y los *tlahtolli*, cantos,
narrativa y discursos—, el análisis se dirige a desentrañar
lo más característico en cada uno de los mismos. El propósito es poner de relieve sus peculiaridades, aquello que,
como ya Sahagún lo dejó dicho, "todos los indios enten-

didos, si fueren preguntados, afirmarán que este lenguaje es el propio de sus antepasados y obras que ellos hacían" (Sahagún 1989, I, 306).

UNA ÚLTIMA CONSIDERACIÓN

He estructurado el libro en estas cuatro partes. Aunque cada una de ellas fue trabajada en tiempos y con propósitos distintos, pienso que aquí, en correlación, se complementan en forma recíproca. Con honestidad profesional debo decir dónde y cuándo las saqué a luz por primera vez.

La primera, redactada originalmente en inglés, apareció con, el título de "Have We Translated Indeed the Mesoamerican Ancient Word?", incluida en la obra de conjunto, editada por Bryan Swann, *On the Translation of Native American Literatures* Washington, Smithsonian Institution Press, 1992, 313-338. La segunda la he preparado expresamente para este libro. La que ofrezco como tercera la publiqué como "Religión de los nicaraos. Análisis y comparación de tradiciones culturales nahuas", *Estudios de Cultura Nahuatl*, Universidad Nacional Autónoma de México, Instituto de Investigaciones Históricas, México, t. 10, 1972, p. 11-112. Finalmente la que integra aquí la cuarta parte apareció intitulada "*Cuicatl y tlahtolli*, las formas nahuas de expresión", *Estudios de Cultura Nahuatl*, Universidad Nacional Autónoma de México, Instituto de Investigaciones Históricas, México, t. 16, 1983, p. 13-108.

Añadiré que, al reunir aquí estos trabajos, los he revisado y modificado en varios lugares teniendo en mente el propósito y enfoque que he enunciado. Mi deseo es contribuir al esclarecimiento del valor crítico que puede asignarse —desde luego que con distingos en cada caso— a los "textos" en lengua indígena transvasados a escritura alfabética en el siglo XVI a partir de la oralidad y los viejos libros con pinturas y caracteres que hoy llamamos códices pictoglíficos.

Lo que entonces ocurrió determinó para siempre el destino de la palabra, "la que vinieron a decir, asentaron en su relato, dejaron en sus libros, los ancianos, las ancianas". Quienes vieron en ella la obra del Demonio, hicieron cuanto estuvo a su alcance para suprimirla. Quemaron de hecho numerosos códices y prohibieron se siguieran entonando los antiguos cantos.

Los que, en cambio, tuvieron conciencia del valor y belleza —la suma de significaciones— de esa palabra, se propusieron rescatarla. Hombres y mujeres de estirpe indígena pensaron que ese legado suyo era raíz que "jamás perecerá, no se olvidara". Algunos frailes se percataron a su vez de que sólo conociéndola, podrían implantar sobre base firme en el alma indígena el mensaje de su propia fe.

En conflicto de comprensiones e intereses mucho se perdió. Hasta hoy, sin embargo, se conservan "textos" —himnos, cantares, plegarias, relatos, leyendas, anales, discursos en náhuatl— no pocos de gran belleza y hondura de pensamiento, de los que se afirmó "es lenguaje propio de los antepasados y obras que ellos hacían". ¿Fue así destino de la palabra que resonó en Mesoamérica y se evocó siguiendo el contenido de los libros pictoglíficos perdurar al menos en parte, recopilada y transvasada a escritura alfabética? Esta es la pregunta a la que busco dar aquí una respuesta.

PRIMERA PARTE:
¿HEMOS TRADUCIDO LA ANTIGUA PALABRA?

Los vestigios arqueológicos, en particular las inscripciones y figuras que los acompañan en estelas y pinturas murales, así como unos cuantos libros pictoglíficos son los únicos testimonios absolutamente incuestionables en los que, de manera explícita, se expresan testimonios del pensamiento mesoamericano. Es cierto que, entre los hallazgos arqueológicos sobresalen las ruinas de grandes templos y palacios así como otros muchos objetos que hoy se describen como "arte de Mesomérica". Pero en lo que se refiere a testimonios prehispánicos que sean expresión más explícita del pensamiento o la palabra, fuerza es circunscribirse a las inscripciones en piedra o cerámica y a los libros pictoglíficos.

Hay ciertamente otros testimonios pero debe reconocerse que son más tardíos, resultado de varios modos de "transvase", paso o conversión a otros sistemas de registro. Un género muy importante es el de la tradición oral que, después de la invasión española se transvasó en la escritura alfabética y se convirtió así en texto indígena expresado con letras europeas. También en ocasiones fue "la lectura" del contenido de algunos libros pictoglíficos lo que se convirtió en texto redactado alfabéticamente. En otros casos, partiendo de testimonios "mixtos" —oralidad, inscripciones y pinturas— hubo recopilaciones de "textos" mesoamericanos en los que perduraron en parte imágenes y algunos glifos. De cualquier forma, todas estas expresiones más explícitas han de tenerse obviamente como elaboraciones realizadas ya durante la época colonial.

Hoy puede afirmarse que los logros de la investigación arqueológica mesoamericana son considerables. Gracias a ellos se ha develado un impresionante esqueleto cultural cuyos huesos dispersos parecen estar en espera de un soplo de vida que pueda restaurarles algo al menos de su espíritu, su carne y su significado. Pero, ¿de dónde puede provenir ese aliento vivificante? ¿Acaso únicamente de los testimonios *per se* incuestionables, aunque aún no descifrados por completo, las inscripciones, y los escasos quince libros pictoglíficos prehispánicos que se conservan?

Muchos estudiosos consideran que, para captar la significación de las culturas de Mesoamérica, también deben ser tomados en cuenta los otros testimonios, aquellos que se produjeron durante los años de la colonia. Y cada día mayor número de esos testimonios son consultados, interpretados y traducidos. Acudiendo a ellos se piensa alcanzar una mejor comprensión del pasado; iluminar o completar el sentido de lo expresado en las inscripciones y los libros pictoglíficos.

En contraste con esta actitud y bajo la influencia de consideraciones críticas que han expresado diversos estudiosos, originalmente en relación con otras culturas, se han planteado desafiantes cuestionamientos a aquellos investigadores que pensamos habernos acercado y transvasado algo, al menos, de la antigua palabra mesoamericana; los que trabajamos con "los testimonios incuestionables *per se*" y con los otros resultado del transvase durante el periodo colonial. El desafío implica una gama de posibles consecuencias. Las más graves serían haber estado trabajando a partir de las falsas premisas de testi-

monios fuertemente contaminados por la presencia eurocristiana. La situación puede resumirse así: en tanto que
hemos creído que la antigua palabra —incluidos los procesos de transvase— ha sido rescatada y traducido su
significado, otros sostienen ahora que la situación no es
tal.

Los cuestionamientos

Durante las últimas décadas, varios investigadores dedicados a estudiar la literatura griega clásica, o a la
investigación etnológica contemporánea, han centrado su
interés en lo que se describe como la "oralidad" enfrenta-
da a la palabra escrita. Se han sometido así a rigurosos
análisis críticos las consecuencias del proceso a través del
cual aquello que fue transmitido oralmente se convirtió
más tarde en escritura lineal alfabética. Erick Havelock ha
estudiado dicho proceso en el caso de la cultura griega
durante la época —alrededor del siglo VII a.C.— en la cual
los poemas, originalmente cantados, de la *Ilíada* y la
Odisea fueron transvasados a escritura alfabética. Fue
la época, como lo enfatiza el mismo Havelock, en que "la
musa aprendió a escribir". Durante dicho proceso se perdieron muchos de los atributos originales de los poemas
clásicos. La espontaneidad, que permitía su enriqueci-
miento y la introducción de diversos cambios en los poemas; la música que acompañaba su recitación; la naturaleza viviente de lo que se transmitía en forma oral, todo
ello desapareció. Del proceso surgió un texto fijado para
siempre en escritura alfabética (Havelock, 1986).
Investigadores como John A. Goody, cuyo campo de
estudio es la etnología o antropología cultural, han hecho
consideraciones paralelas. Afirman que todos los procesos

para obtener "textos" de informantes nativos que pertenecen a una cultura diferente implican una larga serie de
riesgos. El informante, que puede estar en posesión
de tradiciones propias de su pueblo, cuando es sometido
a los interrogatorios de un encuestador extraño, reacciona
de manera nada espontánea. Puede narrar lo que cree
que complacerá al investigador o que coincidirá con lo que
éste busca. El informante, confrontado con preguntas
que se originan en un punto de vista diferente, puede no
solamente malinterpretarlas, sino que también puede
mantener oculto lo que para él es sagrado y, por consiguiente, no comunicarlo a los extranjeros (Goody, 1977).

En ambas situaciones, tanto en los procesos de traslado
de la oralidad a textos escritos dentro de la misma cultura,
como en el caso de la literatura oral griega; o en situaciones de contacto intercultural, como en la relación entre el
antropólogo y el informante, se pierden o resultan profundamente contaminados muchos de los atributos originales y quizás esenciales de la tradición oral. La consecuencia más notoria sería que los textos escritos que se
obtuvieron de este modo no se correspondan con la tradición cultural que durante cientos de años fue transmitida
a través de la oralidad.

A partir de estos argumentos, varios mesoamericanistas
contemporáneos han cuestionado la confiabilidad de los
testimonios en náhuatl, maya-yucateco, quiché y otras
lenguas, transvasados después de la conquista a escritura
lineal alfabética. Afirman que, por el simple hecho de
transformar la oralidad indígena en textos así fijados o establecidos, se altera radicalmente lo que se recitaba o cantaba. La oralidad, siempre abierta a enriquecimientos y
adaptaciones en las diversas circunstancias, no puede ser
encapsulada, constreñida a escritura alfabética, convertida
en algo totalmente extraño a la cultura original. Tal trans-

formación no coincide con los procedimientos mentales asociados a la visión indígena del mundo (Grusinsky 1988, 51-70). Además, durante el proceso de conversión de la tradición oral en "textos" escritos, se producen muchas contaminaciones culturales. Una persona perteneciente a otra cultura es quien lo inicia, quien hace preguntas acordes con sus propias ideas preconcebidas y con propósitos también extraños a su informante. Con toda probabilidad este último se siente perturbado y forzado o inducido con insistencia y llega a decir lo que considera adecuado para satisfacer a quien lo interroga, ocultando lo que puede resultar riesgoso revelar. Incluso en casos en los cuales la relación investigador-informante transcurre en circunstancias más amigables, como sucedió con los mesoamericanos ya cristianos, el proceso no escaparía a la enajenación o contaminación cultural ni a muchas otras clases de posibles distorsiones, entre las que están incluidas las que resultan de la circunstancia, nada insignificante, de tratarse precisamente de un informante ya "convertido" (Klor de Alva 1988, 45-47).

Las conclusiones a las que llegan estos mesoamericanistas —seguidores conscientes o inconscientes de las aproximaciones críticas de Havelock, Goody y otros— son negativas en su mayor parte. En pocas palabras pueden expresarse así: los "textos" que se conservan en náhuatl, maya-yucateco y otras lenguas nativas, resultantes de la indagación etnohistórica posterior a la Conquista, no pueden considerarse testimonios de la cultura prehispánica. Es posible que reflejen, a lo sumo, algo de la situación de enfrentamiento y trauma cultural en la que fueron escritos, obtenidos en interrogatorios forzados a los que se sometió a no pocos nativos (Burkhart, 1989, 5). Por lo tanto, aceptar que "textos" o composiciones como aquellas que se encuentran en el *Códice florentino,* en *Cantares*

Mexicanos o en los *Anales de Cuauhtitlán,* entre otras compilaciones, pueden ser confiables como verídicos testimonios prehispánicos no sólo es ingenuo sino también extremadamente riesgoso, ya que conduce a interpretaciones falsas de una cultura que no existió de la manera descrita en esos textos.

Semejante conclusión resulta dramática para aquellos de nosotros que, aplicando pacientemente los recursos lingüísticos y filológicos disponibles, hemos traducido algunos de esos textos a lenguas europeas. Según esto, al traducirlos o citarlos con propósitos históricos, no hemos comprendido lo que son en realidad. En vez de testimonios del antiguo mundo nativo, son las respuestas forzadas de los vencidos frente a las actitudes impositivas de los invasores y señores extranjeros —civiles y religiosos— ansiosos por conocer las creencias, prácticas, riquezas, tributos y todo lo concerniente a los indígenas. Su propósito era apoderarse de lo que podía resultarles de provecho y purificar el alma indígena de todo lo que se consideraba demoníaco.

Ante esto, ¿qué podemos decir los que hemos pensado ser traductores de la antigua palabra? ¿Será necesario traducir nuevamente "los textos", cual si nunca se hubiera tomado en cuenta cómo fueron obtenidos, con qué propósitos y en qué formas quedaron transvasados?

EL LIBRO VISTO POR LOS MESOAMERICANOS

Como punto de partida para valorar las conclusiones a las que han llegado algunos respecto de los textos indígenas escritos a raíz de la Conquista, estimo pertinente atender a la existencia en Mesoamérica no solamente de oralidad —incluyendo la derivada de la memorización formal que se realizaba en las escuelas sacerdotales o *calmecac* —sino también de libros o códices. Para valorar mejor esto, compararé la experiencia mesoamericana con la de los quechuas en los días del esplendor incaico. Los quechuas poseían varias clases de registros por medio de sus *quipus,* conjuntos de cordeles anudados de diversos colores. En tanto que la utilidad de los *quipus* ha sido debidamente reconocida, también se acepta que los quechuas no tenían escritura ni libros.

Cuando se encontraron por primera vez el inca Atahualpa y Francisco Pizarro, en Cajamarca, el 16 de noviembre de 1532, ocurrió algo que revela la reacción del Inca en el momento en que fue puesto en sus manos un libro español. El episodio es relatado por el cronista Francisco de Jerez y por el quechua Guamán Poma. Según este último, una vez que Pizarro, auxiliado por el intérprete Felipe, indio guancabilca, dirigió la palabra a Atahualpa, el capellán, padre Vicente Velarde, comenzó su prédica. Dijo a Atahualpa que había sido enviado para cristianizarlo a él y a su pueblo y darle a conocer al Dios verdadero. El Inca respondió que sabía muy bien a quiénes debía reverencia: al Sol y a sus otros dioses.

> Y preguntó el dicho Inca a fray Vicente quién se lo había dicho. Responde fray Vicente que lo había dicho el Evangelio, el libro. Y dijo Atahualpa: "Dámelo a mí el libro para que me lo diga." Y ansí se lo dio y lo tomó en las manos y comenzó a hojear las hojas del dicho libro. Y dice el dicho Inca: "¿Qué, cómo no me lo dice? ¡Ni me habla a mí el dicho libro!" Hablando con grande majestad, asentado en su trono, y lo echó dicho libro de las manos el dicho Inca Atahualpa. (Guamán Poma de Ayala, fol. 385; 1987, II, 392).

La reacción de Atahualpa hacia el silencioso libro tuvo trágicas consecuencias. El padre Velarde, que sabía no sólo lo que era un libro, sino también que ese libro era la

Biblia, exclamó: "¡Aquí, caballeros, con estos indios gentiles son contra nuestra fe!" De este modo, la ignorancia
acerca de la naturaleza de un libro terminó en una batalla
y en la prisión del desdichado Atahualpa quien, ni siquiera con todo el oro que dio a Pizarro, pudo conven-
cerlo de que le perdonara la vida.

Diferente fue la reacción de un mesoamericano cuando
contempló por vez primera un libro español. Debemos
esta historia al cronista Pedro Mártir de Anglería que,
hallándose al servicio de los Reyes Católicos, recopiló toda
clase de información de labios de aquellos que regresaban
del Nuevo Mundo y que pudo entrevistar. Refiere de un
cierto Corrales que, hacia 1514, participaba en la administración civil del Darién, en Panamá, y que le había hecho
relación de lo siguiente:

> Otra cosa que, a mi entender, no debo silenciar: un cierto
> Corrales, conocedor del derecho, y alcalde de los darienenses, dice
> haberse tropezado con un fugitivo de las grandes tierras del
> interior, el cual había buscado amparo en los dominios de un
> régulo que encontró. Viendo el indígena que el alcalde estaba
> leyendo, dio un salto lleno de admiración, y por medio de
> intérpretes conocedores del idioma del reyezuelo, su huésped,
> exclamó: "¿Cómo? ¿También vosotros tenéis libros? ¿y os servís de
> caracteres para comunicaros con los ausentes?" Y así diciendo, soli-
> citaba que se le mostrase el libro abierto, creyendo que iba a
> contemplar la escritura patria; pero se encontró con que eran
> diferentes (Pedro Mártir de Anglería, 1964, I, 381-82).

Probable es que ese indígena, "fugitivo de las grandes
tierras del interior", fuera de linaje pipil, tal vez nicarao.
Como lo veremos, los pipiles nicaraos, al igual que los
otros mesoamericanos tenían idea de lo que era un libro
puesto que poseían algo semejante a lo que se conoce
como tal en la cultura europea. La palabra náhuatl *amox-*

tli comunica esta idea. Derivada de *ama(tl)* y *oxitl* significa literalmente "hojas de papel pegadas". En esas piezas de papel unidas, y fabricadas con las fibras interiores de la corteza macerada del árbol de *amate* (un ficus) se dibujaban las pinturas y los glifos.

Es significativo descubrir que el *tlamatini,* "el que sabe algo", es decir, el sabio náhuatl, es descrito como "el que posee el *amoxtli* y las tintas negra y roja" (*Códice florentino,* 1979, III, X, fol. 19 v.). Una descripción incluso más vívida de la relación entre el sabio y el libro es la que aparece en la reconstrucción de los diálogos entre sabios nahuas y los doce franciscanos llegados a México en 1524. Cuando los frailes comenzaron su prédica recriminando a los nahuas que no conocían al verdadero Dios, éstos respondieron confesando su ignorancia, pero agregaron que había otros, sus guías, que eran los poseedores de la sabiduría. Los describieron tanto como los maestros de la palabra, como de aquello que estaba registrado en sus libros *(Libro de los Coloquios,* 1986, 140-41):

> Y, aquí
> están los que aún son nuestros guías...
>
> Los sacerdotes ofrendadores, los que ofrendan
> el fuego...
> Sabios de la palabra.
>
> Los que están mirando [leyendo],
> los que cuentan [o refieren lo que leen]
> los que despliegan [las hojas de] los libros,
> la tinta negra, la tinta roja,
> los que tienen a su cargo las pinturas.
> Ellos nos llevan,
> nos guían, dicen el camino.
> Los que ordenan
> cómo cae el año,

cómo siguen su camino la cuenta de los destinos y los días,
y cada una de las veintenas,

Entre estos sabios y sacerdotes que, según el mismo
relato, acudieron a hablar con los frailes para defender
sus creencias, había algunos que "enseñaban a los jóvenes
todos sus cantos, los cantos divinos, *teocuicatl,* siguiendo el
camino del libro *(amoxohtoca)" (Códice florentino,* 1979, i,
lib. iii, fol. 39 r.). El vocablo *amoxohtoca* está compuesto de
amox(tli), "libro" y *oh-toca,* "seguir el camino" (de *oh-tli,*
"camino" y *toca,* "seguir"). Con esta palabra se designa un
proceso mediante el cual los ojos de los sabios siguen las
pinturas y "caracteres", o sea las secuencias pictoglíficas
del códice. Debe notarse que en el párrafo citado se afirma precisamente que, "siguiendo el camino del libro" los
sabios "enseñaban a los jóvenes todos sus cantos, los cantos divinos". En otras palabras, se indica una relación
entre el libro y el canto, esto es, entre lo que se transmite
oralmente y lo que está registrado de manera pictoglífica.
Resulta de primordial importancia inquirir acerca de la
naturaleza de tal relación ya que puede arrojar luz sobre
el tema que analizamos. Es cierto que la mayoría de los
textos indígenas existentes en Mesoamérica, transvasados a
escritura alfabética fueron transmitidos de manera oral.
Pero tenemos aquí una referencia —y existen otras provenientes del altiplano central, de Oaxaca y del área maya—
que afirman que aquello que fue transmitido oralmente
provino de "seguir" las secuencias de contenidos pictoglíficos de los libros. Consideremos, por tanto, la relación que
existió en Mesoamérica entre los libros y los cantos o, de
manera más amplia, entre los libros y la "antigua palabra".

La relación entre el libro y la "antigua palabra"

Los testimonios, tanto de españoles como de indígenas, relativos a la existencia de libros y bibliotecas *(amoxcalli)* en el México antiguo son relativamente abundantes. Antes que nada conviene recordar que, a pesar de que muchos fueron quemados o sufrieron otras formas de destrucción, hoy en día existen unos quince códices de origen prehispánico. Provienen del altiplano central, el área mixteca y la zona maya. Por sus contenidos pueden ser descritos como *tonalámatl,* o libros de cuentas de los días y destinos; *xiuhámatl* y *tlacamecayoámatl,* libros de los años y linajes, así como de naturaleza histórica, y *teoámatl,* libros acerca de las cosas divinas.

Los códices prehispánicos que se conservan ofrecen ejemplos de estos géneros. Sabemos además, bien sea por referencias a ellos o por la existencia de otras producciones pictoglíficas de los primeros años de la colonia, que había otros varios géneros de libros. Entre ellos estaban los *tequi-ámatl* o matrículas de tributos, los *tlal-ámatl,* libros de tierras, especie de registros catastrales, así como mapas y planos de ciudades, provincias y regiones mayores con indicaciones precisas de sus características geográficas más sobresalientes. Y hay referencias (proporcionadas por los sabios y ancianos con los que conversó Bernardino de Sahagún, entre otros) acerca de los *cuica-ámatl* "libros de cantares" y los *temic-ámatl,* "libros de sueños" —estos últimos probablemente relacionados con los *tonal-ámatl* o libros de los días y destinos, utilizados para formular diagnósticos y predicciones astrológicas. Como veremos más adelante, según fray Andrés de Olmos, había incluso libros que contenían composiciones más complejas, tales como los *huehuehtlahtolli,* o testimonios de la "antigua palabra". Después analizaré si en este caso la "lectura" era solamente un recurso mnemotécnico para estimular la recordación de lo aprendido de memoria en las escuelas, en una especie de tradición oral formal.

La conquista española no significó el fin de la producción de libros en la Mesoamérica nativa. Se han conservado varios conjuntos de códices muy importantes, los cuales son copias de libros prehispánicos o derivados de ellos, si bien algunos participan, en diversos grados, de la influencia cultural europea. Estos códices posteriores a la conquista incluyen a veces glosas en náhuatl, mixteca, otomí, español e incluso en latín. De este modo aparecen como una suerte de puente que une la cultura indígena con elementos extraños a ella provenientes de la nueva sociedad dominante. Aunque algunos de esos códices culturalmente mestizos fueron empleados a veces como una especie de Piedra Roseta para aproximarse a los contenidos de los libros auténticamente indígenas, es cierto que pueden haber sufrido contaminaciones culturales y, por consiguiente, la información que aportan ha de someterse a un riguroso escrutinio.

En la actualidad, más que nunca antes, hay investigadores que trabajan en el desciframiento de los contenidos glíficos de las inscripciones y los libros prehispánicos y de la temprana época colonial que se conservan. Así se han obtenido nuevos conocimientos relativos, en especial, al sistema de escritura maya, más complejo y preciso. Pero mientras esto tiene lugar, las interrogantes que nos interesan aquí permanecen abiertas: ¿cuál fue la relación del libro con la "antigua palabra"; la relación entre la oralidad y las secuencias pictoglíficas incluidas en los libros e inscripciones? Cualquier indagación acerca de dicha relación tiene mucho que ver con el asunto de la oralidad indígena y su transvase a escritura alfabética durante el periodo de dominación hispánica.

Tanto los indígenas como los frailes y otros españoles que vivían en diferentes lugares de Mesoamérica (fundamentalmente en el altiplano central, Oaxaca y el área maya) coinciden en sus afirmaciones con respecto a la característica de los libros de ser repositorios de conocimientos. Todos ellos afirman con insistencia que, en las escuelas, los sabios y sacerdotes enseñaban los cantos, discursos, oraciones e historias, utilizando estos libros. Los nahuas incluso se valían de palabras como la ya analizada *amoxohtoca*, "seguir el camino del libro" o *tlapoa*, "contar", "recitar", lo que estaba inscrito en él.

Obviamente, es necesario hacer distinciones entre la "lectura" de los libros pictoglíficos de los nahuas y mixtecas y los contenidos de los libros e inscripciones mayas. En la actualidad es universalmente reconocido que los mayas habían desarrollado un auténtico sistema de escritura logosilábica. Se entiende por escritura logosilábica un sistema estructurado por dos clases de elementos glíficos. Por una parte están los logogramas que representan palabras completas. Por otra, se hallan diversos glifos de carácter silábico que funcionan como grafemas. Tales glifos se combinan de diversas maneras estructurando "cartuchos", como ocurrió con la escritura egipcia. Estos cartuchos pueden incluir grafemas que denotan no sólo sílabas sino también registros morfémicos que precisan la función que desempeña el vocablo resultante en el contexto más amplio de la expresión. Mediante tales grafemas el sistema glífico maya puede representar una variedad de denotaciones específicas: sustantiva, verbal, adjetiva y otras. Para decirlo en otras palabras, es un auténtico sistema de escritura.

Por su parte, los mixtecas y los nahuas poseían un sistema, aunque no tan desarrollado como el de los mayas, lo suficientemente eficaz como para expresar lo que ellos querían comunicar. La mayoría de los investigadores ha afirmado que la efectividad de tal sistema dependía de que estaba ligado a la tradición oral, en particular a aquella formalmente memorizada en las escuelas prehispánicas. Dilucidar las potencialidades de esa escritura que, con diferencias menores, fue compartida por los mixtecas, los nahuas y otros, presenta más de un problema. Contrariamente a las ideas de la mayor parte de los investigadores, Joaquín Galarza afirma que dicha escritura estaba tan desarrollada que podía, por sí misma, comunicar toda clase de mensajes (Galarza 1972).

Tal vez la principal dificultad para apreciar todo el potencial de esta escritura proviene del hecho del limitado número de libros prehispánicos e inscripciones que se conservan de los mixtecas y los nahuas. En el caso de los mayas, compensando la escasez de códices, hay miles de inscripciones en monumentos y diversos objetos.

A pesar de todo, el estudio de la escritura en los códices mixtecas históricos, llevado a cabo principalmente por Alfonso Caso (1960, 1964, 1966 y 1973) y Mary Elizabeth Smith (1963, 1966 y 1972), resulta particularmente revelador. Caso identificó un rico conjunto de glifos, algunos de ellos ideogramas y otros de carácter silábico, aunque de potencialidades semánticas inferiores a los que desarrollaron los mayas. El conjunto incluye logogramas de connotación cronológica, nombres de personas y lugares y símbolos religiosos y geográficos. Hay logogramas que designan cuerpos celestes; fenómenos meteorológicos y geológicos, tales como terremotos; conceptos y prácticas religiosas; un sinfín de objetos como flores, plantas, árboles, animales, vestidos, ornamentos, instrumentos y metales; una variedad de piedras; diversos géneros de campos cultivados, casas, palacios, templos y mercados; así como atributos de los dioses y dignatarios, y la realización de varias ceremonias, incluyendo aquellas relativas al nacimiento, casamiento y muerte.

El estudio de los códices nahuas prehispánicos que se conservan permite aplicarles lo que Caso, Smith y otros exponen acerca de la escritura mixteca. Además, es de notarse que en ambas escrituras, la mixteca y la nahua, hay glifos que representan ideas abstractas tales como movimiento, dirección, autoridad, nobleza, guerra, penitencia y muchas otras. Puede observarse un incipiente carácter morfológico en la escritura, en el empleo de grafemas con connotaciones fonéticas a los que se ligan otros elementos a modo de afijos, sobre todo en el caso de los nombres de lugar y en aquellos que acompañan a significados de reverencia o menosprecio.

También se ha documentado la existencia en los manuscritos mixtecas y nahuas, de glifos con connotaciones verbales. Entre otros, pueden citarse los empleados para expresar ideas como las de "conquistar", "caminar", "morir", "nacer", "oler", "fumar", "escapar", "hablar", "cantar" y "llorar". Si consideramos no solamente los libros mixtecas y nahuas verdaderamente prehispánicos, sino también los más abundantes del periodo colonial temprano, pueden identificarse otros muchos elementos propios de la escritura indígena.

Algunos de estos elementos han sido objeto de aproximaciones críticas. No pocos estudiosos ven en ellos una continuación del sistema prehispánico, pero ya influenciado por la presencia eurocristiana, como en el caso de los llamados "Catecismos Testerianos", en los que se emplea una forma de escritura "rebus", es decir de combinación de representaciones de objetos cuyas sílabas integran fonéticamente otra palabra. A éstos y otros elementos glíficos debe sumarse el valor semántico, bastante complejo de las representaciones pictóricas incluidas en los libros indígenas. La mayoría de ellas trasmiten conjuntos de elementos simbólicos, entre los cuales los colores no son los menos importantes. Imágenes como las que aparecen en la página 1 del *Códice Fejérvary-Mayer* o *Tonalámatl de los pochtecas* (mercaderes) y en las 75-76 del códice maya *Tro-Cortesiano*, representan un universo de referencias simbólicas tan ricas como las de las cartas medievales, los denominados "Mapas *Beatos*", concebidos para representar al mundo desde la perspectiva metafísica del *Apocalipsis* o *Libro de las Revelaciones,* del Nuevo Testamento.

Otros ejemplos de pinturas con escenas del mundo de los dioses y los orígenes primordiales de los antepasados, de quienes desciende la nación indígena, se encuentran respectivamente en varias páginas del *Códice Borgia* y del *Códice Vindobonense.* La referencia a manuscritos medievales europeos en los que pinturas de colores acompañan a un texto escrito resulta pertinente porque ofrece un cierto paralelismo cultural. Si esos manuscritos medievales pueden ser catalogados como libros picto-escritos, los de Mesoamérica, por su carácter de portadores de pinturas y signos intrínsecamente relacionados, merecen ciertamente ser llamados libros pictoglíficos.

Este breve resumen de los atributos más obvios de los medios de expresión empleados por mixtecas y nahuas no responde cabalmente a la pregunta acerca de la plenitud de sus potencialidades. Pienso, sin embargo, que es suficiente para mostrar que referirse a dicha expresión pictoglífica como un simple "artificio mnemotécnico", que servía para ayudar la recordación de la tradición oral, no hace a la misma plena justicia.

Es verdad que, paralelamente a la transmisión de los conocimientos a través de los códices o libros, jugaba un importante papel en Mesoamérica la tradición oral. ¿Pero podemos decir que las composiciones que más tarde, durante los primeros años de la colonia, fueron confiadas a escritura alfabética, provienen exclusivamente de una oralidad ligada a la memorización de cantares, oraciones, discursos y otros relatos en las escuelas prehispánicas? ¿O tal oralidad, por lo menos en ciertos casos, era el resultado de "seguir el camino o contenido de un códice"? Cuando existen indicios que pueden llevar a la afirmación de que esto último ocurrió, ¿qué procedimientos podrán aplicarse para detectar si hubo en tal proceso contaminaciones eurocristianas?

La enunciación de estos interrogantes demuestra la complejidad de lo que se nos presenta como la relación entre oralidad y escritura en Mesoamérica. Por ello, tomar como simples producciones del periodo colonial los textos que se conservan en lenguajes nativos transvasados a escritura alfabética, sin aplicarles distinciones o un análisis crítico, sería en realidad tan ingenuo como asignarles a todos un origen prehispánico.

Para responder a estos interrogantes, adoptaré un triple procedimiento. Primero, analizaré los principales testimonios de quienes conocieron en forma directa cómo se consultaban o "leían" los libros. Un segundo proceder consistirá en presentar casos de "lecturas", en especial hechas por nativos, en la época colonial temprana. El tercer camino tiene que ver con algunas evidencias externas que, eventualmente, puedan corroborar la autenticidad prehispánica en el caso de "textos" transvasados al alfabeto.

TESTIMONIOS DE QUIENES TUVIERON NOTICIA DE CÓMO LOS MESOAMERICANOS "LEÍAN" SUS LIBROS

La existencia de libros en Mesoamérica fue percibida y

descrita con admiración, por vez primera, en un volumen impreso en fecha tan temprana como 1516, tres años antes de que Cortés desembarcara en Veracruz. Debemos a Pedro Mártir de Anglería, el humanista italiano al servicio de los Reyes Católicos, haber incluido en su *De Orbe Novo* (Alcalá, 1516) el pasaje ya citado acerca del indígena que afirmó que su pueblo tenía también libros semejantes a los del español Corrales. Apenas tres años más tarde, el cosmógrafo Martín Fernández de Enciso, en su *Summa de Geografía,* publicada en Sevilla en 1519, en la que describe sus exploraciones alrededor del golfo de Uraba (y refiriéndose, probablemente a los pipil-nicaraos), escribió que "hay tierra donde los indios dicen que las gentes tienen libros y escriben y leen como nosotros". (Fernández de Enciso 1987, 230.)

Varios son los que aportaron testimonios de primera mano sobre la existencia de libros en Mesoamérica. Entre ellos se halla el mismo Hernán Cortés, que envió algunos a Carlos V (Cortés 1963, 407). Gonzalo Fernández de Oviedo vio otros elaborados por los pipil-nicaraos (1945, XI, 65), y Pedro Mártir de Anglería contempló los que Cortés hizo llegar a Carlos V en 1519 (1964, I, 425-26). Ese mismo año el nuncio del Papa en España, el arzobispo Juan Ruffo de Forli, también tuvo ante sus ojos varios de esos libros (Bataillon 1959, 140). La lista de quienes se refieren a ellos incluye además al soldado-cronista Bernal Díaz del Castillo (1955, I, 143), así como a muchos de los frailes misioneros. Algunos los alaban, mientras otros los condenan como portadores de falsedades e idolatrías del Demonio.

Entre estos testimonios hay varios de particular relevancia puesto que, además de registrar la existencia de libros, describen cómo los indígenas los "leían" y comunicaban a otros sus contenidos. Tal es el caso del testimonio de fray Toribio de Benavente Motolinía, uno de los doce franciscanos que llegaron a México en 1524. Éste, en una carta introductoria, firmada en 1541, que precede al texto de su *Historia de los Indios de Nueva España*, afirma:

> Había entre estos naturales cinco libros, como dije, de figuras y caracteres. El primero habla de los años y tiempos. El segundo de los días y fiestas que tenían todo el año. El tercero de los sueños, embaimientos y vanidades y agüeros en que creían. El cuarto era el del bautismo y nombres que daban a los niños. El quinto de los ritos y ceremonias y agüeros que tenían en los matrimonios. (Motolinía 1985, 53.)

Para ser más preciso, Motolinía agrega: "De todos éstos, de uno, que es el primero, se puede dar crédito, porque habla la verdad que, aunque bárbaros y sin letras, mucha orden tenían en contar los tiempos, días, semanas, meses y años, y fiestas, como adelante parecerá." E incluyen

> ...las hazañas e historias de vencimientos y guerras, y el suceso de los señores principales; los temporales y notables señales del cielo, y pestilencia generales; en qué tiempo y de qué señor acontecían; y todos los señores que principalmente sujetaron esta Nueva España, hasta que los españoles vinieron a ella. Todo esto tienen por caracteres y figuras que lo dan a entender. Llaman a este libro Libro de la cuenta de los años... (Motolinía 1985, 53.)

Existen otros testimonios de fecha anterior a la de esta información suscrita por Motolinía en 1541, que probablemente son los más antiguos que tenemos acerca de cómo los libros indígenas eran portadores de diversos géneros de información. Es posible que dos de los escritos portadores de dichos testimonios se deban al mismo Motolinía que los remitió a Carlos V a solicitud del conquistador Juan Cano y su esposa Isabel Tecuichpo, hija de Motecuhzoma. Una referencia a Juan de Zumárraga, aún no consagrado obispo para esas fechas, quien, según se asienta, "llevará ésta" *(Origen de los mexicanos...* 1991, 151), nos permite establecer la fecha en que fue escrita. En efecto, el año de 1533 fue la única ocasión en la cual Zumárraga viajó a España precisamente para recibir la consagración episcopal. Regresó a México al año siguiente.

En los dos testimonios que se atribuyen a Motolinía se hacen muchas referencias a los "libros de caracteres y figuras", como las fuentes originales que se consultaron a fin de proporcionar los antecedentes históricos requeridos para fundamentar la solicitud que hacían la hija de Motecuhzoma y su esposo. En ambos textos el fraile expresa también su inquietud por la pérdida de numerosos libros, puesto que "se lo hemos reprobado y quemado sus libros" (1991, 105). Agrega que, a pesar de todo, y esto no es lo menos importante, algunos se han salvado y que él ha tenido acceso a ellos: "Nos han querido informar y mostrar libros para que lo entendamos, y los hemos cotejado unos con otros y hallamos conformidad en ellos" (1991, 106). Acerca de cómo se realizaron esta consulta y confrontación manifiesta:

> Escritores o letrados o como les diremos que entienden bien esto son muchos, los más y no osan mostrarse, e los libros [ruptura en el papel]... quemados, que como les hemos destruido y quemado... agora que les pedimos libros, si algunos tienen, excúsanse con decir que ya son quemados, que para qué los queremos (1991, 130).

Como lo hizo el mismo Motolinía en su carta de 1541, también aquí el fraile describe los diversos géneros de libros y afirma que los anales, aquellos en los que están inscritos los registros del tiempo, años, meses, y días, no debían ser censurados. Partiendo de esta idea, él mismo los consultó, auxiliado por nativos "instruidos" y, haciendo una serie de referencias explícitas, indicó en cada caso que "lo dicen los libros" o "no dicen eso" (1983, 733, 737, 738, 744, 749).

Los libros —y esto es lo sustancial de este testimonio— "dicen" lo que está registrado, por medio de caracteres y figuras. Hay que tener presente que son los "escribanos u hombres instruidos" entre los indígenas, quienes "los entienden bien".

El otro testimonio, también anterior a la carta de Motolinía de 1541, es la llamada *Historia de los mexicanos por sus pinturas*. Se derivó ésta probablemente de la investigación que realizó fray Andrés de Olmos entre los años de 1533 y 1536, puesto que el manuscrito fue llevado a España en esa última fecha. Esta *Historia* constituye en realidad una "lectura" de varios libros indígenas. De ellos se conservan algunos en particular como lo veremos. El testimonio comienza con estas palabras:

> Por los caracteres y escrituras de que usan y por relación de los viejos y de los que en tiempo de su infidelidad eran sacerdotes y papas, y por dicho de los señores y principales a quienes se enseñaba la ley y criaban en los templos para que la deprendiesen, juntados ante mí y traídos sus libros y figuras que, según lo que demostraban, eran antiguos y muchos de ellos, la mayor parte untados de sangre humana, parece que tenían un dios a que decían *Tonacatecli* [Tonacatecuhtli] (*Historia de los mexicanos por sus pinturas*, 1965, 23).

A partir de esta frase "parece que..." el texto guarda relación con los contenidos de los códices *Vaticano A*, *Telleriano-Remense* y otros, que probablemente son copias parciales de manuscritos más antiguos, los que de hecho le presentaron al fraile "los sacerdotes y papas" que le revelaron sus creencias y narraron su historia.

Todavía más explícito es un miembro de la Real Audiencia, el cronista Alonso de Zorita que, alrededor de 1560, describió el procedimiento que adoptó fray Andrés de Olmos para obtener los *huehuehtlahtolli,* o testimonios de la "antigua palabra":

> Demás de criar los hijos con la disciplina o cuidado que se ha dicho, los padres [indígenas] asimismo lo tenían en les enseñar muchos y muy buenos consejos y los tienen hoy en día los indios principales en sus pinturas, e un religioso muy antiguo en aquella tierra... los tradujo en su lengua, y dice que hizo a unos principales que los escribiesen... e que los escribieron e ordenaron en su lengua sin estar él presente, y los sacaron de sus pinturas, que son como escritura e se entienden muy bien por ellas, e que no mudó letra de lo que le dieron, mas que dividirlo en párrafos... Y que los nombres que había de sus dioses les avisó que los quitasen e pusiesen el nombre del Dios verdadero y Señor Nuestro. (Zorita, s.f., 112-113.)

De este modo, tal como había sucedido con la *Historia de los mexicanos por sus pinturas,* que comienza con los orígenes cósmicos y concluye con los días de Motecuhzoma, los *huehuehtlahtolli,* los discursos morales de los ancianos, fueron recopilados a partir de sus libros. Los "indios principales" quienes pusieron esos discursos en escritura alfabética, lo hicieron sin introducir cambio alguno, excepto dividirlos en párrafos y suprimir los nombres de sus dioses.

Así fueron confiados a escritura alfabética los *huehueh-tlahtolli.* Evidencias externas sustentan la autenticidad de los "textos" transcritos de este modo. Alrededor de 1545 fray Bernardino de Sahagún, siguiendo un procedimiento semejante —"todo", declaró, me lo dieron por medio de sus pinturas— obtuvo independientemente otro conjunto de *huehuehtlahtolli,* con algunos discursos muy semejantes a los recopilados por Olmos *(Códice Florentino* 1979, II, libro VI). Entre ellos sobresalen los consejos que un padre dirige a su hijo.

La misma idea de que, a partir de caracteres y figuras —las inscripciones pictoglíficas de los libros— podían obtenerse "textos", es repetida una y otra vez por otros cronistas, españoles y nativos, que se interesaron en esto a lo largo del siglo dieciséis y durante la primera mitad del siguiente, de manera independiente unos de otros. Citaré sólo algunos de los testimonios más relevantes.

El dominico Diego Durán, que escribió la *Historia de las Indias de Nueva España,* alrededor de 1560-1565, basándose en testimonios indígenas orales y también, como lo afirmó expresamente, en documentos nativos, se refiere a ellos de esta manera:

> Tenían ayos maestros prelados que les enseñaban y ejercitaban en todo género de artes militares, eclesiásticas y mecánicas y de astrología por el conocimiento de las estrellas, de todo lo cual tenían grandes y hermosos libros de pinturas y caracteres de todas estas artes por donde las enseñaban. También tenían libros de su ley y doctrina a su modo, por donde los enseñaban, de donde hasta que doctos y hábiles no los dejasen salir sino ya hombres. (Durán 1867-1880, t. II, 229.)

La educación formal requería el uso de los libros con pinturas y caracteres. Durán agrega que había también libros de contenido histórico: "En ellos se preservaba la memoria de los acontecimientos que valía la pena recordar, sus guerras y victorias... todo lo tenían escrito allí... con las cuentas de los años, meses y días en los que habían ocurrido". (Durán 1867-1880, II, 257.) El testimonio citado anteriormente, proporcionado por los ancianos a Sahagún, acerca de las antiguas escuelas sacerdotales explica cómo eran usados los libros: *amoxohtoca,* "siguiendo" sus contenidos.

A las muchas referencias a los libros indígenas que hace
Sahagún será suficiente añadir otra en la cual insiste sobre
la importancia que les asigna como sus fuentes primarias:

> Todas las cosas que conferimos me las dieron por pinturas, que
> aquella era la escriptura que ellos antiguamente usaban. (Sahagún,
> 1989, t. I, 78.)

Otros dos testimonios provenientes de compilaciones
llevadas a cabo, según parece, por indígenas, ayudarán a
apreciar mejor las descripciones ya mencionadas acerca
de la manera como se utilizaban los libros. Uno proviene
de los *Anales de Cuauhtitlán,* compilación en náhuatl de
"textos" transvasados a escritura alfabética a partir de lo
contenido en varios códices. Refiriéndose a la vida de
Huémac, señor de Tollan, se afirma, "de lo que se dice
acerca de él se oirá más en varios libros". (*Anales de
Cuauhtitlán* 1975, fol. 8.)

"Lo que se dice acerca de él", *ihtolloca* (su historia),
cecni amoxpan, "en varios libros", *mocaquiz,* "será oído". Los
libros dicen cosas; deben seguirse sus contenidos, recitar
lo que está en ellos, y así ello será oído. La misma idea,
expresada poéticamente, se repite en este cantar náhuatl.
(*Cantares Mexicanos,* fol. 51 v.)

> Yo canto las pinturas del libro,
> lo voy desplegando,
> yo papagayo florido,
> en el interior de la casa de las pinturas.

La importancia de los libros indígenas fue reconocida
tan ampliamente que, cuando Felipe II ordenó, en 1578,
la preparación de las bien conocidas "Relaciones Geográficas", en muchos casos fueron presentados, como fuentes
de información confiable, los códices que se conservaban

en distintos pueblos. Esto sucedió, por ejemplo, en la ciudad de Coatepec. Su *Relación* dice: "Según los viejos antiguos alcanzaron y entendieron de sus antepasados por sus pinturas que les dejaron para su memoria" (Acuña 1985, 144). Y en una *Relación* de la provincia de Valladolid, en Yucatán, se declara que "tenían de una corteza de árbol, en el cual escribían y figuraban los días y meses con grandes figuras en él y allí escribían. Descogido este libro, sería de largo de seis brazas, y algunos mayores y menores". (Garza 1983, ii, 38.)

En el caso de Yucatán, donde se había desarrollado una escritura más compleja y precisa, los testimonios acerca de los libros e inscripciones son especialmente significativos. El obispo Diego de Landa dice:

> Usaba también esta gente de ciertos caracteres o letras con las cuales escribían en sus libros las cosas antiguas y sus ciencias, y con estas figuras y algunas señales de las mismas entendían sus cosas y las daban a entender y enseñaban. Halláronles gran número de libros de estas sus letras. (Landa 1965, 105.)

Investigaciones recientes sobre la escritura maya corroboran la afirmación del obispo Landa. Las inscripciones mayas en piedra o cerámica y en libros son en verdad ejemplos de un sistema de escritura. Por medio de "ciertos caracteres" que representaban sílabas, complementados por otros elementos glíficos tales como un rico juego de afijos, esta escritura podía expresar oraciones y textos completos. Como ya lo expresé antes, hoy en día conocemos cómo verbos, sustantivos, pronombres, nombres, etcétera, así fueron registrados. (Berlin 1977; Schele 1982; Mathews 1984, y Gockel 1988.)

Con respecto a los códices pictoglíficos mixtecas, el fraile dominico Francisco de Burgoa proporciona una descripción que coincide en sus rasgos principales con las que ofrecen Motolinía, Olmos, Durán y Sahagún. Según afirma Burgoa, que escribió en el primer tercio del siglo diecisiete:

> Se hallaron muchos libros a su modo, en hojas o telas de especiales cortezas de árboles que se hallaban en tierras calientes, y las curtían y aderezaban a modo de pergaminos de una tercia, poco más o menos de ancho, y unas tras otras, las zurcían y pegaban en una pieza tan larga como la habían menester, donde todas sus historias escribían, con unos caracteres tan abreviados que una sola plana expresaba el lugar, sitio, provincia, año, mes y día, con todos los demás nombres de dioses, ceremonias y sacrificios o victorias que habían celebrado y tenido. Y para esto a los hijos de los señores y a los que escogían para el sacerdocio, enseñaban e instruían desde su niñez, haciéndoles decorar [aprender] aquellos caracteres y tomar de memoria las historias, y estos mesmos instrumentos he tenido en mis manos y oídolos explicar a algunos viejos con bastante admiración... (Burgoa, 1989, 210.)

Alfonso Caso, que dedicó muchos años a descifrar los códices mixtecos (Caso 1960, 1964, 1966), describe sus contenidos y escritura coincidiendo en lo sustancial con las afirmaciones de Burgoa:

> Llamaban los mixtecas *naandeye* a sus códices que escribían "para memoria del pasado"; deseaban, como nosotros, saber los antecedentes de lo que sucedía entonces; se interesaban por conservar por escrito [el recuerdo de] sus peregrinaciones, sus conquistas, los nombres y hazañas de sus caudillos y las genealogías de sus reyes. En suma escribían historia...
>
> Tratándose de manuscritos pictóricos distinguimos en los códices mixtecos representaciones realistas, símbolos o ideogramas, y combinaciones de glifos que, según creemos, deben ser elementos fonéticos. (Caso, 1977, II y 28.)

En otras palabras, según Caso, los códices mixtecos pueden ser "leídos" verdaderamente, siguiendo sus secuencias pictoglíficas. Reconoce que las crónicas así como la existencia de un número considerable de manuscritos mixtecos de la temprana época colonial le han servido de ayuda para la comprensión más adecuada de los contenidos de códices como el *Bodley, Selden* y *Colombino*. Esos y otros códices prehispánicos, de modo especial el *Vindobonense* y el *Nuttal,* registran la historia de varios señoríos. Los mixtecas, nos dice, llamaban a sus libros *naandeye, "para la memoria del pasado".* (Caso 1977, I, 11.) El mismo señala que el sistema de escritura mixteca y sus códices tiene especial relación con dos tradiciones: la que podemos llamar *poblano-tlaxcalteca,* de donde pensamos que viene el muy importante grupo de códices que llamamos precisamente poblano-tlaxcalteca o del grupo *Borgia,* y la región central de México, con las ciudades de México, Tezcoco y Tacuba y las otras que estaban bajo su dominio. (Caso 1977, I, 27.)

Los códices del grupo *Borgia* son, en realidad, *tonalámatl,* libros con varios ordenamientos de la cuenta de 260 días y, en algunos casos, con páginas de contenidos rituales e incluso teológicos, como sucede particularmente en el *Códice Borgia* y en el *Fejérváry-Mayer.* Estos libros fueron concebidos para que los consultaran con frecuencia los sacerdotes y sabios, de modo parecido al uso del breviario de un sacerdote católico, es decir en determinados días y momentos, para llevar a cabo tales o cuales rituales.

LOS CÓDICES NAHUAS DE CONTENIDO HISTÓRICO

Desafortunadamente, ningún libro náhuatl prehispánico de contenido histórico ha llegado hasta nosotros. Esto dificulta juzgar sus potencialidades de expresión puesto que los materiales de que disponemos provienen sólo de los códices del temprano periodo colonial, como la *Tira de la peregrinación,* y los conocidos como *Xólotl, Quinatzin, Tlotzin, Azcatitlan, Mexicanus, Telleriano* (la última parte) y *Vaticano A* (sus páginas finales).

Edward E. Calnek, en "Análisis de los textos prehispánicos del México Central", subraya que deben establecerse algunas distinciones entre las "crónicas" (códices históricos) y los "registros administrativos" (censos y listas de tributos). Con respecto a los administrativos, afirma:

> ...estaban funcionalmente especializados para cumplir con tres tareas y objetivos. Se caracterizaban por una constante repetición de la misma información y requerían de gran flexibilidad solamente para registrar nombres propios de personas, lugares y títulos. Esto se lograba por medio de la bien conocida información glífica "rebus", la que, según Dibble y Nicholson, se usó con creciente frecuencia durante el último medio siglo más o menos, antes de la conquista española. (Calnek 1978, 245-246.)

Con respecto a los códices históricos nahuas —a partir de los elaborados en tiempos coloniales, únicos que se conservan— considera Calnek que sus potencialidades de expresión son menores que las de los códices mixtecos. Toma como ejemplo algunas partes de la *Tira de la peregrinación,* en las que distingue la existencia de "episodios" separados por "transiciones". En su opinión, el contenido informativo de cualquier episodio específico difícilmente es comprensible atendiendo tan sólo a las escenas pintadas las que, en algunos casos, incluyen unos cuantos glifos calendáricos u otros, que expresan nombres de personas, de grupos o de lugares. A partir de la limitada evidencia obtenida de los pocos códices históricos del temprano periodo colonial que se conservan, Calnek considera que, para entender realmente el significado de cada "episodio" representado en ellos y sus diversas "transiciones", se requería el comentario oral, memorizado en las escuelas. "El propósito de distinguir entre 'episodios' y 'transiciones' es un 'intento' por desarrollar nuevos métodos, potencialmente más rigurosos para el análisis de las versiones coloniales —pintadas o escritas— de tradiciones históricas prehispánicas". (Calnek 1978, 261.)

Dando crédito a los testimonios citados de quienes pudieron enterarse en forma directa sobre cómo los sabios "leían" sus libros, puede agregarse que (aceptando la complementariedad de la tradición oral memorizada formalmente) hubo códices nahuas de contenido histórico que debieron guardar semejanza con los de los mixtecas. Si así fue, sus potencialidades expresivas —como lo ha mostrado Alfonso Caso— eran suficientes para sustentar un cuerpo de información amplio y preciso.

Si atendemos, por ejemplo, a la *Tira de la Peregrinación,* encontramos que proporciona el registro pictórico de una secuencia de aconteceres —los "episodios" a que se refiere Calnek— que abarcan desde la salida de Aztlan hasta la llegada de los mexicas a Chapultepec y su ulterior sometimiento a Coxcoxtli, *tlahtoani* de Culhuacan. Tres géneros de glifos acompañan a las pinturas: calendáricos, toponímicos y onomásticos. El mismo Calnek, citando crónicas y anales en náhuatl y en castellano, entre otras las incluidas en el *Códice Aubin,* la *Tercera Relación* de Chimalpahin, la de Cristóbal del Castillo, la *Historia* de Durán y la *Monarquía* de Torquemada, correlaciona lo que se derivó de la tradición oral con lo que aparece en la *Tira de la Peregrinación.* Desde mucho antes, Fernando Ramírez en su comentario a la *Tira* había hecho esto mismo, tomando en cuenta otros testimonios como los de los *Anales de Tlatelolco.*

Si por lo menos algunos de esos testimonios pueden considerarse independientes entre sí, resulta que su convergencia con los episodios registrados pictoglíficamente en la *Tira* está denotando lo arraigado de esa oralidad que era complemento de los códices. De hecho en otros manuscritos, en los que se representa también con glifos y pinturas la secuencia histórica de la peregrinación, hay glosas en náhuatl, no pocas de las cuales concuerdan con lo referido en las crónicas y anales indígenas, que pueden tenerse como vestigio "alfabetizado" de la antigua tradición oral. Tal es el caso de las glosas que acompañan el registro de los correspondientes episodios en códices como el *Mexicanus, Azcatitlan, Aubin, Tepechpan* y otros.

Más ricos en información, asimismo proporcionada pictoglíficamente, son los códices tezcocanos *Quinatzin, Tlotzin* y *Xólotl*. En tanto que curiosamente los dos primeros registran numerosos glifos toponímicos y onomásticos, no proporcionan las referencias temporales por medio de los signos calendáricos. Éstos sí aparecen en el *Xólotl*, pero no como en la *Tira de la Peregrinación* que registra, uno a uno, todos los años que van transcurriendo, sino consignando tan sólo algunos, con señalamiento incluso del correspondiente día, en relación con determinados aconteceres. En compensación, hay en el códice varios conjuntos de puntos, es decir de numerales asociados a las imágenes de cadáveres. Tales guarismos al modo indígena han sido interpretados como los años de vida o, en ocasiones, los del reinado del personaje a cuyos restos se asocian. En otros casos los puntos están señalando los años transcurridos a partir de una fecha o suceso determinado.

Referido el *Códice Xólotl* a la historia y linaje de quienes llegaron a enseñorearse de un reino en particular, el de Tezcoco, se asemeja él en muchos aspectos a la forma como se registran sucesos paralelos en los códices mixtecos, de modo especial en el *Selden*. Éste, como lo ha mostrado Alfonso Caso, se refiere exclusivamente a la historia de un solo principado mixteco que tenía tanta importancia después de la conquista que un príncipe de Tilantongo fue enviado como señor de ese lugar... (Caso, 1964, 47.)

Otras semejanzas entre ambos códices son la importancia que conceden a la información genealógica, así como el frecuente empleo de huellas de pies para indicar movimientos e interacciones de los personajes representados. Se distinguen, en cambio, por la forma en que organizan la información. El *Bodley* lo hace en cuatro franjas o niveles superpuestos que se "leen" en zig-zag, de abajo hacia arriba, en sus varias "páginas" dobladas como biombo, con una secuencia que resulta bastante clara. El *Xólotl* se halla dispuesto en distintas hojas que asumen la forma de mapas, todos ellos del valle de México. En ese escenario está pintada la serie de sucesos cuyo ordenamiento temporal se indica en cada hoja por medio de glifos calendáricos y de las huellas de pies. Otras diferencias notables son la mucha mayor abundancia de glifos calendáricos en el Selden: los de los años van acompañados de los correspondientes al día en que ocurrió un acontecer; además casi todos los personajes ostentan su nombre calendárico, junto con otro con el que eran también conocidos.

Éstas, y otras diferencias entre ambos códices no excluyen que, por encima de todo, uno y otro se nos muestren como testimonios sumamente afines, elaborados por gentes de dos ramas de una misma civilización. Si el *Xólotl* fue producido en la década de los años cuarenta del siglo XVI, ello no significa —a la luz de sus semejanzas con los códices mixtecos de contenido histórico— que no perdure en él, en muy alto grado, la tradición de los antiguos tlahcuilos. Ahora bien, y esto es lo que más importa destacar aquí, la información que proporciona el *Xólotl,* coincide en buena medida con la que hallamos en otros manuscritos pictoglíficos y en textos en náhuatl que se refieren a todo o sólo una parte de los correspondientes acontecimientos allí registrados —desde la llegada del caudillo Xólotl hasta los días de Nezahualcóyotl— con una duración cercana a dos siglos (Dibble, 1980, 122).

Tal es el caso respecto de los periodos mucho más breves abarcados por los códices *Quinatzin* y *Tlotzin*. En uno y otro hay además extensas glosas en náhuatl que, por las alusiones temporales que incluyen, denotan haber sido escritas también en la década de los cuarenta del mismo siglo XVI. Esas glosas dan información que ilumina lo que picto-glíficamente consignan dichos códices y el *Xólotl* sobre los reinados de *Nopaltzin, Quinatzin* y *Tlotzin*. Otro tanto puede decirse de las imágenes, glifos y glosas en náhuatl, más breves éstas, en el *Códice en Cruz* (1981) y un poco más amplias en el *De Tepechpan* (1976). Dichas anotaciones son, una vez más, vestigio de la oralidad transvasada, complemento de lo expresado en los códices.

Otras muestras de la perduración en escritura alfabética de esas tradiciones orales las proporcionan, en diversos grados y extensión, varios escritos en náhuatl o castellano. Mencionaré en primer lugar a Fernando de Alva Ixtlil-xóchitl que dejó dicho:

> ...me aproveché de las pinturas y caracteres que son con que están escritas y memorizadas sus historias, por haberse pintado al tiempo cuando sucedieron las cosas acaecidas, y de los cantos con que las observaban autores muy graves a su modo de ciencia y facultad (Alva Ixtlilxóchitl, 1975, I, 527).

La cual aseveración corroboraron los integrantes del ayuntamiento y los ancianos de Otumba y San Salvador Cuautlancingo, en Tezcoco, el 7 de noviembre de 1608:

[...]presentó don Fernando de Alva Ixtlilxóchitl [...] una historia de los reyes y señores naturales de esta Nueva España, que tiene escrita y las pinturas y cartas y otros papeles y recaudos de donde la sacó, la cual también ha presentado a otras poblaciones para que la examinen. [...] Y habiéndola examinado los de Otumba, la aprobaron y mandaron que el intérprete Francisco Rodríguez, alguacil, la traslade del idioma mexicano al castellano (Alva Ixtlilxóchitl, 1975, I, 521).

Parecida aseveración respecto a la existencia de cantos que le sirvieron de fuente para escribir, la proporciona Juan Bautista de Pomar, en su *Relación de Tezcoco*, redactada a principios de 1582. Asegura él haberla dispuesto "buscando cantares antiquísimos donde se coligió y tomó lo más que se ha hecho y escrito". (Pomar, 1993, 152.) Conocemos, efectivamente, un cantar en el que Nezahualcóyotl aparece hablando acerca de "mis abuelos, Quinatzin y Techotlala" *(Cantares mexicanos,* fol. 37 r.).

También respecto del reinado de Nezahualcóyotl, debe recordarse que hay testimonios pictoglíficos, así como textos en náhuatl y castellano de procedencias mexica, tlaxcalteca y chalca que hablan de él, coincidiendo con lo expresado en el *Xólotl,* el *De Tepechpan* y el *En Cruz,* de origen tezcocano.

Entre esos testimonios están el *Codex mexicanus;* los *Anales de Cuauhtitlán,* que iluminan el contenido del *Xólotl,* en particular acerca de Nezahualcóyotl (fols. 30 y 35-53); los derivados de la "Crónica X"; las genealogías incluidas por Fernando Alvarado Tezozómoc en su *Crónica Mexicáyotl* (1992); varias *Relaciones* de Chimalpahin y lo que al respecto escribieron en castellano cronistas como Motolinía, Mendieta y Torquemada.

El cotejo de este caudal de testimonios históricos revela que, una y otra vez, se desarrolló un parecido proceso. Se atendió a lo registrado en antiguos códices pictoglíficos y a la vez en lo aportado por la oralidad, en especial a través de cantares. De allí se pasó, unas veces, a códices elaborados en las primeras décadas del periodo colonial, acompañando ya las pinturas y glifos con glosas en náhuatl de diversas extensiones. Otras, el proceso implicó transvasar plenamente lo contenido en los códices y lo reiterado en la tradición oral, a la escritura alfabética recién aprendida. Obvio es que pudo haber infiltraciones o contaminaciones con ideas de origen europeo, pero también es del todo cierto que, siendo en ocasiones relativamente abundantes los testimonios independientes, es posible cotejarlos para su valoración crítica.

Un ejemplo digno de reiterarse a este propósito lo ofrecen los textos en náhuatl incluidos en los *Anales de Cuauhtitlán* que hablan acerca de lo que pictoglíficamente comunica el *Xólotl* en relación con la vida de Nezahualcóyotl. En estos Anales con frecuencia se alude al transvase de lo pictoglífico y lo oral a la escritura alfabética. Así, al comenzar la historia de cómo fueron vencidos los de Azcapotzalco gracias a la sagacidad de Nezahualcóyotl que se alió con los mexicas, se expresa allí: *Nican motenehuaz yn itlatollo Azcapotzalco*, "Aquí se dirá la historia de Azcapotzalco..." Insistiendo luego en que lo allí escrito con el alfabeto proviene de la oralidad, se anuncia: *Nican motenehuaz, nican mocaquiz yn ye huecauh yn quenin mochiuh yn ihcuac poliuhqueh tecpanecah ynic yaochihualoqueh*, "Aquí se dirá, se oirá, cómo en tiempos antiguos sucedió, cuando perecieron los tecpanecas, fueron acometidos en la guerra..." (*Anales de Cuauhtitlán*, fol. 34).

Recordando ahora la palabra *amoxohtoca*, "seguir el camino del libro", podremos comprender mejor lo que era el proceso prehispánico de transmisión y aprendizaje y lo que fue luego el traslado de ese saber a la escritura alfabética.

El *amoxohtoca* permitía a los sacerdotes y sabios enseñar a los jóvenes en los *calmécac* los cantares, discursos, anales y otras composiciones. Y también, años más tarde, el contenido de esos libros pictoglíficos y su comentario oral o "lectura", llegaron a ser confiados a escritura alfabética, tal como Olmos, Sahagún y otros lo declararon expresamente. Aunque quedan incertidumbres con respecto a cómo se realizaron en cada caso esos transvases al texto alfabético, es cierto que la tradición oral formal y las consiguientes transcripciones alfabéticas estaban estrechamente ligadas, por no decir que ancladas en los contenidos de los libros.

Disponemos de ejemplos de varios "textos" en náhuatl transvasados a escritura alfabética que, por evidencia interna se nos muestran como resultado de una "lectura", esto es, del *amoxohtoca,* haber seguido el camino pictoglífico de códices indígenas. La descripción del proceso que debió desarrollarse ilustra de una forma vívida las potencialidades pictoglíficas de los códices nahuas y mixtecos, como fuentes de las cuales se derivan los textos escritos alfabéticamente.

La "lectura" de un códice

Un ejemplo en particular de cómo podían ser cantados o recitados los glifos y pinturas de un libro indígena, y de hecho lo eran, lo proporciona el texto náhuatl conocido como *Leyenda de los soles,* que trata entre otras cosas de grandes aconteceres cosmogónicos (*Códice Chimalpopoca* 1975). El texto escrito comprende otros varios relatos, podría decirse que poemas épicos. La *Leyenda* comenzó a transvasarse a escritura alfabética en náhuatl —un párrafo introductorio indica la fecha exacta, el 22 de mayo de

1558— por un anónimo escribano nativo, que trabajó probablemente al lado de un anciano sabio o sacerdote sobreviviente.

Comenzando con la narración de las sucesivas creaciones y destrucciones del Sol, la Tierra y los seres humanos, el relato describe el redescubrimiento del fuego, la formación de un nuevo género de hombres precedida por un viaje de Quetzalcóatl a la Región de los Muertos para recuperar los huesos de generaciones pasadas. Habla luego del descubrimiento del maíz en la Montaña de Nuestro Sustento, y del sacrificio de los dioses en un Teotihuacan primigenio. A continuación siguen las historias épicas de Mixcóatl, Xiuhnel y Mimich. Quetzalcóatl, el héroe cultural, supremo sacerdote de los toltecas, también está presente en la narración. El relato épico concluye describiendo la ruina de Tula, el juego de pelota entre Huémac, su último gobernante, y los *Tlaloques*, dioses de la lluvia. A la victoria del primero siguió una gran hambruna, provocada por los dioses ofendidos. El texto, que de este modo se convierte en una especie de historia épica nacional, concluye con la entrada en escena de los mexicas o aztecas, quienes reemplazarán a los toltecas.

Al analizar esta narración pueden detectarse, entre sus rasgos estilísticos, frases paralelas y un cierto ritmo en la expresión, características propias también de un *mexicacuícatl*, cantar a la manera mexicana. Y algo que resulta particularmente importante, el análisis nos permite también identificar un buen número de enunciaciones referenciales tales como *in nican ca*, "aquí está"; *inin...*, "éste..."; *iniqueh in*, "éstos..."; *inezca in nican can*, "de éste, su aspecto es éste"; *izcatqui*, "aquí está..." Estas expresiones referenciales, acompañadas por el uso frecuente de las frases adverbiales *niman ic, niman ye, niman ye ic*, que significan "luego, después, a continuación," revelan que el texto ha sido leído, recitado, y puesto en escritura alfabética recorriendo con la mirada las secuencias pictoglíficas de un libro indígena.

Se han conservado otros dos manuscritos, uno claramente independiente de la *Leyenda de los soles*, y el otro posiblemente relacionado con ella, que arrojan luz acerca de lo que puede haber sido dicho proceso de "lectura", o *amoxohtoca*, y transcripción. El primero, ya mencionado, la *Historia de los mexicanos por sus pinturas*, es también una "lectura" de libros pictoglíficos de contenido cosmogónico y legendario. Lo que en él se contiene —se nos dice— fue tomado de antiguos manuscritos pictoglíficos. Una minuciosa comparación de su contenido con lo que se narra en la *Legenda de los soles* revela sorprendentes coincidencias. Resulta interesante descubrir que los dos testimonios independientes, puestos por escrito con más de veinte años de diferencia, habiendo sido ambos "leídos" a partir de manuscritos pictoglíficos indígenas, coinciden en muchos puntos.

El otro manuscrito, también ya mencionado, es un libro pictoglífico elaborado a mediados del siglo XVI. Se conoce como *Códice Vaticano A* porque se conserva en la Biblioteca del Vaticano. En él, varios de los temas narrados en la *Leyenda de los soles* y en la *Historia de los mexicanos por sus pinturas* están representados pictoglíficamente. Aunque este códice no sea el que fue "leído" por quienes pusieron la *Leyenda de los soles* y la *Historia* en escritura alfabética, sí es una copia parcial de un manuscrito prehispánico, tal vez de aquél que fue verdaderamente consultado y "leído".

Los dos textos mencionados, "lecturas" de un códice, puestas en escritura alfabética, ilustran lo que, de varias maneras, dicen y repiten misioneros etnógrafos tales como Olmos, Sahagún y otros frailes, entre ellos Motolinía, Durán y Burgoa, cuando afirman repetidas veces que las narraciones, discursos y cantares habían sido tomados de lo contenido en los libros de pinturas.

OTROS TEXTOS QUE DEJAN VER FUERON ESCRITOS
A PARTIR DE CÓDICES Y ORALIDAD

Uno es el ya citado "Anónimo de Tlatelolco", conocido como *Unos Anales históricos de la nación mexicana,* que consta de cinco textos acerca de los señores de Tlatelolco, Tenochtitlan y Azcapotzalco, con otro relato que abarca desde los antiguos tiempos del mismo Tlatelolco hasta la rendición de los mexicas en manos de Cortés. De este último existe además una antigua copia en la que se dice que fue puesto en escritura alfabética en 1528. *(Anales,* 1939, 100.)

A lo largo de los distintos textos que integran dicha obra, no es raro encontrar expresiones parecidas a las que ya vimos aparecen en la *Leyenda de los Soles.* Así, al comienzo, frente a un glifo de Chapultepec y tras decir que los mexicas, antes de su llegada a ese lugar aún no se habían dividido, como luego ocurrió, entre tenochcas y tlatelolcanos, nota: *nican motocayotia in izquintin; ce itoca Poyahuitl, Memella, Xalma...,* "Aquí están los nombres de todos; el nombre del primero Poyahuitl, luego, Memella, Xalma..." y añade los de otros dieciséis.

Más adelante, en varios lugares el autor inicia sus palabras con *izcate,* "he aquí", para enumerar luego los nombres de otra serie de personajes cual si estuviera descodificando sus glifos onomásticos. Hablando de la conquista efectuada por un *tlahtoani,* dice *izca in itepehual,* "he aquí sus conquistas" y en seguida las enumera como "leyendo" los correspondientes glifos, de manera semejante a como

aparecen, a propósito de cada uno de los señores tenochcas en el *Códice Azcatitlan* o en el *Mendoza*.

Otro testimonio aduciré que nos muestra la manera
como un cronista indígena derivó de códices y oralidad lo
que puso luego en escritura alfabética. El cronista es
Chimalpahin Cuauhtlehuanitzin, que reflexiona sobre
esto en su *Octava relación*. Dirigiéndose a los que se acer-
carán a su obra les dice:

> Y tú, quienquiera que seas, tú lector, que leerás este libro de
> pinturas de la antigua relación oral de la ciudad de Tzacualtitlan
> Tenanco, para que se certifique de dónde obtuve y vine a reunir
> todas la palabras sobre la vida antigua, las que ahora aquí pongo
> juntas, reúno, ordeno, una vez más las renuevo según se requiere,
> sabe que son cinco los antiguos libros que hace mucho fueron
> dispuestos por los ancianos, los apreciados nobles que había aquí
> en Tzacualtitlan Tenanco Chiconcóhuac (Chimalpahin, 1983, III).

Enseguida describe esos testimonios a los que se ha
referido con el vocablo compuesto *al-tepe-huehueh-nenot-
zaliz-amox-tlahcuilolli* que literalmente significa "pintura del
libro de la antigua relación oral del pueblo". Tres ancianos había —dice Chimalpahin— que eran los guardianes
de esa *altepehuehuehtlahtolli,* "antigua palabra del pueblo",
la cual "se veía" en las pinturas de las hojas pegadas de
papel de amate, *texamatlahcuilolpan.* Uno de esos ancianos,
don Diego Hernández Moxuchintzetzelohuatzin, guardó
esa antigua tradición, *huehuehnonotzaliztli,* hasta que murió
en un año 1-Casa (1545), cuando se extendió la *cocoliztli*
que duró un año.

Heredero de ella fue su hijo, don Domingo Hernández
Ayopochtzin, del cual afirma Chimalpahin que

> aprendió la lectura de los libros y el trabajo de las pinturas en
> papel, de manera que *letrastica,* "con letras", escribió el libro, el

primer libro, que se hizo donde nos puso como si fuera un espejo. (Chimalpahin, 1983, 113.)

Transvasó así el dicho Domingo Hernández Ayopoch-tzin lo que se conservaba en las pinturas y la oralidad al primer libro escrito ya *letrastica,* "con letras". Ese libro, como luego lo atestigua Chimalpahin, estuvo en sus manos, al igual que otros que tenían parientes suyos a los que también menciona. Uno de ellos era un *huey huehueh amoxtli,* un "libro" muy viejo, que perteneció a su suegro Andrés de Santiago Xuchitototzin que había sido juez de Amecameca en 1547, "cuando se sacó, se reunió, se verifi-có la antigua palabra, todo lo que aquí se dice, se refiere". (Chimalpahin, 1982, 119.)

De esos testimonios —libros y antigua palabra— fue de donde Chimalpahin, según lo afirma, unificó "el verda-dero, el muy bueno y completo relato acerca de la antigua vida". (1983, 117.) De tal relato había dicho un poco antes que

> ...no es una fábula, ni ficción, ni hablilla, sino cosa ordenada que todo es verdad, todo se hizo, así lo dejaron dicho, nos lo dejaron expresado, establecido, su antiguo discurso, los ancianos, las ancianas, los señores, los nobles de Tzacualtitlan, los tenancas... Estas palabras de la tradición del pueblo, de los linajes, que están pintadas con tinta negra, con tinta roja, diseñadas en el papel, jamás se perderán, no se olvidarán, siempre se guardarán. (1983, 103.)

El proceso fue el mismo. Oralidad y papeles con pintu-ras y signos glíficos se transvasaron a esritura alfabética. En este caso el que llevó a cabo la difícil tarea no fue un fraile. Ni siquiera tuvo en ello participación algun otro que no fuera Chimalpahin Chuahtlehuanitzin. El mismo que así describió su modo de proceder.

UN TEJIDO CULTURAL A TRAVÉS DE LOS SIGLOS

Como ya lo señalé, puede adoptarse un tercer procedimiento para analizar la autenticidad de un "texto" que
se presenta como derivado de una fuente prehispánica.
Tal procedimiento será considerado ahora.

La intención es buscar diversos géneros de evidencia
externa que puedan sustentar la autenticidad prehispánica de un texto indígena transvasado alfabéticamente. En
lugar de considerar casos particulares de uno u otro texto
en náhuatl, en maya o en alguna otra lengua nativa, cen-
traré la atención en varios temas principales a los que se
hace referencia en un considerable conjunto de testimonios independientes, conservados en diversas clases de
fuentes: arqueológicas, documentales (como los códices)
y otras, provenientes de distintas épocas y de diversas áreas
de Mesoamérica. La búsqueda de estas fuentes portadoras
de evidencias convergentes tiene la intención de descubrir si los textos escritos en los que ciertos temas reaparecen pueden ser tenidos como hilos que pertenecen a
uno y el mismo tejido cultural mesoamericano.

Comencemos con la imagen espacial y temporal del
universo, un tema esencial de la cosmovisión mesoamericana. La concepción de la superficie horizontal del
universo tiene dos representaciones extraordinarias, a la
vez pictóricas y glíficas, en el códice *Fejérváry-Mayer*
(Tonalámatl de los pochtecas), página 1, y en el maya *Tro-*
cortesiano, páginas 75-76. Entre los muchos símbolos
relacionados con estas representaciones sobresalen los
colores cósmicos, las deidades, los árboles, y aves cósmicas,
así como la orientación temporal, esto es, los glifos de los
días y los años que se registran también allí. En el caso del
códice maya, la orientación de los años se registra por
medio de los glifos que indican los cuatro rumbos del uni-

verso. Los mismos glifos aparecen en varios hallazgos arqueológicos, tales como la inscripción M de Palenque y en la tumba 12, recientemente descubierta en Río Azul, en el Petén guatemalteco. Son asimismo notables los bajorrelieves en el Templo de los Tableros en Chichén Itzá, en los cuales aparecen árboles y pájaros ubicados de acuerdo con las regiones del universo.

Un buen número de textos indígenas escritos ya alfabéticamente aporta la misma imagen o elementos importantes de ella. En un texto náhuatl recopilado por Sahagún *(Códice Matritense,* 1906, VII, fol. 269 r.) se describen los cuatro rumbos del universo relacionados de manera precisa con la orientación del tiempo. Dicho texto parece ser una "lectura" de lo delineado en la página 1 del códice *Fejérváry-Mayer.* Según se observa en el códice, la ubicación de *Xiuhtechuhtli,* Señor del Fuego, en el centro del universo, tiene también su contraparte en otro texto náhuatl que lo describe como "quien reside en el ombligo de la tierra" *(Códice florentino* 1979, II, libro 6, fol. 71 v.) Además, en el texto maya del *Chilam Balam de Chumayel* (Roys 1933, 64), los árboles y aves cósmicas aparecen siguiendo el mismo esquema, este-norte-oeste-sur, como en el *Códice Tro-cortesiano,* con la mención de los colores correspondientes. Otros textos en escritura alfabética, en náhuatl, maya y quiché, también hacen referencias coincidentes a la imagen horizontal del universo. La lista incluye el fol. 1 de los *Anales de Cuauhtitlán* (1975), el *Popol Vuh* (1944, 2) y *El ritual de los Bacabes* (Roys 1965, 64).

En cuanto a la imagen vertical del universo, hay representaciones plásticas de ella en los códices mixtecos prehispánicos *Vindobonense,* página 52, en el *Rollo Selden* y en los códices coloniales *Gómez de Orozco* (mixteco) y *Vaticano A.* Un texto náhuatl incluido en los testimonios recopilados por Sahagún *(Códice florentino* 1979, I, libro III, fol. 25 r.-v.) parece ser una "lectura" de la página 1 del *Vaticano A,* en la que se ven las representaciones correspondientes a cada uno de los "pisos" o estratos celestes y del mundo inferior.

En los libros mayas de los Chilam Balam se hacen frecuentes referencias a los *Oxlahun-ti-ku,* trece dioses de los trece niveles celestes o regiones cósmicas superiores, así como a los *Bolon-ti-ku,* los nueve moradores divinos de los correspondientes niveles del inframundo (Barrera Vásquez 1948, 153-55). El mismo concepto del espacio cósmico vertical ha sobrevivido entre varios grupos mesoamericanos contemporáneos. Tal es el caso de los tzotziles de Larráinzar, Chiapas, como lo registra el etnólogo William R. Holland (1963, 69).

Además de los testimonios arqueológicos en monumentos como la Piedra del Sol, donde están esculpidos los glifos de los sucesivos "soles" o edades cósmicas, los códices prehispánicos que componen el Grupo Borgia y algunas pinturas y textos glíficos de los códices mayas *Dresden* de París y *Tro-Cortesiano,* proporcionan información sustancial acerca del concepto del tiempo, extremadamente complejo entre los mesoamericanos.

De la sucesión de los "soles" o edades, como se registra en el *Vaticano A* existe, según hemos visto, una versión escrita en el texto náhuatl de la *Leyenda de los Soles,* y en una larga lista de otros textos como los *Anales de Cuauhtitlán* (1938, 60-62), la *Historia de los mexicanos por sus pinturas* (1983, 693-97), la *Historia* de Motolinía (1903, 346-47), la *Sumaria Relación* y la *Historia de la Nación Chichimeca* de Ixtlilxóchitl (1981-1982, v. I, 19-21, II, 25-26), el *Popol Vuh* (Edmonson 1971, 3-31 y 145-60) y los libros de *Chilam Balam* (Barrera Vázquez 1948, 153-55). Paralelamente deben mencionarse las representaciones en otros monumentos localizados por la arqueología, aparte de la ya citada "Piedra del Sol". Dichos monumentos son el llamado "Disco de los soles", conservado en el Musseo Peabody de la Universidad de Harvard, la "Piedra de los Soles", en el Museo Nacional de Antropología de México, así como la lápida que registra la fecha de la entronización de Motecuhzoma Xocoyotzin enmarcada en la secuencia de los cinco Soles cosmogónicos, preservada en el Museo Time, de Rockford, Illinois, EUA.

Materia que puede documentarse ampliamente en numerosos testimonios provenientes de la mayor parte del ámbito mesoamericano es la referente a la cuenta de 260 días con sus múltiples connotaciones. De las "lecturas" en náhuatl y en castellano, a partir de fuentes indígenas, de la gama de implicaciones de esta cuenta en sus relaciones con los destinos que trae cada día, dan testimonio el libro IV del *Códice florentino* (1979, I, libro IV) y la *Historia de las Indias de Nueva España* de Diego Durán (1867-1880). Una comparación de estos textos con lo expresado en los códices prehispánicos del grupo Borgia muestra sorprendentes coincidencias. La sobrevivencia de las connotaciones inherentes a la cuenta de los días-destino se torna patente en las recopilaciones hechas por Hernando Ruiz de Alarcón durante el primer tercio del siglo XVII (Ruiz de Alarcón, 1984). Las investigaciones etnológicas demuestran que en la época actual el mismo calendario astrológico continúa vigente entre los ixil de Guatemala (Lincoln 1942) y otros grupos mayenses (Mc Arthur 1965, 33-38).

El concepto de la suprema divinidad dual es también parte esencial de la visión del mundo y las creencias religiosas de los mesoamericanos, como se muestra en varias páginas de los códices prehispánicos del Altiplano *Borgia, Fejérváry* y *Vaticano B,* así como en los mixtecos *Vindobonense, Rollo Selden,* y en los coloniales tempranos

Gómez de Orozco, Telleriano Remense y *Vaticano A*. Varios *huehuehtlahtolli,* de procedencias diferentes (que se conservan en Florencia y México, así como en Austin, Washington y Berkeley) están repletos de alusiones al supremo dios dual y a sus atributos masculinos-femeninos. En varios himnos sacros nahuas *(Códice Florentino),* en no pocos cantares *(Colección de Cantares mexicanos),* y en la *Historia tolteca-chichimeca* —manuscrito que es una mezcla de versiones alfabéticas y pictoglíficas del área de Cuauhtinchan, Puebla—, se encuentran invocaciones que arrojan luz sobre los atributos y otros títulos del mismo Supremo Dios Dual. Pueden identificarse referencias paralelas en el *Popol Vuh* y en los libros de *Chilam Balam.* Se han recopilado textos contemporáneos provenientes de la tradición oral que sobrevive entre varios grupos nahuas y mayas que conllevan ideas afines y a veces idénticas (Preuss 1976, 47-50).

Los *huehuehtlahtolli,* testimonios de la antigua palabra, merecen atención especial. Además de las coincidencias que existen entre varios de los que fueron transcritos en épocas y lugares diferentes durante la primera mitad del siglo XVI, existen otros con expresiones paralelas confiados a escritura alfabética en épocas recientes. (Ramírez 1980, 71-90.) Personalmente, tengo la grabación de un *huehuehtlahtolli,* cuyo contenido son las recomendaciones de una madre a su hija, en todo semejantes a las que se expresan en textos transcritos en el siglo dieciséis. Me refiero a un *huehuehtlahtolli* que pronunció en 1989 una mujer originaria de la comunidad náhuatl de Santa Ana Tlacotenco (Milpa Alta, México, D. F.). Pueden mencionarse otros *huehuehtlatolli* contemporáneos, puestos por escrito por varios etnólogos, como ejemplos de la sobrevivencia de este género de composiciones. Entre los testimonios en los que perdura la antigua expresión se hallan los "Textos de Xaltocan, Estado de México", recopilados alrededor de 1949 (Barrios y Barlow 1950, 1-25); "Tlahtolli tonameytzintli ipampa kampa ce kitokayotia xochitlachipantla" ("Palabras dirigidas a un niño cuando es nombrado dador de flores"), de Los Reyes, Veracruz, 1981 (Ajactle, 1982), y "Todos Santos y otras ceremonias", con textos recogidos en Chilacachapa, Guerrero, 1954 (Weitlaner 1955, 295-321).

Resulta digno de atención, por no decir asombroso, descubrir que hay narraciones contemporáneas en varias lenguas mesoamericanas que siguen de cerca temas de la "antigua palabra" y que a veces parecen "lecturas", hechas casi quinientos años más tarde, de una página de un códice prehispánico. Como era de esperarse, con frecuencia se han introducido en ellas variantes que reflejan contaminación eurocristiana. Existen por ejemplo textos que narran, en tiempos contemporáneos, la historia del redescubrimiento del maíz en la Montaña de Nuestro Sustento, relato incluido en la *Leyenda de los soles,* transvasada en el siglo XVI. Entre los nahua-pipil de El Salvador, se recopiló la misma historia alrededor de 1930 (Schultze Jena 1935, 30-33). En Tzeltal, en Chiapas, Mariana C. Slocum (1965, 1-7) transcribió una narración muy parecida.

Dos indígenas analfabetas de Santa Cruz y de san Juan Mixtepec, Oaxaca, respectivamente Serapio Martínez y Basilio Gómez, comunicaron un relato en mixteco, de gran interés, al etnólogo Thomas J. Ibach (1980, 243-47). Tal narración es probablemente la mejor "lectura" que se conserva de la página 37 del códice mixteco prehispánico *Vindobonense* y de la página 2 del códice *Selden* (también mixteca). La historia se relaciona con el árbol de Apoala donde tuvo su origen la nación mixteca. ¿Cabe dudar que tanto éste como los otros textos citados, transvasados al alfabeto en el siglo XVI o en tiempos recientes, son hilos de uno y el mismo tejido cultural mesoamericano?

Las coincidencias entre los hallazgos arqueológicos, los contenidos de los códices y los "textos" puestos por escrito en distintas lenguas nativas de diferentes áreas y periodos, abarcan otros temas relacionados también con la antigua visión del mundo y las creencias religiosas mesoamericanas. Entre ellos destacan las hazañas de Quetzalcóatl; el sacrificio de Nanahuatzin cuando se restauró por quinta vez el Sol; los lugares en el más allá a donde van los muertos; el origen del hombre; la procedencia de los grupos étnicos que salieron de las Siete Cuevas; los conceptos del bien y del mal, y otros varios más.

Proporcionaré ejemplos de los tres primeros temas. La figura de Quetzalcóatl, dios y héroe cultural, está representada, en varias actitudes, en esculturas en piedra, en diversas páginas de códices prehispánicos como el *Borgia* y el *Vindobonense,* en los textos en náhuatl del *Códice florentino,* en los *Anales de Cuauhtitlán,* en varias crónicas en español y en textos modernos, principalmente de la región del Golfo de México, entre ellos los que se conocen como "Historias de Tlamacazqui". De considerable interés serán los estudios críticos comparativos que arrojen luz sobre las interrelaciones que existen entre estos testimonios.

El sacrificio de Nanahuatzin, que se quemó a sí mismo para transformarse en el Sol, es tema de un texto en el *Códice florentino* (1979, II, libro VII, fol. 2 v.-5v.) y de la *Leyenda de los Soles* (1975, fol 77), así como de relatos modernos que provienen de áreas bastante distantes como Miahuatlán, Puebla (Ramírez 1950, 1-4) y Piedra Gorda, Nayarit. Esta última versión fue transmitida en lengua huichol por Cruz de la Rosa (McIntosh 1949, 2, 19-21). Llama la atención una convergencia tan distante e inesperada, en la que las variantes no oscurecen el tema central.

Respecto de los lugares en el más allá a los que van los muertos, existe la coincidencia entre la conocida pintura mural teotihuacana del Tlalocan, o paraíso de Tlaloc, en las ruinas del palacio de Tepantitlan en Teotihuacan, y un texto náhuatl del *Códice florentino* (1979, I, libro II, fol. 27 v. - 28v.) En lo que se refiere al *Mictlan,* donde se halla *Mitlantecuhtli,* Señor de los Muertos, así como a *Cihuatlan,* "lugar de las mujeres", situado en el Poniente, se ha descubierto un conjunto de esculturas polícromas de barro, algunas de gran tamaño, en el interior de una pirámide del periodo clásico tardío en El Zapotal, Veracruz. Estas esculturas representan al señor *Mictlantecuhtli* y a las *Cihuateteoh,* o "mujeres deificadas", que murieron de parto. Sus efigies y atributos se corresponden estrechamente con varias representadas en códices del grupo Borgia así como con sus descripciones en textos en náhuatl del *Códice florentino* (1979, 1, libro 3, fol. 23 v.-27v.)

Además de estas evidencias externas que sustentan la autenticidad de los textos indígenas transvasados a escritura alfabética desde el siglo XVI, están también los varios casos de transmisiones orales y compilaciones de la misma composición efectuadas de manera independiente por personas que vivieron en lugares y épocas distantes. A modo de ejemplo, recordaré un *icnocuícatl,* canto de tristeza que, según se dice, fue entonado por los mexicas después de la derrota que sufrieron en Chapultepec, algún tiempo antes de que se asentaran en la isla de Tenochtitlan. El mismo cantar, con ligeras variantes, aparece en el manuscrito de 1528 de los *Anales de Taltelolco* (fol. 20), en la *Colección de Cantares Mexicanos* (fol. 37 r.) y en los *Anales de Cuauhtitlán* (fols. 16-17). Por otra parte, la derrota mexica en Chapultepec está documentada en varias otras fuentes independientes tales como los códices *Azcatitlan, Mexicanus, Telleriano, Ramírez, Aubin,* y en las crónicas de Alvarado Tezozómoc, Chimalpahin y Durán que escribieron basados en los testimonios que obtuvieron de antiguos manuscritos indígenas, cuyas características y contenidos describen en varias ocasiones (Chimalpahin 1983).

Hay otro caso de coincidencias, incluso de identidades, de tradiciones, visión del mundo, ritos, creencias y cuenta calendárica, que puede documentarse ampliamente, entre los pipiles-nicaros del istmo de Rivas en Nicaragua y los nahuas de la región central de México. No obstante el apartamiento geográfico de más de dos mil kilómetros, y temporal, de varios siglos de separación, los testimonios que se conservan —recogidos, respecto de los pipiles-nicaros, en fecha tan temprana como 1528— ponen de manifiesto una convergencia de elementos de cultura espiritual en verdad extraordinaria.

No sería exagerado afirmar que el gran conjunto de coincidencias, que abarcan muchos de los temas que han sido aquí objeto de análisis y comparación respecto de grupos más cercanos entre sí, aporta una evidencia que por sí sola corrobora la autenticidad de lo que se transvasó en los textos nahuas a partir de la oralidad y los libros pictoglíficos. Para valorar esto con mucho mayor detenimiento, incluiré, como una segunda parte de este libro, un trabajo que elaboré hace algún tiempo en el que establezco la referida comparación. Versa ella precisamente acerca de las concepciones religiosas compartidas por los pipiles-nicaraos y los nahuas de la región central de México.

Algunas conclusiones

Hemos examinado y comparado varios géneros de fuentes mesoamericanas, precisamente para investigar si algunos de los textos convertidos a escritura alfabética en náhuatl, maya y otras lenguas nativas, pueden ser aceptados como genuinos testimonios de la cultura prehispánica. De nuestra búsqueda pueden desprenderse varias conclusiones:

1. Los mesoamericanos habían desarrollado una oralidad que se manifestaba, en diversas circunstancias, en forma de cantos, discursos y recordaciones de acontecimientos importantes, divinos o humanos. Dicha oralidad puede describirse como una forma de tradición oral que se aprendía sistemáticamente en las escuelas y templos. Para transmitirla, los sacerdotes y sabios utilizaban sus libros o códices. Los mayas leían en sentido estricto las secuencias logosilábicas de sus libros. Los nahuas y mixtecas *amoxohtoca*, "seguían" el camino de las secuencias de las pinturas y glifos incluidos también en sus códices.

2. Los mesoamericanos, sobre todo aquellos que vivían en ciudades o comunidades mayores, tenían en gran aprecio los libros e inscripciones. La imagen ideal de sus sabios era la del *amoxhua*, "aquél a quien pertenecen los libros", *tlileh, tlapaleh,* "aquél que posee las tintas negra y roja" para pintarlos y escribirlos. En este aspecto la comparación que hicimos con el caso de los incas resulta elocuente.

3. Los testimonios que proporcionaron los indígenas, mestizos y españoles que contemplaron, en los albores del siglo XVI, cómo se utilizaban los libros nativos, coinciden en decirnos que, incluso en el caso de los libros mixtecas y nahuas, sus pinturas y glifos tenían un gran potencial semántico. Podían transmitir no sólo información acerca del pasado en forma de anales o como registros administrativos, sino también secuencias de sentido más complejo, como las que se encuentran en los *huehuehtlahtolli* y

los cantares. Hasta qué punto era necesario el complemento de la tradición oral es algo que puede tenerse como obvio sobre todo en el caso de los nahuas, mixtecas y otros. Aunque los cronistas no son siempre explícitos sobre esta cuestión aluden muchas veces a ella. Además, no poseemos ni uno solo de los libros que mencionan Olmos y Sahagún, quienes nos relatan cómo obtuvieron los cantares, los *huehuehtlahtolli,* y otros textos, gracias a "las pinturas y caracteres" y al testimonio oral de ancianos y sabios.

4. Merece atención el ejemplo de cómo un mesoamericano realizó un *amoxohtoca,* esto es, "siguió" las secuencias pictoglíficas de un libro que contenía el meollo de la *Leyenda de los soles,* y lo transvasó a escritura alfabética. Este ejemplo también puede ayudarnos a valorar mejor cómo pudieron rescatarse otros "textos" en el temprano periodo colonial. Un ejemplo son los que integran el *Popol Vuh,* cuyas primeras frases afirman:

> Este es el comienzo de la antigua palabra... Esto lo escribiremos ya dentro del tiempo de la ley de Dios, ya en el Cristianismo lo vamos a rescatar, porque el libro original del Consejo no está ya visible. Existía su manuscrito y fue puesto en él hace mucho... *(Popol Vuh* 1944, fol. 1.)

El antiguo libro, el escrito hace mucho tiempo, no podía ser contemplado a luz del día puesto que los sacerdotes y sabios que lo leyeron —así agrega el texto— "escondían sus rostros", obviamente por miedo a la denuncia de idolatrías. Fue de este modo como, ya en pleno cristianismo, el escribano quiché confió su contenido, "la antigua palabra", a escritura alfabética. Así, "la gran relación" perduró para siempre desde que fray Francisco Ximénez, que encontró la antigua transcripción del escribano indígena en Chichicastenango, la copió de nueva cuenta, la comentó y conservó.

5. Las varias formas de evidencias convergentes aducidas para ver si un texto escrito tiene una procedencia prehispánica pueden mostrar, en determinadas circunstancias, si una composición constituye un hilo auténtico del tejido cultural mesoamericano. Como vimos, en algunos casos existen varias transcripciones de un texto puestas ya alfabéticamente, obtenidas de forma independiente, con posibles variantes, por medio de la tradición oral. Dichas transcripciones están, en última instancia, como es posible mostrarlo, ancladas en los contenidos de antiguos códices indígenas. Esto resulta particularmente evidente en algunos textos mayas, por ejemplo partes de varios de los libros de *Chilam Balam,* que coinciden, básicamente, como "transliteraciones" o transvases de la antigua escritura logosilábica a la alfabética. Victoria R. Bricker ha llamado recientemente la atención de los especialistas sobre esto (Bricker 1989, 39-50). La tradición oral, que perdura en la época actual en muchas comunidades indígenas, proporciona otro notable refuerzo crítico a los textos de los que existen transcripciones paralelas del siglo XVI.

A partir de lo aquí expuesto podemos afirmar que, al estudiar y traducir no pocos textos transcritos alfabéticamente en náhuatl, maya, quiché y otras lenguas, en verdad nos hemos acercado a la "antigua palabra" mesoamericana. Si lo hemos hecho de forma adecuada, con un sólido bagaje lingüístico, filológico e histórico, es una cuestión completamente diferente y presenta otros problemas a los que, desde el mismo siglo XVI, Sahagún y otros tuvieron que enfrentarse y procuraron dar respuesta.

Ofreceré a continuación varios ejemplos de la relación que guardan el contenido de algunos códices o libros prehispánicos y determinados textos en náhuatl, de entre los muchos que quedaron capturados "en la luminosa prisión del alfabeto". Aun cuando no pueda decirse que son "lecturas" del contenido de las páginas o dobleces que aquí se reproducen de algunos códices, he escigido textos que iluminan lo que, por medio de pinturas y glifos, se expresa en los antiguos manuscritos en papel amate o en tiras de piel de venado.

El propósito es mostrar, desde esta perspectiva, lo que hemos visto que se afirmó desde tempranos tiempos: "lo que se halla en los códices", amoxpan, "será oído", es decir se convertirá en la oralidad de la palabra. Ésta, entre los mesoamericanos, y aquí entre los nahuas, no sólo guardaba relación con lo expresado pictoglíficamente en los códices sino que, por así decirlo, constituía la des-codificación de ellos. Percatarse de esto y comprobarlo, sobre todo a propósito de los grandes temas que aparecen como claves en el pensamiento prehispánico, tiene considerable importancia crítica. No excluye esto, por lo demás, la requerida indagación, en cada caso, acerca de posibles interpolaciones u otras formas de alteración en los mismos textos que se presentan como "desprendidos" del contenido del códice y que convertidos en oralidad fueron luego capturados en escritura alfabética.

SEGUNDA PARTE:
DEL CÓDICE PICTOGLÍFICO A LA LUMINOSA PRISIÓN DEL ALFABETO

Muy pocos son los códices prehispánicos que se conservan directamente relacionados con la cultura de los pueblos nahuas. Es cierto que hay otros, mucho más numerosos, elaborados en los tiempos que siguieron a la Conquista. Acudir a éstos exige, sin embargo, la cautela que permita discernir diversas formas de influencia eurocristiana. Existe, por otra parte, la posibilidad de los estudios iconográficos de diversos monumentos y objetos descubiertos por la arqueología. Con frecuencia ellos revelan elementos de grande significación para comprender la antigua cultura, aun en aspectos relacionados con las creencias y prácticas religiosas y, en suma, con lo que fue su visión del mundo y el sentido de orientación en sus vidas. También —como lo hago en la tercera parte de este libro— es posible realizar comparaciones con testimonios procedentes de otras regiones de Mesoamérica. Las eventuales semejanzas o identidades entre ellos y los de origen nahua del centro de México, corroborarán la autenticidad de estos últimos.

Son estas fuentes de conocimiento las que permiten enmarcar con enfoque crítico el valor que debe atribuirse a los "textos" escritos ya con el alfabeto, fundamentalmente los que se hallan en náhuatl y que se presentan como expresión de la antigua palabra. Ello es también aplicable, aunque de manera distinta, a las crónicas y otros relatos en castellano escritos por quienes afirman haber investigado en el contexto indígena en tempranas fechas.

Acudiendo a los códices prehispánicos, me circunscribiré ahora a mostrar la relación que cabe percibir entre algunas de sus páginas y determinados textos en náhuatl. Vimos ya en la primera parte cómo hay varios de tales textos —por ejemplo el de la *Leyenda de los Soles*— que dejan ver su carácter de "lectura" de un códice. Sin embargo, en ese caso no tuvimos al alcance el códice original y sólo fue dado aludir al mucho más tardío que se conoce como *Vaticano A*.

Aquí tendremos a la vista imágenes y glifos de códices prehispánicos que se han conservado. La intención es confrontar con ellos determinados textos en náhuatl que, si no son necesariamente "lecturas", guardan considerable relación con los mismos. "Seguir el camino del códice" —*amoxohtoca*— implicaba "des-codificar" su contenido. En tal proceso "se hacía oír" lo que con glifos y pinturas expresaba el libro. La oralidad, con raíces en la antigua tradición, podía enriquecer a veces la evocación, estimulada por lo representado en el códice. Quiero decir con esto que las "lecturas" del códice podían tener variantes. Ello puede ejemplificarse recordando el caso de los *huehuehtlahtolli*. Éstos, según el testimonio de Andrés de Olmos, los hacían oír los sacerdotes, sabios y distintos funcionarios acudiendo a sus libros. Ahora bien, las "lecturas" podían y debían adaptarse a circunstancias y personas diferentes.

Los textos en náhuatl que aduciré aquí en confrontación con representaciones pictoglíficas, los presento como ejemplos de la oralidad que, al ocurrir el encuentro con la cultura europea, se transvasó a la que llamó

Garibay "la luminosa prisión del alfabeto". Al atrapar y fijar en letras la antigua palabra quedó ciertamente en "prisión". Pero ésta misma la salvó de la pérdida y el olvido total. Permitió que de nueva forma continuara conociéndose. Por ello la prisión fue "luminosa".

Los ejemplos que presentaré se refieren a temas de muy grande importancia en el ámbito cultural de los nahuas: atributos de dioses como Tezcatlipoca, Xiuhtecuhtli y Tlaltecuhtli; formas de culto; los ciclos de la Estrella Grande; la ceremonia del Fuego Nuevo; el ritual de la confesión a Tlazolteotl y algunas actuaciones de los *pochtecas,* mercaderes. Los códices, cuyas imágenes y glifos se ponen en correlación con los textos en náhuatl son el *Borgia, Vaticano B, Tonalámatl de los pochtecas (Fejérváry-Mayer), Laud, Cospi* y *Borbónico* (este último, según parece, de los años que inmediatamente siguieron al encuentro).

Los ciclos de la Estrella Grande

Ofrezco como primera muestra lo registrado en cuatro códices —el *Borgia* (53-54), *Vaticano B* (80-84), *Cospi* (9-11) y en el maya *Dresde* (46-50)— en los que, como lo notó Eduard Seler, se representa de varias formas a *Tlahuizcalpantecuhtli,* Señor del Alba, Estrella Grande (Venus). Elemento en común es que éste aparece cinco veces y en todos los casos tiene un *atlatl* o tiradera y uno o varios dardos que está a punto de lanzar o que de hecho ha lanzado ya contra personajes u otros determinados objetivos.

Según la interpretación del citado Seler (1898, 346-384 y 1963, II, 113-128) —que no ha sido contradicha sino perdura plenamente aceptada—, el tema que se representa en los recuadros de los dichos cuatro códices prehispánicos, es el de los ciclos de *Tlahuizcalpantecuhtli,* Señor del Alba, Estrella Grande (Venus) y asimismo la influencia de éstos en la tierra. En su comentario al *Códice Borgia*, aparecido originalmente en 1904 notó que

> los sabios del México antiguo suponían, con cierta inexactitud, que era de 584 días el periodo cronológico de la revolución sinódica del planeta Venus que abarca 583 días, 22 horas, 6 minutos y 40 segundos (1963, II, 113).

Explicando a continuación la forma como esos antiguos sabios correlacionaron ese ciclo con su sistema de cuenta de los días (20 signos que se combinan con los numerales del 1 al 13), hace ver cómo sólo cinco signos con sus numerales "recaen en los días iniciales de los periodos de una supuesta duración de 584 días".

Específicamente concluye luego que los signos de esos días son *cipactli*, "lagarto"; *coatl*, "serpiente"; *atl*, "agua"; *acatl*, "caña" y *ollin*, "movimiento". El análisis del funcionamiento de la cuenta calendárica le permite luego concluir que "sólo al cabo de trece periodos, el día inicial de un periodo volvería a tener en su nombre el número de uno de los días iniciales de los periodos pasados".

Otra importante deducción fue que se necesitaba transcurrieran 5 x 13 de esos periodos para que el día inicial de uno de ellos volviera a recibir el mismo nombre o signo y también el mismo número o guarismo. Se establecían así dos ciclos cortos en la revolución sinódica de la Estrella Grande, uno de 5 periodos y otro de 13. Había además otro ciclo mayor que era precisamente el de 5 x 13 periodos de 584 días. Tales ciclos normaban ceremonias y prácticas religiosas en la vida de los pueblos nahuas y otros mesoamericanos, particularmente los mayas.

Comparando Seler las formas como se registra "el ciclo grande" en los códices *Borgia, Vaticano B* y *Cospi*, con la correspondiente presentación incluida en el *Dresde,* añade que en el caso de los mayas

> ...aparecen cómputos ejecutados con estricta minuciosidad para calcular tanto las fechas como los intervalos. En los manuscritos mexicanos, en cambio, lo propiamente aritmético sólo se insinúa, y en general, se atribuye a la aritmética menor importancia que a las imágenes. Tenemos la impresión de que los códices mexicanos recuerdan a los iniciados algo que ya conocen, mientras que los mayas fijan o transmiten conocimientos (II, 114).

La iconografía de las representaciones de Tlahuizcalpantecuhtli, Estrella-Grande, ofrece grandes variantes pero no obstante ello siempre permite su identificación. Así, en el *Borgia* en el primer recuadro, que ostenta relación con el poniente, Tlahuizcalpantecuhtli tiene una calavera en vez de rostro. Ello ocurre asimismo en todas las imágenes suyas que aparecen en las páginas correspondientes del *Cospi.* Volviendo al *Borgia,* en los recuadros que denotan las orientaciones sur, este, norte y centro, aparece el dios, respectivamente, con cara de búho, perro, conejo y, de nuevo, con un cráneo humano.

Algo semejante ocurre con las personas, deidades y otros objetivos contra los que Tlahuizcalpantecuhtli aparece lanzando sus dardos. En los códices citados hay variantes pero su identificación permite constatar que, de diversas formas, se están representando cinco objetivos que se corresponden y que luego se describirán.

Debemos también a Seler un estudio pormenorizado de los registros que sobre los 13 x 5 periodos de la Estrella Grande se incluyen en los tres códices del grupo *Borgia* y en el *Dresde.* Pero lo que aquí particularmente nos interesa es la presentación que hace luego de algunos textos nahuas en que dicha estrella, nombrada Tlahuizcalpantecuhtli, aparece como un gran cazador o guerrero que dispara sus rayos contra diversos seres, incluyendo al mismo Sol. Un texto en particular, que forma parte de la historia legendaria acerca de Quetzalcóatl, es objeto de especial atención. Incluido en los *Anales de Cuauhtitlan* aparece como una especie de añadido al episodio final de la cremación de Quetzalcóatl en las orillas del mar y su transformación en la Estrella del alba.

Tal "añadido" expresa precisamente lo que los sabios nahuas sabían *(quimatia)* acerca de lo mismo que se registra con imágenes y glifos en las páginas en que coinciden los mencionados códices. La lectura del texto en que quedó "aprisionada" la oralidad que comentó el contenido de un códice con representaciones pictoglíficas muy semejantes a las aquí descritas, nos deja ver que se trata de "un comentario" bastante escueto. No obstante ello, y a pesar de algunas aparentes discrepancias, hay coincidencias que sólo pueden explicarse aceptando la estrecha relación que se da aquí entre representación pictoglífica, oralidad y texto transvasado al alfabeto. Seler hace ver que el texto así transvasado coincide, incluidos además algunos añadidos explicatorios, con lo manifestado por los códices. He aquí el texto y su traducción:

Auh in yuh quimatia yn ihcuac hualneztiuh yn tlein ypan tonalli cecentlamantin ynpan miyotia, quinmina, quintlahuilia.

Y así sabían que cuando viene a aparecer en el correspondiente día, hiere a diferentes cosas con sus rayos, las flecha, arroja sobre ellas su luz.

Enseguida menciona el texto cuáles son esos días y sobre qué cosas dispara la Estrella Grande:

Intla Ce Cipactli ypan yauh, quinmina huehuetqueh, ilamat-queh, mochi yuhqui yntla ce ocelotl, yntla ce mazatl, yntla ce xo-chitl, quinmina pipiltotontin.

Si es un día 1-lagarto cuando aparece, dispara contra los ancianos, las ancianas; lo mismo si es el signo 1-Jaguar, si es 1-Venado, si es 1-Flor, flecha a los niños pequeños. *(Anales de Cuauhtitlan*, 1993, fol. 7).

En los códices *Borgia, Vaticano B* y *Cospi,* se registra el día 1-Lagarto y asimismo las varias combinaciones del mismo signo con los otros trece numerales correspondientes a otros tantos periodos del ciclo de las revoluciones de Venus, orientados a los cinco rumbos del mundo con sus correspondientes colores.

Fig. 1. Tlahuizcalpantecuhtli lanza su dardo contra Chalchiuhtlicue
—"no lloverá"— en *1-Cipactli* (el poniente). *Códice Borgia* 53,
ángulo inferior izquierdo.

En este primer ciclo de la Estrella Grande los que reciben sus dardos o rayos —ancianos y ancianas— es decir
los que se ven afectados por su influencia, están representados simbólicamente por el dios del maíz, Cinteotl, o
Tonacatecuhtli, el dios anciano del sustento y por la deidad con el glifo maya de *kan* que corresponde al mismo
numen del maíz.

El texto añade que dentro de la influencia del 1-lagarto,
en los referidos días 1-Jaguar, 1-Venado y 1-Flor, los afectados son, en cambio, los niños pequeños. A continuación
enuncia cuáles son los otros días, que también registran
los códices, en los que se inician los correspondientes
periodos dentro del ciclo:

> Auh yntla Ce Acatl, quinmina tlahtoque. Muchi yuhqui yntla Ce
> Miquiztli.
> Auh yntla Ce Coatl; quinmina yn quiahuitl, ahmo quiyahuiz.
> Auh, yntla Ce Ollin, quinmina telpochtin, ychpochtin. Auh, yntla
> Ce Atl, ye tohuaquiz.

> Y si es en el signo de 1-Caña, dispara contra los gobernantes. Lo
> mismo bajo el signo de 1-Muerte. Y si es en el signo 1-Serpiente,
> dispara contra la lluvia. No lloverá.
> Y si es el signo 1-Movimiento, dispara contra muchachos y
> muchachas.
> Y si es en 1-Agua, hay sequía general.

Los mismos signos 1-Caña, 1-Serpiente, 1-Movimiento y
1-Agua aparecen en los citados códices con sus correspondientes imágenes. En el caso de 1-Caña, los dardos
van a herir a los señores, representados por la estera *(petlatl)* y el sitial *(icpalli)*.(fig. 2 y 3).

Bajo el signo de 1-Serpiente, los dardos penetran en el
cuerpo de la diosa Chalchiuhtlicue, Señora de las aguas
terrestres y de la falda de jade, prenuncio de que "no
lloverá" (fig. 1).

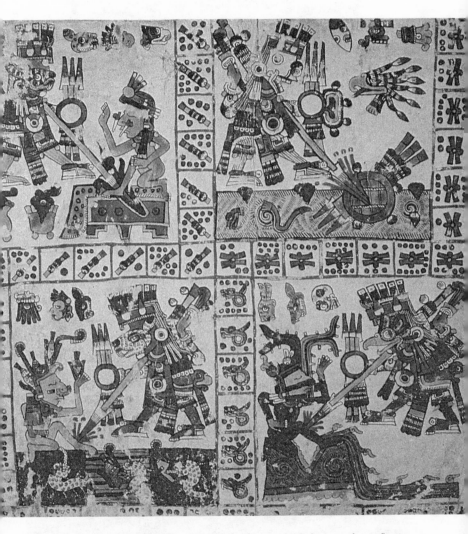

Fig. 2. Tlahuizcalpantecuhtli arroja sus dardos en *1-Acatl* contra los señores, simbolizados por el *teoicpalli*, sitial divino o auténtico, en el norte (cuadro superior izquierdo); en *1-Atl*, contra los ancianos y ancianas, representados por el dios del sustento, Tonacatecuhtli, en el oriente (cuadro inferior izquierdo), en *1-Coatl* contra el *altepetl*, símbolo aquí de la comunidad, en el sur (cuadro inferior derecho) y en *1-Ollin* contra los guerreros —escudo y flechas— en el centro del mundo. *Códice Borgia*, 54.

Fig. 3. Tlahuizcalpantecuhtli en *1-Acatl* arroja sus dardos contra el *petlatl, icpalli,* la estera, el sitial, es decir contra los señores, en el norte. *Códice Vaticano* B, 83.

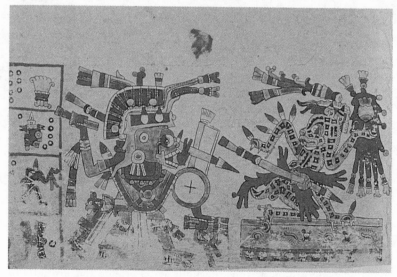

Fig. 4. Tlahuizcalpantecuhtli lanza sus dardos contra el *ocelotl* que representa a la deidad del norte, y se relaciona con Tezcatlipoca, patrono de los *techpolcalli,* casas de jóvenes, *Códice Cospi,* 84.

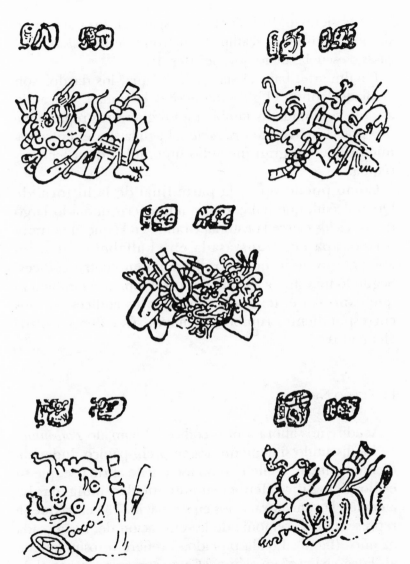

Fig. 5. Los cinco seres divinos, humanos y animales que reciben sucesivamente los dardos de *Noh Ek'*, la Estrella Grande. Abajo, izquierda: A *Bolon tz'acab*, dios del agua, en el oriente. Abajo derecha: *Balam*, el jaguar en el norte. Arriba, derecha: dios del maíz, en el poniente. Arriba, izquierda: *aoc*, la tortuga, en el Sur. En el centro *holcan*, el guerrero. *Códice Dresde* 46-50, mitad inferior (según la interpretación de Seler. 1963, II, 127).

En el signo 1-Movimiento el disparo alcanza al jaguar, símbolo aquí de Tezcatlipoca, patrono de las *telpochcalli*, casas o escuelas de los jóvenes (fig. 4).

Finalmente, bajo el signo de 1-Agua, los dardos son arrojados contra el glifo del *altepetl*, la ciudad, evocando así a la comunidad y también a los guerreros representados por la imagen del *cuauhtli*, el águila. En el enfrentamiento hay un gran incendio que indica destrucción y sequía.

Como puede verse, la parte final de la historia de Quetzalcóatl, que habla de las influencias que a lo largo de sus ciclos ejerce la Estrella Grande en la que él se transformó, aparece transvasada en el alfabeto como un comentario de lo que se representa en cuatro códices. Según lo muestra Seler, puede correlacionarse también lo que expresan el texto en náhuatl y los códices con los correspondientes rumbos cósmicos, sus colores y otros elementos.

EL FUEGO NUEVO

Acudiremos ahora a otro códice, el llamado *Borbónico*. Se ha discutido si tiene un origen prehispánico. Independientemente de si ello es o no así, puede afirmarse que su estilo pictoglífico denota su autenticidad indígena. La atención la concentraremos en su "página" 34 en la que se representa la ceremonia de la renovación del fuego cada 52 años (fig. 6). Lo allí pintado se refiere verosímilmente al "Fuego Nuevo" en el año 2-Caña, correspondiente al de 1507. El texto en náhuatl, escrito con el alfabeto, que guarda estrecha relación con las imágenes y glifos de dicha página, proviene del *Códice florentino* (1979, II, lib. VII, cap. 9-10, fols. 16 v.-20 r.)

Comenzaré atendiendo a los tres elementos registrados en la banda superior de esa página del *Borbónico:* la fecha *2-Acatl* (2-Caña); a su derecha se ve un templo sobre el que se yergue una bandera, denotando así que se trata de la veintena de días llamada *Panquetzaliztli.* Delante del templo, dándole la espalda, está la imagen de Huitzilopochtli cuyo portentoso nacimiento se conmemoraba en la fiesta principal de esa veintena.

En el extremo superior derecho aparece el glifo toponímico del *Huixachtepetl,* "el monte en que abunda el huisache", o sea el que hoy se conoce como "Cerro de la Estrella". Sobre el glifo del monte están colocados un madero nombrado *teocuahuitl,* "árbol o madera divina", sobre el cual aparece, a modo de dardo, el palo conocido como *mamalhuaztli,* que al ser frotado sobre el *teocuahuitl,* había de encender el fuego. Enterémonos ahora de la oralidad transvasada al alfabeto:

> In uncan ye ipan in toxiuhmolpilia, muchipa ye quimattiuh, quitztiuh in ume acatl, quihtoz nequi uncan tlami ompoalxihuitl omatlactli yoan onxihuitl.
>
> Cuando ya nuestros años se ataban, siempre iban a encontrar, iban a brotar en 2-Caña, lo que quiere decir que entonces llegan, terminan cincuenta y dos años.

El texto en náhuatl explica enseguida cómo funcionaba el calendario a lo largo de 4 ciclos de 13 años que integraban su "atadura" y añade que dos de tales ciclos formaban una *huehuetiliztli,* "vejez" (104 años). El relato prosigue informando sobre otras cosas que el códice no registra. Entre ellas están lo referente a cómo debía hacerse descansar al fuego, también cómo había que deshacerse de las imágenes de madera que habían tenido de sus dioses durante los 52 años anteriores, al igual que de las piedras del hogar o fogón, y cómo debía hacerse el barrido para que todo estuviera limpio.

Fig. 6. Rituales de la fiesta del Fuego Nuevo. *Códice Borbónico*, 34.

Lo que se contempla en el códice lo refiere, más adelante, el texto transvasado al alfabeto. En los bordes
izquierdo e inferior de esta página del códice aparecen
siete sacerdotes con atavíos de distintos dioses. Marchan
ellos en procesión llevando en sus manos un haz de teas
amarrado con cuerdas y con adornos de papel. Estos
sacerdotes se dirigen precisamente al Uixachtepetl, donde

había de encenderse el fuego nuevo. He aquí el testimonio de la oralidad:

> Ye tlapoiaoa, in nican oneoa Mexihco. Motecpantiuia muchintin in tletlenamacaque. Muchichiuhtiui ommaaquia in intlatqui teteu. In ceceniaca impan mixcoaia, quinmixiptlatiana, in azo Quetzalcoatl, anozo Tlaloc, in zazo ac iehoatl ipan quiztiuia. Cenca zan iiolic, cenca zan iuian in iatiuia, onotiuia mantiuiia. Moteneoa, teunenemi. Inic uellaquauhtooa onaci umpa Uixachtla.

> Entrada ya la noche, salían de aquí de México, en orden todos los sacerdotes, los ofrendadores del fuego. Iban ataviados, se habían puesto los ropajes de los dioses. Cada uno tenía el aspecto, la semejanza, tal vez de Quetzalcoatl o de Tlaloc o de aquel otro que representaba.
> Muy calmadamente, muy respetuosamente caminaban, procedían. Se decía: andan los dioses. Así, ya muy de noche, se acercan allá al Lugar de los huisaches, al Huixachtepetl.

Fijándonos ahora en lo que se representa en la banda vertical derecha, vemos tres grupos de personas. Puede suponerse que ellas contemplarán tanto la procesión de los sacerdotes, como más tarde lo que ocurre en la cumbre del Huixachtepetl. El grupo de más arriba se encuentra en su casa y está formado por un hombre y dos mujeres. Todos sostienen en una mano un dardo cual si se aprestaran a defenderse en caso de que no se encendiera el fuego y descendieran bestias feroces a devorarlos. También todos tienen una máscara hecha de una penca de maguey para protegerse y evitar pudieran convertirse en fieras o ratones, de no arder el fuego nuevo.

La escena de enmedio representa a una mujer embarazada escondida en una troje o *cuezcomatl* que se halla sobre dos piedras. Enfrente se ve un guerrero con su escudo y macana presto también a la defensa. La mujer y el guerrero tienen también listas sus máscaras del mismo material.

En la casa de más abajo hay un hombre, dos mujeres y un niño al que se mantiene despierto. El hombre tiene detrás un leño que le servirá para encender el fuego en su casa, una vez que éste haya sido traído desde el monte al Templo Mayor de México-Tenochtitlan. El texto nos dice:

> In iqoac, y oiooac, cenca nemauhtiloia, tlatenmachoia. Iuh mitoaia, quilmach in tlacamo uel vetziz tlequauitl, vncan cempoliooaz, centlamoaz, centlaiooaz, aocmo oalquizaz in tonatiuh, ie ic centlaiooa, oaltemoz in tzitzitzimi, tequaquiui.

> Cuando ya caía la noche, mucho se temía, se llenaba uno de miedo, aguardaba. Así se decía: que si no podía sacar el fuego, entonces se perecerá por completo, todo acabará, para siempre será de noche. Ya no saldrá el Sol. Así la noche prevalecerá, bajarán las tzitzitzimi, monstruos nocturnos, devorarán a la gente.

Conscientes de tan terrible peligro, hombres, mujeres, ancianos y niños estaban a la expectativa. Según el texto, luego de contemplar a los sacerdotes ataviados como dioses en su procesión rumbo al Huixachtepetl, toda la gente subía a las azoteas de sus casas para atisbar hasta dónde podían, si es que se encendía al fin el fuego nuevo. En el códice, como ya se dijo, no se representa a las gentes subidas en las azoteas sino en el momento anterior contemplando la procesión de los sacerdotes.

> In muchi tlacatl itlapapanco tlecoia, netlapantemaloia, aocac tlalchi, tlazintla, cali mocaoaia, motlaliaia. Auh in ootzti, momexaiacatiaia, inmemexaiac quicuia, yoan cuezcomac quintlaliaia: ipampa mauhcaittoia, iuh mitoaia, quilmach intlaca uel uetzi tlequauitl: no iehoantin tequazque, motequacuepazque. Auh in pipiltototi, no quinmemexaiacatiaia: aiac vel oncochia, onicopia, onmispiquia, onismotzoloaia: çan ic cate in innahoan, in intahoa, quimixititicate, quintipiniticate, quintiloticate, quintzatziliticate... ipampa intla oncochizque, quilmach quiquimichtin mocueoazque, quimichtizque.

Ic zan miscauia, mocemmati in ontlachielotoc, in onitztotoc, in onequechnotoc, Uixachtecatl icpac. Ixquich tlacatl umpa ontlatemati, onmotemachia in quenmania uetzi tlequauitl, in quenmanian ualcueponi, valpetzini.

Todos subían al tapanco, todos allí se amontonaban. Nadie permanecía abajo, en la parte inferior, se quedaba en el interior de la casa. Y las mujeres embarazadas se ponían máscaras hechas de pencas de maguey y las llevaban consigo. Y colocaban a estas mujeres en las trojes porque eran vistas con temor. Se decía que, si el fuego no se prendía, ellas devorarían a la gente, se transformarían en fieras. Y también a los niños les ponían máscaras. Nadie podía dormir o cerrar o semicerrar sus ojos. Sus madres, sus padres los despertaban, los tenían despiertos, picándoles, agitándolos, gritándoles... porque, si se dormían, se convertían en ratones, se transformarían en ellos.

Por esto sólo se atendía, había expectación, todos miraban, tenían vuelta su cara hacia la cumbre del Huexachtecatl. Todos estaban atentos, esperaban hasta que llegaba el momento en que el fuego pudiera encenderse, brotar, brillara...

Añade el texto que cuando ello ocurría, se contemplaba de lejos, desde gran distancia podía verse. Entonces todos practicaban autosacrificio, haciéndose cortaduras en las orejas. Dato de mucha importancia —no registrado en este códice pero sí en otros como en la página 46 del *Borgia*—(fig. 7), es lo que enseguida refiere el texto describiendo precisamente cómo se obtenía el fuego nuevo;

Ic coneltetequi in ielpan ontlequauhtlaxoc, conelcoionia in malli, ica tecpatl, itoca ixquaoac.

Así abrían el pecho [del cautivo], allí se encendía el fuego nuevo. Abrían el pecho del cautivo con un cuchillo de pedernal llamado *ixquahuac*, "el que tiene frente".

Volviendo a lo representado en esta página del *Códice Borbónico*, encontramos que numerosas huellas de pies descienden desde el Huixachtécatl y llegan a donde se ha-

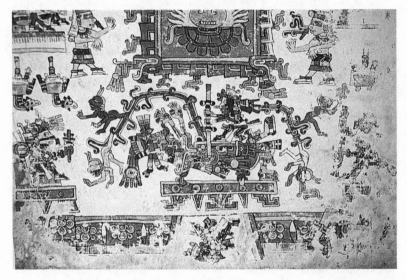

Fig. 7. Abriendo el pecho de la víctima, sobre él, con el *mamalhuaztli* se obtenía el fuego. Aquí la víctima es una diosa o representante de ella, ricamente ataviada y acostada en un estrado. Un dios o sacerdote saca el fuego de un *chalchihuitl,* jade que simboliza el corazón. Cuatro pequeñas figuras con atributos del dios del fuego, saltan de entre las nubes de humo hacia los distintos rumbos del mundo a donde se hará llegar el fuego, *Códice Borgia,* 46, mitad inferior.

halla un edificio que ocupa la parte central del conjunto. Es ésta una representación de una parte del Templo Mayor de México-Tenochtitlan. En él hay un suntuoso brasero situado arriba de la escalinata y dentro de una construcción que lo enmarca con sus jambas y dintel, todo pintado de negro y con tres especies de cruces blancas. Según la interpretación de Paso y Troncoso (1898, 232) denota ello "que aquí tenemos un *tlillan calli,* "casa de negrura", lugar de retiro y meditación.

Cuatro sacerdotes, que por sus atavíos muestran ser de los dedicados al culto de Mictlantecuhtli, Señor de la región de los muertos, aparecen con sus haces de teas. Arriba, dos de ellos encienden el brasero con el fuego que han traído desde el Huixachtécatl. Abajo, los otros dos están como en espera de encender sus teas para llevar luego el fuego nuevo a otros templos. El texto náhuatl nos dice:

> Auh quinicoac, isquich tlacatl vmpa tlecui, in tlamacazque, in tletlenamacaque: inic ie nouiiampa vmpa oioaloque, oisquetzaloque, in mexico tlenamacaque, yoan in ie nouiian veca oaleoa, titlanti, tlaioaltin: ca çan much iehoan in pepenaloia, chicaoaque, in oquichtin, in tiacaoan in tlatzonanti, in painaní, in tlaczani, in iuhqui hecatoca ic motlaloa: ipampa inic iciuhca, caxititiuetzizque tletl imaltepeuh ipan:

> Y entonces todos, los sacerdotes y los ofrendadores, tomaban de allí el fuego. Así, de todas partes allí habían venido, habían sido enviados los ofrendadores del fuego, de México, y también los llegados de lejos, de todas partes, mensajeros, gente que corre. En verdad todos ellos habían sido escogidos, los fuertes, hombres, valientes, seleccionados. Los que corren, ligeros, que se desplazan como el viento porque así de prisa podrá llegar el fuego a sus ciudades.

En particular menciona el texto cómo se llevaba primeramente al Templo Mayor, allí donde estaba el *tlecuazco* o gran brasero.

ca achtopa ic nenemachtiloia, muchichioaia in tlecuioani: itoca
tlepilli. Auh ieehoatl, ic quioalaxitiaia in tlenamacaque: oc ie
achto, vmpa quitlecauiaia, quitlamelaoaltiaia in iicpac teucalli: in
vmpa mopielia ixipla vitzilopuchtli, tlequazco contlaliaia: nima ic
contepeoa, contoxaoa in iztac copalli.

Auh niman ic oaltemo, oc ie no achto, vmpa quitqui, quitlame-
laualtia in calmecac, itocaioca mexico: ic zatepan moiaoa, tletletla-
lilo in nouiian cacalmecac, cacalpulco: niman ie ic iauh, in noiian
tetelpuchcalli.

Ie vncan in isquich onxoquiui, onmotepeoa, ontapaliui
maceoalli, in motlecuilia: icoac ic nouiian, tepan moiaoatiuetzi in
tletl netletletlalilo, neioiollalilo.

Primero se preparaba, adornaba el portador del fuego, el llamado *tlepilli.* Y lo llevaban los ofrendadores del fuego. Así primero allí
iban a dejar el fuego, lo llevaban camino derecho a lo alto del templo, donde se guardaba la imagen de Huitzilopochtli. Allí lo ponían en el brasero. Luego le esparcían, derramaban copal blanco.

Y luego bajaban y también enseguida lo llevaban allá iban con
el fuego camino derecho al *calmecac* que se dice de México. Enseguida se difundía, se encendían fuegos por todas partes en los
calmecac, en las casas de los barrios, luego se iba por todas partes a
los *telpuchcalli.*

Y entonces toda la gente se acercaba al fuego, se apresuraban, se
ampollaban cuando lo tomaban. Cuando así, en todas partes había
sido distribuido y había sido tenido ya entre ellos, su corazón se
tranquilizaba.

La oralidad que, al comentar imágenes y glifos del
códice, amplía y enriquece lo que allí se expresa, quedó al
fin transvasada en escritura alfabética cuando fray Bernardino de Sahagún y sus estudiantes indígenas escucharon
el relato en náhuatl de los ancianos que aceptaron tras-
mitirlo. Dos dibujos prepararon e incluyeron en el manuscrito que se conserva en Florencia. (1979, ii, li. vii, fols.
19v y 20r.). Aunque ambos son un tanto toscos y esque-
máticos, recrean con una perspectiva indígena hispani-
zada la escena del encendido del fuego en el pecho del
cautivo y la de su llegada al templo y a la casa de algún
sacerdote o noble.

Curioso o paradójico resulta así que lo que procedía del antiguo códice pictoglífico y la oralidad, no sólo se transvasara a escritura alfabética sino que también volviera a representarse en dos pequeñas pinturas influidas ya en su estilo e interpretación por la mentalidad española.

OFRENDA AL SOL

Hay en el *Códice Borgia* (página 71) una imagen del Sol que, con suntuosos atavíos, aparece sedente sobre un estrado o *teoicpalli,* sitial divino. Su efigie está circundada por un disco de color amarillo rojizo del que salen varios rayos. Sobre su cabellera tiene una banda de piedras preciosas. Su tocado incluye una *xiuhtotocalli,* corona de plumas, característica de Xiuhtecuhtli, Señor del fuego. A modo de remate tiene otras cuatro plumas que, como atributo del Sol, son de águila (fig. 8).

Del extremo superior del disco solar parece brotar una gran flor. Tres banderas se ven a su izquierda y otras dos a su derecha. Eduard Seler notó acerca de ellas que "tal vez corresponden a las cinco regiones del mundo" (Seler, 1963, ii, 237). Sobre su pecho tiene el Sol un pectoral que recuerda al que es característico del ya mencionado Xiuhtecuhtli. En una mano lleva un haz de dardos y en la otra un *átlatl,* el instrumento para lanzarlos. A la izquierda del disco solar se ve una corriente de agua que desciende a la derecha un conjunto de plumas amarillas que Seler interpreta como evocación del *atl, tlachinolli,* agua, fuego, símbolo de la guerra.

Debajo del sitial aparecen dos cordeles, *aztamecatl,* que tienen anudadas pequeñas bolas de plumas de garza. Allí mismo se ve el glifo de *Nahui Ollin,* 4-Movimiento, signo del Quinto Sol, el de la presente edad cósmica.

Frente al Sol hay un animal que se ha dicho que es un mono o un zorrillo. Está sacrificando codornices cuya sangre ofrenda al Sol. En una mano sostiene el cuerpo decapitado de una de ellas; con la otra levanta la cabeza del ave y una bandera de sacrificio. Del cuello de la codorniz decapitada brota un chorro de sangre que llega a la boca del Sol. Abajo del animal que realiza el sacrificio se ven las fauces del *Cipactli,* símbolo de *Tlaltecuhtli,* Dios de la Tierra. Sobre sus fauces abiertas descansa la cabeza de otra codorniz.

Arriba del sacrificador hay un cielo estrellado y en medio de él está el conejo en la luna. A la izquierda, el glifo de *1-Acatl,* 1-Caña, evoca a la Estrella Grande, Tlahuizcalpantecuhtli, que aparece en el alba. Se está indicando así el momento en que el Sol surge radiante en el cielo.

Toda la escena se halla enmarcada, menos en su lado izquierdo, por "los trece volátiles", es decir los representantes de los dioses del día y las respectivas "horas" en que ejercen su influencia. Esos dioses aparecen con sus rostros en las láminas del *Códice Borbónico* y del *Tonalámatl de Aubin.*

Interesa ahora correlacionar esta página, en verdad hermosa, del *Borgia,* con un texto nahua que transvasó al alfabeto fray Bernardino de Sahagún. Se encuentra dicho texto en los llamados "Primeros memoriales", es decir el conjunto de testimonios que obtuvo en Tepepulco, y de los que afirma le fueron comunicados con "pinturas" y palabras.

El texto va precedido de una anotación en náhuatl que, traducida, dice: "Cómo servían al Sol a diversas horas del día y de la noche" (*Códice Matritense,* 1906, VI, 271 v.). A continuación viene ya la transcripción alfabética de las palabras que, con alguna pintura, según lo hace notar Sahagún, pronunció uno de los ancianos que habían aceptado hablar acerca de "las cosas naturales, humanas y divinas" de su antigua cultura.

Fig. 8. Ritual de *zollin itlacotonaliz*, ofrenda de la sangre de codornices decapitadas, que se describe en el texto en náhuatl que aquí se cita. *Códice Borgia*, 71.

Yn momoztlae, inic valquiza Tonatiuh, tlacotonacoya ioan tlenamacoya. Auh inic tlacotonaloya, quiquech cotonaya yn zollin,
coniyaviliaya yn Tonatiuh.

Cada día al salir el Sol era hecho sacrificio de codornices y ofrecimiento de copal. Y así se sacrificaba a las codornices: les cortaban
el cuello, las levantaban en ofrenda al Sol.

En el códice el glifo de 1-Acatl, 1-Caña, denota que el
sacrificio ocurría precisamente, como lo dice el texto, al
momento del alba. Era entonces cuando, además de
ofrecer al Sol copal, se le hacía sacrificios de codornices,
como también lo muestra el códice, "les cortaban el cuello, las levantaban en ofrenda al Sol".

Enseguida refiere el testimonio transvasado al alfabeto
algo que no vemos en esta página del *Borgia* pero que
enriquece la significación de ella:

Ioan quitlapaloaya, quitoaya:
—"Oquizaco in Tonatiuh, in totonametl, xiuhpiltontli, yn
quauhtleuanitl auh ¿quen onotlatocaz, quen cemilhuitiz? ¿cuix itla
ipan mochivaz yn ycuitlapil yn iatlapal?"
Conilhuiaya:
—"Ma ximotequitilli, ma ximotlacotilli, totecuicoe". Auh ynin
momoztlae yn iquac valquizaya Tonatiuh mitoaya.

—"Ha salido el Sol, el que hace la luz y el calor, el niño precioso, águila que asciende, ¿cómo seguirá su camino?, ¿cómo hará el
día?, ¿acaso algo sucederá en nosotros, su cola, su ala?
Le decían:
—"Dígnate hacer tu oficio y cumplir con tu trabajo, señor nuestro".
Y esto se decía cada día cuando salía el Sol.

Las palabras sagradas que se dirigían al Sol, hacen invocación de él cual un rayo que crea la luz y el calor: *totonametl*. Lo llaman asimismo "águila que asciende", como si el
que las pronunciaba estuviera contemplando las plumas
de águila en su tocado.

El resto de la plegaria es expresión de anhelo y deseo. Sacerdotes y pueblo nahuas saben que para existir, dependen de él. Por eso le ruegan que se digne cumplir con su trabajo.

El texto en náhuatl menciona luego cuántas veces se ofrecía copal al Sol durante el día y la noche. Atiende así a las "horas" o divisiones en que se dividen el día y la noche. En el Códice *Borgia* están señaladas las 13 divisiones diurnas, representadas por otros tantos "volátiles". El texto aclara que eran cuatro las veces en el día y cinco en la noche cuando se le hacía ofrenda de copal.

Auh inic tlenamacoya, nappa yn cemilhuitl auh macuilpa yn yoaltica. Inic ceppa yquac yn valmomana Tonatiuh. Auh ynic oppa iquac yn tlaqualizpan. Auh inic expa iquac ynepantlatonatiuh, auh inic napa yn ye on callaqui Tonatiuh.

Auh yn yoaltica ynic tlenamacoya: Inic cepa tlapoyava; ynic oppa netetequizpan; ynic expa tlatlapitzalizpan; auh inic nappa ticatla auh inic macuilpa tlatvinavac.

Auh iniquac tlapoyava, tlenamacoya tlapaloloya ynyoalli, mitoaya: —"Ovalzouh yn Yoaltecutli, yyacaviztli, auh ¿quen onvetziz yn itequiuh?

Y así se le ofrecía copal cuatro veces en el día y cinco veces en la noche. Primera vez cuando el Sol está ya fuera. Segunda, cuando es la hora de la comida. La tercera, cuando está el Sol a la mitad. Y la cuarta cuando está ya a punto de meterse.

Y durante la noche en esta forma hacían el ofrecimiento de copal: primera vez al anochecer; segunda a la hora de acostarse; tercera, al toque de flautas; cuarta, a la media noche y quinta, cerca del alba.

Y cuando anochecía le ofrecían copal, saludaban a la noche, le decían:

—"Ha venido a extenderse el Señor de la noche, el de nariz puntiaguda y ¿cómo resultará su oficio?"

El texto en náhuatl menciona enseguida al día *4-Ollin*, 4-Movimiento, cuyo glifo vemos en esta página del códice. En esa fecha se recordaba su nacimiento:

Auh in ilhuiuh quizaya ipan cemilhuitonalli navi ollin, matlac-
poalli omey yca. Auh yniquac ye onaci ilhuiuh, nezavaloya; navi
ilhuitl tlacatlaqualoya.

Auh yn ipan cemilhuitonalli, yn oacic ylhuiuh, ynepantla
Tonatiuh, tlapitzaloya, tlacoquixtiloya auh yn pipiltzitzinti cozolco
onoque quinacaztequia auh mochi tlacatl mizoya. Auh atle ic
tlapaloloya; zan ixquich yn nezozovaya tlacoquixtiloya, tlenamacoya. Mochi tlacatl, ayac ixcauhticatca.

Y su fiesta se hacía en el signo 4-Movimiento, el día 203 de la
cuenta. Y cuando ya se acercaba el día, la gente hacía penitencia;
4 días ayunaba la gente.

Y en el mismo día del signo dicho, cuando llega ya su fiesta,
cuando está el Sol en medio, tomaban las flautas, se atravesaban
con jarillas. Y a los niñitos que yacen en sus cunas les hacían
cortaduras en las orejas y toda la gente se sangraba. Y no se hacía
ningún saludo al Sol; todos únicamente se sangraban, se atravesaban con jarillas, ofrecían incienso. Toda la gente, nadie se
quedaba sin hacer esto.

Finalmente, las palabras que Sahagún hizo vaciar al
alfabeto nos dicen que había una imagen del Sol en un
cuauhxicalli. En realidad en varios de los que hasta hoy se
conservan aparece el gran disco solar acompañado a veces
por el glifo del *4-Ollin*. El texto en náhuatl habla de una
pintura y la describe. Varios de sus elementos coinciden
con lo representado en el códice.

Auh in vncan catca yxiptla ycuatl: yn motenevaya quauhxicalli,
vncan moquetzaya yn ixiptla. Ynic micuiloaya yn ixiptla yuhquin
tlacaxayaque ytonameyo itech quiztoya. In itonatiuh tlatqui:
yavaltic vey yvitica tlatzaqualli, tlauhquechol inic tlatzaqualli. Oncan ixpan mochivaya nezoliztli, in tlacoquixtiliztli, yn tlamanaliztli,
in tlacotonaliztli.

Auh yn ilhuiuh ipan no miequintin miquia mamalti.

Auh no mitoaya yn oyaomic,Tonatiuh ychan via, ytlanemi in
Tonatiuh.

Y en donde estaba la imagen de él (el Sol): en lo que se llama
Quauhxicalli, allí estaba puesta su imagen. De este modo estaba

pintada: como teniendo un rostro de hombre, de allí salía su resplandor. Su aderezo solar: redondo, grande, como mosaico de plumas de ave tlauquechol. Allí delante de él se hacía el sangramiento ritual, atravesamiento de jarillas, ofrendas, sacrificio de codornices.

Y en su fiesta también había sacrificios de muchos cautivos. Y también se decía que el que murió en la guerra va a la casa del Sol y vive allí junto a él.

La imagen del Sol, en el códice y en la descripción verbal, ostenta, en efecto, un rostro de hombre. De su efigie salen rayos de luz, *itonameyo ytech quiztoya*. Su aderezo tiene plumas preciosas de ave *tlauquechol*. Delante de él se hacen ofrendas y decapitación de codornices *(tlacotonaliztli)*. La oralidad nahua explicitó elementos y rasgos cuya evocación propició la contemplación de la imagen del Sol. Representación pictoglífica y palabras sagradas convergen, teniendo como referente al culto del Sol.

La confesión a Tlazolteotl

Incluye el *Tonalámatl de los pochtecas (Códice Fejérváry-Mayer)* representaciones de los que —según varios testimonios— eran los seis dioses protectores de los mercaderes. Hay en particular tres secciones de este *Tonalámatl,* en que aparecen esas seis deidades. Se encuentran ellas en las páginas 30-32 (mitad superior), 35-37 (mitad superior) y 38-40 (también mitad superior), del códice.

Los dioses cuya benevolencia debían propiciar los *pochtecas* se conocen con varios nombres. Cinco eran del sexo masculino y una femenino. Ésta también ostentaba varios títulos. Uno era Chalmecacíhuatl, "mujer de los de Chalma". En algunos casos se la identificaba con Tlazolteotl, la diosa de la basura, conocida también como Tlaelcuani, la que come inmundicias.

Ahora bien, en una de las referidas secciones de este códice (p. 38, banda superior), vemos precisamente a esta diosa. Para evocarla, el *tlahcuilo* la pintó con un conjunto de atributos que la hacen inconfundible. Los sacerdotes, los sabios y muchos otros tenían conocimiento de ellos. Se conservan, por otra parte, dos amplios textos en náhuatl que, con gran abundancia de detalles, describen lo que era propio de ella.

La lectura de esas palabras que quedaron transvasadas en el alfabeto como textos, incluidos por Sahagún en el capítulo 12 del libro I del *Códice florentino* y en el 7 del VI, pone a nuestro alcance la rica suma de significaciones que, a primera vista con gran sencillez, se representan pictóricamente en la hermosa pintura que aquí interesa del *Tonalámatl de los pochtecas* (fig. 9).

Se contempla en ella a una mujer sentada sobre una estera con su quechquémitl y su falda de color rojo. Tiene sus pechos al descubierto. Con la mano izquierda introduce en su boca lo que parece ser —según se le atribuye— una inmundicia. Arriba se ve el símbolo de la escoba bajo la evocación de la noche.

Delante de la diosa se halla sobre un banco el que parece ser un sacerdote que está practicando un ritual. Tiene su cuerpo pintado de negro y está casi desnudo pues sólo lleva un *máxtlatl* blanco y un tocado del mismo color. Con su mano derecha sostiene a otra figura humana, más pequeña, completamente desnuda que, como en actitud de humillación, contempla a la diosa Tlazolteotl. Debajo de estos personajes se registran los glifos de los días *Cipactli,* lagarto; *Ehécatl,* viento y *Calli,* casa.

En su conjunto, esta representación por medio de la cual se evoca en el *Códice* a la diosa que es también protectora de los pochtecas, reúne algunos de los elementos y rasgos más característicos de ella. Podría decirse que quien contemplara esta escena recordaría fácilmente los atributos y una de las principales formas de actuar de Tlazolteotl. El texto en náhuatl que a continuación citaré, aunque no sea precisamente un comentario o "lectura" de estas imágenes de este *Tonalámatl* guarda estrecha relación con ellas. Puede inferirse así que quien trasmitió oralmente las palabras que Sahagún hizo transcribir, conocía representaciones pictoglíficas muy semejantes. El texto da principio explicando el nombre de Tlazolteotl:

Inic motocaiotia tlaçulteutl, qujl ipampa, qujl iehoatl yiaxca, ytlatquj, ytech pouj, in teuhtli, in tlaçulli: in qujtoznequi, avilnemjliztli, qujl ipan tecuti, ypan tlatocati, yn aujlnemjlizçutl...

Así se llamaba Tlazolteotl porque a ella pertenecía, le correspondía el polvo, la basura, quiere decir la vida disipada. Se decía esto porque ella mandaba, imperaba sobre la vida licenciosa...

Enseguida, al dar razón de por qué se nombraba también Tlaelcuani, devoradora de inmundicias, expresa ya algo que tiene relación con lo representado en el *Tonalámatl de los pochtecas*.

Auh ynjc motocaiotia tlahelquanj: qujl ipampa, imixpa mjtoa, imjxpan mopoa, yn jxqujch nequalli: iixpan mjtoa, momelaoa, yn jxqujch tlahellachioalli: immanel cenca temamauhti, immanel cenca oujh: atle mopinavizcaoa, vel muchi, iixpan neci, ixpan mjtoa.

Se llamaba Tlaelcuani porque delante de ella se dicen, se cuentan, todas las vanidades. Ante ella se refieren, se exponen todas las acciones sucias, por más feas que sean, por más depravadas. Nada se oculta por vergüenza; todo se declara ante ella, todo se manifiesta.

La oralidad vertida al alfabeto expresa luego que esa "confesión" se hacía porque sólo Tlazolteotl podía descargar a la gente de esos males. Ella lavaba con sus aguas de

Fig. 9. *Chalmcecacihuatl,* Mujer de Chalma, advocación de Tlazolteotl, representada con atributos y elementos que la ubican en el ritual de la *neyolmelahualiztli,* descrito como "confesión" ante la diosa. *Tonalámatl de los pochtecas (Códice Fejérváry-Mayer),* 38, mitad superior derecha.

color verde y amarillo a quien se los declaraba. Sólo ella podía enderezar su corazón y así conceder el perdón.

Para llevar a cabo ese ritual era necesario acudir a un *tlapouhqui*, conocedor de los libros y los destinos, que se hacía como escucha, cual oreja, tomando el lugar de la diosa. El antiguo texto describe cómo había que actuar para tal fin. También recoge las palabras del *tlapouhqui* que escogía el día más favorable para la "confesión". Llegado éste, había que hacer precisamente lo que simbólicamente se registra en el códice:

> Iancujc petlatl in moteca, vellachpano yn vncan motlalia...
> Niman qujnotza, yn moiolmelauhqui, in iehoatl tlapouhquj qujlhuja:
> Tioalmovicatia yujctzinco, iixpantzinco, in tloque naoaque, ticmolhujlico, ticmomaqujlico, yn mjiaca, in mopalanca: ticmotlapolhujlico, in motop, im mopetlacal... ma ixpantzinco ximopepetlaoa, ximomamaxauj...

> Barría él muy bien el lugar donde se colocaba una estera nueva...
> Hablaba luego el *tlapouhqui* a quien venía a declarar sus transgresiones, le decía:
> Has venido junto y a la presencia del Dueño del cerca y del junto. Has venido para manifestarle, para hacer entrega de tu podredumbre, tus inmundicias. Has llegado para abrir tu cofre, tu petaca, tus secretos...
> Despójate de tu ropa, desnúdate...

La figura que vemos en el códice, del hombre de tamaño más pequeño, que aparece como humillado en la mano del sacerdote, está precisamente del todo desnuda, delante de Tlazolteotl que en su función de Tlaelcuani, devoradora de inmundicias, consumía así las que frente a ella ponía él al descubierto.

La imaginería que se torna presente en el testimonio en náhuatl, la contemplamos en la pintura de esta página del *Tonalámatl de los pochtecas:* la diosa con sus pechos al descubierto; la estera nueva; la escoba; las inmundicias que está ella comiendo; la obscuridad del recinto; el sacerdote y "el penitente" desnudo.

Mucho más es lo que refiere el texto incluido en el libro I del *Códice florentino* y aún más copiosas son las palabras que se recogen en el capítulo 7 del libro VII del mismo manuscrito. Todas ellas convergen por así decir con lo que se expresa pictoglíficamente en el *Tonalámatl de los pochtecas.* Éste, en un solo recuadro, inducía a la evocación, ciertamente inconfundible, de la diosa Tlazolteotl, una de los seis protectores de los antiguos mercaderes nahuas.

OTRAS IMÁGENES PICTOGLÍFICAS Y OTROS TEXTOS AFINES A ELLAS

En los cinco códices del grupo Borgia, y en mayor abundancia en algunos de años posteriores como el *Borbónico, Tonalámatl de Aubin, Telleriano Remense,* el *Vaticano A, Magliabecchi, Tudela* y otros, hay imágenes y glifos que guardan estrecha relación con textos nahuas incluidos en compilaciones como los de Sahagún, la *Leyenda de los Soles,* la *Historia Tolteca-Chichimeca* y otros documentos en los que la antigua palabra se transvasó al alfabeto. Amplio es el campo para posibles investigaciones sobre la correlación entre códices y textos escritos, como ya Eduard Seler lo hizo ver en su tiempo.

A la luz del propósito de inquirir sobre el "destino de la palabra", considero que los ejemplos aducidos permiten apreciar en qué consiste dicha relación. Me limitaré, por tanto a presentar otras muestras más escuetas o sucintas de este género de convergencias. Comprenden ellas imágenes y glifos, así como textos vertidos al alfabeto acerca de "la gran boca" de *Cipactli*, el lagarto, símbolo de Tlaltecuhtli; las ofrendas de sangre de seres humanos como alimento de los dioses; la omnipresencia de Tezcatlipoca...

Comenzaré citando dos textos nahuas que hablan de Tlaltecutli y su anhelo insaciable de devorar a los hombres:

A ca camachaloa, ca tentlapani in Tlaltecuhtli, auh caualmo-mana in cuauhxicalli, in cuappiaztli, in tlapotonilli, in anemiuhqui. Ahuiz nelle, axcan, maviltiz in Tonatiuh, in Tlaltecuhtli... *(Códice florentino*, 1979, t. II, lib. VI, cap. 3.)

Tlaltecuhtli abre mucho su boca; tiene los labios partidos. Y está ya colocada la vasija del águila *(cuauhxicalli)*, la cerbatana del águila *(cuappiaztli)*, los plumajes rituales, lo incomparable. Y he aquí, en verdad, ahora, recibirá contento Tonatiuh, Tlaltecuhtli...

Son numerosas en el *Códice Laud* las imágenes de Tlaltecuhtli con sus fauces bien abiertas en actitud de devorar seres humanos, unos aún vivos, otros ya muertos. En la página 3 del reverso del dicho códice, asociada al día 6-Agua se ve la gran boca abierta de Tlaltecuhtli y sobre ella el bulto mortuorio de un señor principal (fig. 10).

En la página siguiente, sobre una encrucijada, aparece una gran ofrenda de madera y hule. Arriba se halla tendido un hombre de cuya cabeza brota sangre. Es tal vez un guerrero o un mercader que ha muerto. En la parte inferior de la escena las fauces abiertas del lagarto, Dios-Diosa de la Tierra, como dice el texto, están prestas a "recibir contento". (fig. 11).

En la página 14, que forma parte de una secuencia en la que aparecen parejas de dioses, Mictlantecuhtli y Mictlancihuatl tienen aprisionado a un ser humano. Los pies de éste se hallan sobre los colmillos del gran lagarto, símbolo de Tlaltecuhtli (fig. 12). Tiene alguna semejanza con esta representación otra en el *Tonalámatl de los pochtecas* (p. 37)

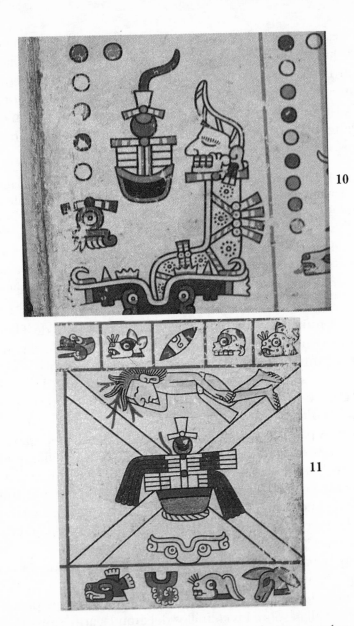

Figs. 10 y 11. Imágenes de bultos funerarios y seres humanos que están a punto de ser devorados por Tlaltecuhtli, Dios de la Tierra. *Códice Laud*, 3, reverso, mitad superior, izquierda y *Laud*, 4, reverso, mitad inferior, derecha.

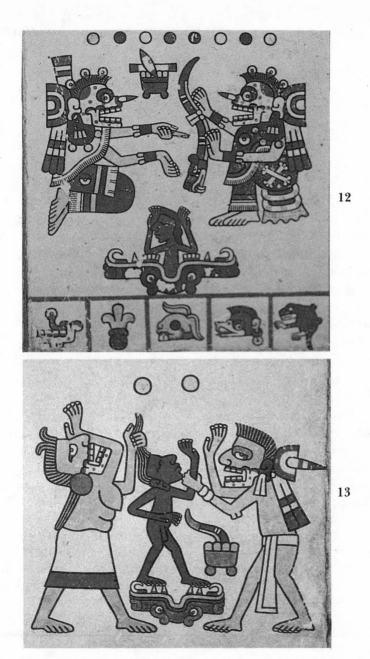

Figs. 12 y 13 *Laud,* 14 reverso, mitad inferior, derecha y *Tonalámatl de los pochtecas,* 37, mitad inferior derecha. Estas escenas se describen y correlacionan aquí con textos nahuas.

en la que los mismos dioses de la muerte tienen debajo de sí al gran *Cipactli* que está devorando a un hombre, del que sólo se ve ya una parte de su cuerpo (fig. 13).

En cuanto a la relación que se establece en el texto entre Tonatiuh y Tlaltecuhtli, la página 14 del anverso del *Códice Laud* ofrece una esplendente imagen del Sol, Tonatiuh, que se asienta sobre el Lagarto Tlaltecuhtli. Lleva el Sol un punzón de hueso para el sacrificio. A su espalda hay un jaguar, presencia suya en el interior de la Tierra. El cuerpo del lagarto parece continuarse con su color azul enmarcando la imagen del Sol. Flores preciosas en forma de corazón brotan por todas partes (fig. 14). En el remate, casi arriba del punzón del sacrificio, un colibrí está libando una flor. Las ofrendas son numerosas. Entre ellas está el brazo de un sacrificado.

Pueden aducirse otras imágenes de Tlaltecuhtli en actitud de darse contento devorando seres humanos, tanto en este mismo códice como en el *Tonalámatl de los pochtecas* y en el *Borgia*.

Las ofrendas de sangre de víctimas humanas, al Sol y a otros dioses, guardan estrecha relación con la temática anterior. Los textos transvasados al alfabeto hablan acerca de esto y asimismo lo representan los códices. Dirigiéndose a su hijo para exhortarlo al servicio de sus dioses y el pueblo, el padre de familia le decía:

> Tla xiccaqujca, quenjn nemoa tlalticpac, quenjn icnotlamachtilo, tloque naoaque... Tetlamaceoaltia, vncan tetlamamaca: aço oqujchiotl, quauhiotl, oceloiotl qujteilhujltia, qujtemaceoaltia; quauhiotl, oceloiotl qujteilhujltia, qujtemaceoaltia; ucan cana, ucan qujxmattia in jenjuj, in uel qujnotza, in uel qujtlatlauhtia, qujpacholtia in quappetlatl, in ocelopetlatl, imac qujmanjlia, in quauhxicalli, in quappiaztli... Ieoatl teatlitia, tetlamaca in topan in mjctlan.

> Oye cómo se vive en la tierra, cómo se alcanza la compasión del Dueño del cerca y del junto...

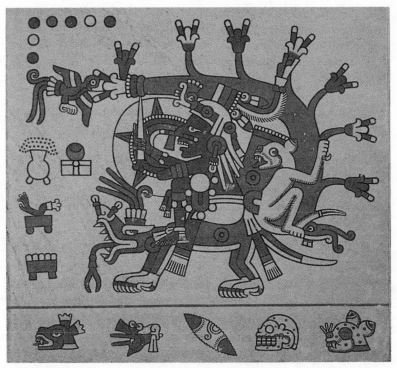

Fig. 14. *Tonatiuh*, el Sol, sobre el lagarto *Tlaltecuhtli, Códice Laud*, 14.

Tal vez él conceda como merecimiento la hombría, la grandeza del águila, la del jaguar. Allí toma, reconoce como su amigo al que bien se dirige a él y le ruega. Le hace encargo de la estera de las águilas y los jaguares, el mando en la guerra, en sus manos coloca la vasija y la cerbatana del águila...

Él dará de beber, dará de comer a quienes están por encima de nosotros y en la región de los muertos *(Códice florentino,* 1979, t. II, lib. VI, cap. 17).

Dar de beber y comer a los dioses, al Sol, al Señor y Señora de la Tierra, al del Fuego o al de la Lluvia, tal era la misión de los guerreros que hacían cautivos. Con la sangre de éstos habían de alimentarse los dioses. Esto mismo podemos contemplarlo en páginas como las 42 del *Borgia* y la primera del *Laud.*

En la parte superior de la mencionada del *Borgia* se ve un altar con un jade en el centro, símbolo del agua y la vida. Sobre el altar hay un *techcatl,* piedra sobre la que se tiende al que va a ser sacrificado. Un hombre, con el pecho abierto yace sobre ella. Un dios, quizá sacerdote ataviado con los atuendos de Quetzalcóatl, le ha extraído el corazón que levanta con una mano. Del pecho del sacrificado brota un chorro de sangre que, como alimento, llega a la boca del dios Tezcatlipoca. Arriba se ve el glifo del jaguar.

Mencionaré ya sólo otras correlaciones, como las de códices que nos muestran y textos que mencionan a Xiuhtecuhtli, Señor del Fuego en el centro del mundo; o las que atribuyen a Tezcatlipoca ser Dueño del cerca y del junto, estar en todas partes y en todos los tiempos. Dos ejemplos de esto los tenemos en la primera y en la última páginas del *Tonalámatl de los pochtecas* y, a su vez, en las plegarias que son los tres primeros *huehuehtlahtolli* incluidos en el libro VI del *Códice florentino.*

Otros registros, también de interés a la luz de nuestro propósito, hay en el citado *Tonalámatl*. Como lo mostré en el comentario que publiqué acerca de él, no pocas de sus páginas están estrechamente relacionadas con textos nahuas del libro IX del *Códice florentino* acerca de los mercaderes. Ello es sobre todo patente en lo que concierne a la forma como se colocaban y distribuían las ofrendas a los distintos dioses protectores, tema de las páginas 5 a 14 del dicho *Tonalámatl*, asimismo del *Códice Cospi*, páginas 21 a 31 y del *Laud*, páginas 25 y 26.

A pesar de ser tan pocos los códices prehispánicos que se conservan es notable que puedan establecerse tantas correlaciones entre su contenido y diversos textos nahuas vertidos al alfabeto en el siglo XVI. Esto mismo ocurre respecto de otros códices elaborados poco después de la conquista y que ya he mencionado. Un caso de particular interés lo ofrece el *Vaticano A* en varias de cuyas páginas aparecen representaciones pictoglíficas de los Soles o edades cósmicas y de los estratos celestes y del inframundo. Bien sabido es que hay numerosos textos en náhuatl y en castellano que hablan de los referidos Soles *(Anales de Cuauhtitlan, Leyenda de los Soles, Historia de los mexicanos por sus pinturas...).* También en un apéndice al libro III del *Códice florentino*, así como en el texto conocido como *Histoyre du Mechique* se incluyen descripciones que concuerdan en alto grado con lo expresado por el *Vaticano A* sobre la imagen vertical del universo.

Notaré ya, finalmente, la posibilidad de identificar en los códices prehispánicos un cierto número de representaciones glíficas de algunos de los que Ángel María Garibay llamó "difrasismos", es decir pares de vocablos de cuya yuxtaposición surge una idea a modo de metáfora compuesta.

a

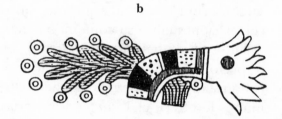

b

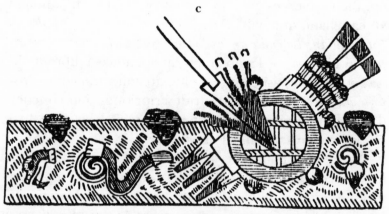

c

Fig. 15. Representaciones glíficas de "difrasismos". a) *petlatl, icpalli,* "estera, sitial: autoridad, poder, *Códice Vaticano* B, 83. b) *Atl, tlachinolli,* "agua, fuego": guerra. *Códice Borbónico* 9. c) *Mitl, chimalli,* "flecha, escudo", guerra, combate, *Códice Borgia* 54.

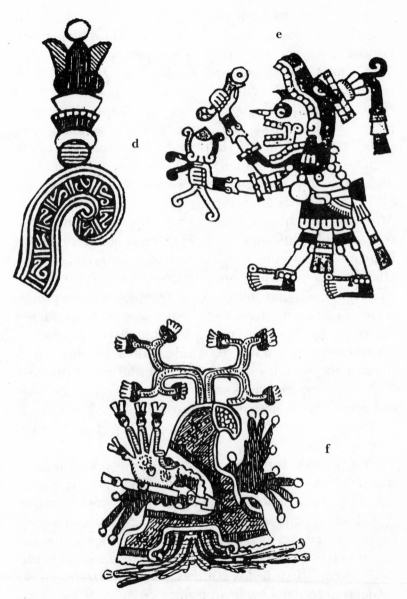

d) *Xóchitl, cuicatl*, "flor, canto": poesía, arte, fiesta. *Códice Borbónico*, 4. e) *ixtli, yollotl*, "rostro, corazón"; persona humana, aquí en manos del Dios de la Muerte. *Códice Fejérváry-Mayer 3*. f) *Atl, tepetl*, "agua, monte": ciudad. *Códice Cospi*, 10.

Ejemplos de esto, que pueden identificarse con relativa frecuencia en los dichos códices, son los glifos que corresponden a los siguientes difrasismos: *petlatl, icpalli,* "estera, sitial" (autoridad, poder); *atl, tlachinolli* "agua, fuego" (guerra), *mitl, chimalli* (guerra, combate). Figs. 15, *a, b, c; cuauhtli, ocelotl,* "águila", "jaguar" (los capitanes y guerreros) *xochitl, cuicatl,* "flor, canto" (poesía, fiesta...); *ixtli, yollotl* "rostro, corazón" (la persona humana); *atl, tepetl,* "agua, monte" (la ciudad). Figs. 15, *d, e, f.* Este último difrasismo, muy poco frecuente en los códices, aparece en el *Tonalámatl de los pochtecas* (p. 3), donde se mira a *Mictlantecuhtli* que se ha adueñado de un ser humano representado glíficamente por el corazón que sostiene con la mano izquierda y un ojo (*ixtli:* rostro, ojo), con la derecha. Otro género de representaciones también pareadas son las que, en gran número, incluyen los códices prehispánicos y que muestran los atributos que corresponden a las parejas de dios diosa o simplemente de dos dioses. Los textos nahuas que tratan acerca de la dualidad divina proporcionan paralelos de considerable interés. Entre este género de representaciones citaré las de las páginas 57-60 del *Borgia,* las de la banda inferior del *Tonalámatl de los pochtecas* en sus páginas 35 a 37 y las de las páginas 9-14 del reverso del *Laud.*

Una vez más repetiré que, aunque los textos nahuas que he citado o mencionado no sean "lecturas" o comentarios de las correspondientes páginas de los códices aducidos, dejan ver que son en sí mismos muestras de una oralidad en estrecha relación con las pinturas y glifos. La oralidad nahua, que tenía como punto de apoyo el contenido pictoglífico de los códices, se memorizaba en las escuelas pero daba lugar a posibles variantes al adaptarse a las diversas circunstancias en que ocurría su elocución o entonación.

Dejan ver esto los *huehuehtlahtolli,* expresiones de la antigua palabra. En las compilaciones que de ellas se conservan hay textos que incluyen variantes. Se sabe que debían adaptarse los *huehuehtlahtolli,* dando lugar a modificaciones siempre que ello se requería, como en casos de entronización de los diversos *tlahtoque* o en circunstancias tales como las de una guerra, peste o hambruna. Pero más allá de adaptaciones y variantes, este género de composiciones portadoras de lo más elevado de la antigua sabiduría moral, presenta múltiples coincidencias con lo que registran pictoglíficamente los códices como meollo de las creencias y ritos y, en suma, de la visión del mundo de los pueblos nahuas. En tal sentido no hay mejor camino para acercarse al universo espiritual del México antiguo que el que proporcionan los *huehuehtlahtolli* en su estrecha relación con el contenido de los códices.

Si como lo notó el oidor Zorita (s.f. 112-115), los *huehuehtlahtolli* que recogió Olmos coincidían en última instancia con aquello que se expresaba en los libros de "pinturas y caracteres", cuando la oralidad hizo posible su transvase a textos escritos, ciertamente se consumó, al igual que otros casos, lo que llamó Garibay rescate en "la luminosa prisión del alfabeto".

TERCERA PARTE:

LA RELIGIÓN DE LOS NICARAOS. ANÁLISIS Y COMPARACIÓN DE TRADICIONES NAHUAS

La historia de los pueblos nahuas se desenvolvió a través de numerosos procesos de penetración y establecimiento en distintos lugares de Mesoamérica. Peregrinaciones, retornos, dispersiones, guerras de conquista y viajes de comerciantes explican que, en diversos momentos, determinados grupos nahuas se incrustaran entre otros pueblos en regiones a veces sumamente apartadas. La movilidad y capacidad de expansión de los nahuas, lejos de haber sido elementos secundarios a lo largo de su evolución cultural, pueden incluirse al parecer entre sus rasgos más característicos.

La presencia nahua en Mesoamérica data verosímilmente por lo menos desde el periodo clásico. Si como es probable, grupos de esta filiación participaron en el florecimiento teotihuacano, desde entonces comenzó también a sentirse su influencia en otras regiones mesoamericanas (Jimenéz Moreno, 1959, II, 1054). Las entradas posteriores de grupos nahuatlacas pueden documentarse con apoyo en fuentes pictoglíficas y en otros textos indígenas y de cronistas españoles. Tal es el caso de la llegada y asentamiento de los toltecas y, más tarde, de las varias tribus procedentes de Aztlan y Chicomóztoc. Consta igualmente que, al ocurrir la ruina de Tula, tuvo lugar una gran dispersión de pueblos nahuas. Grupos toltecas dejaron sentir entonces su presencia por las costas del Golfo de México hasta la península yucateca y, paralelamente hacia el sur, por el rumbo del Pacífico, en sitios muy alejados. Los focos de cultura tolteca que subsistieron en el altiplano y en otros lugares, hicieron posible la ulterior asimilación de inmigrantes chichimecas procedentes del norte. Culhuacán, Azcapotzalco, Acolhuacan-Tezcoco y otros varios señoríos tuvieron entonces momentos de considerable florecimiento. Finalmente, la hegemonía que llegaron a alcanzar los mexicas trajo consigo, a través de conquistas, alianzas y establecimiento de rutas comerciales, la más grande expansión que conocieron los nahuas prehispánicos. Los mexicas situaron guarniciones y colonias entre los pueblos que sometieron y a lo largo de las rutas de sus *pochtecas* o mercaderes. Esto explica que el náhuatl llegara a ser una *lingua franca* en buena parte de Mesoamérica. El área de hegemonía que, con apoyo en numerosos testimonios, pudo asignar Robert H. Barlow al estado mexica es la mejor prueba de la que hemos llamado capacidad de movilidad y expansión de los nahuas (Barlow, 1949).

Y puede añadirse que, durante la colonia, la presencia nahua en cierto modo tuvo aún mayores proporciones. Ello se debió a los grupos de tlaxcaltecas, mexicas y otros que acompañaron a los conquistadores y misioneros en sus empresas por el norte y sur del país. Cabe recordar que en la actualidad, de entre todos los indígenas que hay en México, son los nahuas los que subsisten en mayor número de estados de la República y en otros lugares de fuera de ella.

Sin embargo, el tema de la penetración y del establecimiento nahuas en distintos momentos y en apartados lugares de Mesoamérica ha sido estudiado hasta ahora sólo de manera fragmentaria. Por lo que se refiere al periodo de hegemonía mexica existe la ya citada investigación de Robert H. Barlow. Pero, aun respecto de esta etapa, y sobre todo acerca de épocas más antiguas, hay mucho por esclarecer. Tal es el caso, por ejemplo, de los grupos que se desprendieron del núcleo central después de la ruina de Tula y de aquellos otros que, según parece, marcharon a lugares distantes desde tiempos aún más antiguos. En este contexto deben mencionarse los célebres pipiles que habitaron algunas regiones del sur de México y de los actuales países centroamericanos. Actualmente sobreviven grupos pipiles, entre otros lugares, en la zona de Izacalco en El Salvador.

Aquí vamos a ocuparnos, desde un punto de vista voluntariamente restringido, del caso de los pipiles-nicaraos, uno de los grupos de lengua nahua que, establecido en tierras situadas a cerca de dos mil kilómetros de distancia del centro de México, conservó a través de varios siglos numerosos elementos de su cultura original. Los nicaraos, radicados a lo largo de la costa del Pacífico, tuvieron su principal asiento en el Istmo de Rivas, o sea en la estrecha faja de tierra que se extiende entre el Océano y el lago de Nicaragua. Como una isla cultural, vivieron allí y en otros lugares cercanos, rodeados por los chorotegas-mangues al norte y al sur, y por otras distintas gentes al sureste, éstas, en su mayoría miembros del tronco lingüístico chibcha.

Entre otras razones, por su antiguo alejamiento respecto de otros grupos nahuas, el caso de los nicaraos ofrece, según creemos, posibilidades de estudio del mayor interés. De hecho existen algunas importantes investigaciones sobre su historia y cultura. Pueden recordarse las aportaciones de Walter Lehmann (1920), Samuel K. Lothrop (1926), Doris Stone (1957), Anne M. Chapman (1968) y de William R. Fowler (1989).

Tomando en cuenta lo alcanzado por esos autores y con apoyo principalmente en los más antiguos testimonios que se conservan sobre los nicaraos, creemos de interés estudiar y analizar algunas de sus tradiciones culturales, de modo especial las referentes a sus creencias religiosas y vivían del mundo. Como veremos, sobre este tema existen testimonios extremadamente valiosos ya que proceden del tiempo de los primeros contactos entre españoles y nicaraos.

Lo que podamos precisar acerca de las creencias religiosas de los nicaraos será luego objeto de comparación con lo que, sobre igual materia, conocemos a propósito de otros grupos nahuas de la región central de México. Las coincidencias que resulten, debidamente valoradas, podrán contribuir a una más amplia comprensión de la persistencia y posibles variantes en un tema de tanto interés como es el de la religión de los pueblos nahuas. Por otra parte, los testimonios primarios sobre las creencias de los nicaraos, por tener un origen tan alejado y distinto del que tienen las fuentes documentales del altiplano, corroborarán —en el caso de manifiestas coincidencias— la veracidad de la información existente en torno a la cultura náhuatl, es decir constituirán un apoyo de considerable fuerza tocante al origen prehispánico de tales testimonios.

Para llevar a cabo un análisis comparativo de las creencias de nicaraos y de otros grupos nahuas, es necesario atender antes críticamente a las siguientes cuestiones:

1. Precisar el origen y valor de las fuentes que tratan de la religión de los nicaraos, recogidas al tiempo de la conquista española.

2. Determinar, hasta donde sea posible, la época de la migración de este grupo hacia la región centroamericana donde fijó su residencia. Junto con esto señalar cualquier

indicio de contacto de los nicaraos con otros pueblos
nahuas, después de su establecimiento definitivo.

Una vez considerados estos puntos, podrá atenderse
más adecuadamente al asunto que aquí interesa que es
analizar las creencias religiosas de los nicaraos para
compararlas luego con las de los nahuas de la región
central de México. El propósito es, como ya lo dije, inquirir a través de las comparaciones acerca de la existencia de
posibles coincidencias o incluso identidades conceptuales
en los correspondientes testimonios de una y otra regiones. Entre ellos se hallan precisamente muchos que fueron resultado del transvase de la oralidad y el contenido
de los códices a la escritura alfabética.

LOS TESTIMONIOS Y LOS ORÍGENES NICARAOS

Son varios los cronistas e historiadores del siglo XVI que se ocuparon en escribir sobre las distintas entradas de los españoles en Nicaragua y también acerca de las formas de cultura de los diversos grupos indígenas que allí habitaban. Fundamentalmente nos interesan aquí, sin embargo, los testimonios obtenidos personalmente o recibidos de labios de los propios nativos, y de manera específica, aquellos que tratan de las creencias y prácticas religiosas del grupo de lengua nahua conocido como nicarao.

En esta materia tienen importancia excepcional los testimonios recogidos por el cronista Gonzalo Fernández de Oviedo que, como veremos, estuvo entre los nicaraos en el año de 1528, e igualmente la "Información que, por mandado del gobernador Pedrarias Davila, tomó un padre reverendo de la orden de la Merced [fray Francisco de Bobadilla] acerca de las creencias e ritos e cerimonias destos indios de Nicaragua..." Esta *Información* fue incluida por el propio Fernández de Oviedo en el mismo libro IV, de la tercera parte de su *Historia general y natural de las Indias,* donde se ocupa "de la gobernación del reino e provincia de Nicaragua" (Fernández de Oviedo, 1945, XI, 68-108).

Respecto de la información recogida por Bobadilla, consideramos necesario reconstruir el tipo de cuestionarios de que se sirvió. También deben compararse entre sí las varias respuestas obtenidas de los indígenas declarantes. La clasificación, por temas, de dichas respuestas, hará posible disponer de un material básico para intentar una confrontación con los elementos afines de los grupos de la misma lengua en la región central de México.

Otro tanto puede decirse respecto de la información proporcionada por Fernández de Oviedo a propósito de los que él llama "areytos e de otras particularidades de la gobernación de Nicaragua... e así mesmo de algunos ritos e cerimonias de aquella gente...", y también de lo que obtuvo personalmente de labios del cacique del pueblo de Tecoatega, "por otro nombre llamado el Viejo, e su propio nombre era Agateyte, lo cual fue un jueves dos días de enero de mil e quinientos e veynte e ocho..." (Fernández de Oviedo, 1945, XI, 196).

Aunque, importan sobre todo los testimonios alcanzados de manera directa, es necesario hacer también referencia a otras noticias incluidas en los escritos de quienes, desde el mismo siglo XVI, hablaron de la penetración española en el territorio de los nicaraos. Tal es el caso de algunas relaciones y cartas del conquistador Gil González Dávila que exploró Nicaragua desde 1522 (Colección de Documentos..., 1870, XIV, 20-24). También son de importancia algunas comunicaciones del antiguo gobernador de Castilla del Oro, Pedrarias Dávila, así como lo que acerca de la actuación de éste consignó Pascual de Andagoya (Fernández de Navarrete, 1945, III, 387-443).

Entre los escritos de cronistas españoles y de otros que recopilaron información sobre estas materias, valiéndose de documentos y relaciones que habían sido remitidas a España, no pueden pasarse por alto las obras de Pedro Mártir de Anglería, Francisco López de Gómara, y Antonio de Herrera. Y, a propósito de antiguas tradiciones referentes a la cuestión del origen de los nicaraos, habrá de acudir a lo que refieren dos célebres historiadores de

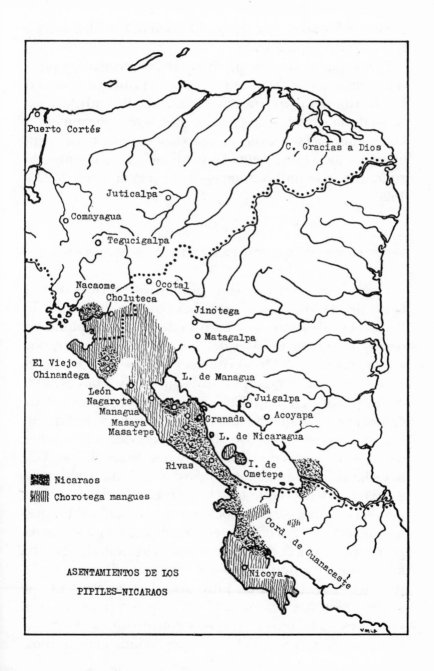

Puerto Cortés

C. Gracias a Dios

Juticalpa

Comayagua

Tegucigalpa

Nacaome
Choluteca
Ocotal

Jinotega

Matagalpa

El Viejo
Chinandega

L. de Managua

León
Nagarote
Managua
Masaya
Masatepe

Juigalpa

Acoyapa

Granada

L. de Nicaragua

Rivas

I. de
Ometepe

Cord. de Guanacaste

▓ Nicaraos
▒ Chorotega mangues

Nicoya

ASENTAMIENTOS DE LOS

PIPILES-NICARAOS

la Nueva España, fray Toribio de Benavente Motolinía y fray Juan de Torquemada.

Dado que el análisis que haré de las creencias y prácticas religiosas de los nicaraos se apoya principalmente en los testimonios de fray Francisco de Bobadilla y de Gonzalo Fernández de Oviedo, atenderé críticamente a las circunstancias y forma en que éstos se obtuvieron. Para ello recordaré brevemente las penetraciones e intentos de conquista, que tuvieron lugar en Nicaragua, entre 1522 y 1528.

CIRCUNSTANCIAS EN QUE SE OBTUVIERON LOS TESTIMONIOS

Consta, entre otras cosas por varios escritos de Gil González Dávila, que éste había partido de la Isla de Perlas el 21 de enero de 1522 para descubrir y explorar las tierras de la costa del Mar del Sur. Así, según parece, por vez primera se estableció contacto con los nicaraos en el Istmo de Rivas y regiones adyacentes. En esa entrada, como lo consignó el mismo conquistador, pudo hablar con el jefe o cacique Nicarao, valiéndose de un intérprete que, como comenta Pedro Mártir de Anglería, era "nacido no lejos del reino de Nicaragua y que, educado por Gil, hablaba bien el idioma de ambos" (Anglería, 1964-1965, II, 563). El diálogo que tuvo lugar fue muy interesante ya que versó sobre asuntos tocantes a la religión. Más que información acerca de las creencias de los nicaraos, puede percibirse, a través de lo que transcribió González Dávila, la curiosidad y perspicacia del cacique indígena que le propuso cuestiones de muy difícil respuesta. En su *Relación* González Dávila se ufana, por otra parte, de que entonces se hicieron no pocas conversiones al cristianismo entre los nicaraos y otros grupos indígenas vecinos.

Tal aseveración, como luego se verá, habría de tener significativas consecuencias.

González Dávila, a mediados de 1523, se vio forzado a abandonar su empresa en Nicaragua ante una rebelión de los indios y regresó a Panamá. Un segundo intento por parte del mismo, que en la primavera de 1524 zarpó desde Santo Domingo con destino a Nicaragua, no tuvo resultados positivos. González Dávila se encontró entonces con la sorpresa de que su enemigo, el gobernador de Castilla del Oro, Pedrarias Dávila, se le había anticipado enviando otra expedición. González Dávila se desvió entonces hacia Honduras donde se hallaban Cristóbal de Olid, el antiguo capitán a las órdenes de Cortés, y también Francisco de Las Casas que había venido a castigar, comisionado por don Hernando, la insubordinación de Olid.

En consecuencia la conquista de Nicaragua vino a quedar en manos del tristemente célebre Pedrarias y de sus capitanes subalternos. Alarmado por la primera entrada de González Dávila y temiendo que Cortés le cerrara el camino a su expansión por ese rumbo, había despachado Pedrarias, en los primeros meses de 1524, con destino a Nicaragua, a Francisco Hernández de Córdoba. Hizo éste fundación de las villas de Granada y León. Y, una vez más, con las noticias acerca de la bondad y riqueza de esa tierra, se habló de grandes conversiones de indios.

Pronto, sin embargo, surgió abierto antagonismo entre Hernández de Córdoba y Pedrarias. Como consecuencia el primero fue ajusticiado por Pedrarias en 1526. Poco tiempo después, hallándose Pedrarias en Panamá, un capitán de nombre Diego López de Salcedo, que había sido nombrado por la Audiencia de Santo Domingo gobernador de Honduras, decidió entrar asimismo en territorio de Nicaragua. Nuevamente se deshizo de él Pe-

drarias que, por haberse visto desposeído de la gobernación de Castilla del Oro, se interesó más que nunca en
conservar a Nicaragua bajo su poder.

Es precisamente en este momento —como lo refiere
Fernández de Oviedo— cuando Pedrarias, para dar mayor
fuerza a sus derechos de conquista, encargó a un pariente
de su mujer, el mercedario fray Francisco de Bobadilla,
que llevara a cabo la pesquisa e información sobre las
creencias de los nicaraos (Colección de documentos,
1870, xxxv, 564). Su intención era mostrar que, ni al
tiempo de la entrada de Gil González Dávila ni después
durante las estancias de Francisco Hernández de Córdoba
y de Diego López de Salcedo, había habido acción misio-
nera digna de tal nombre ni mucho menos las supuestas
conversiones de millares de indígenas. He aquí lo que a
este respecto escribe Fernández de Oviedo, que por
entonces se hallaba en Nicaragua.

> En el tiempo que Pedrarias Dávila gobernaba a Nicaragua, fue
> aviso desde España que Gil González Dávila, cuando descubrió
> aquella tierra a servicio del Emperador, Nuestro Señor, que avia
> convertido y hecho baptiçar treynta e dos mill indios o mas, é
> aquel capitán Francisco Fernández avía assimesmo hecho baptiçar
> otra grand cantidad, e quel gobernador Diego López de Salcedo
> assimesmo avía aprovechado mucho en la conversión de aquella
> gente. E como Pedrarias los tuvo a todos tres por enemigos noto-
> rios e vía que le inculpaban de negligente, quiso hacer una pro-
> bança por donde constasse que era burla e que aquellos no eran
> cristianos (Fernández de Oviedo, 1948, 3ª parte, lib. IV, cap. II).

Como puede verse, la comisión recibida por fray Francisco de Bobadilla consistía precisamente en descubrir
cuantos vestigios y tradiciones hubiera de la religión
nativa que demostraran que los indios continuaban en su
infidelidad. Y debe notarse que este encargo y la consiguiente pesquisa tuvieron lugar en el año de 1528. Varios

investigadores que han aludido a este asunto, repiten que ello ocurrió en 1538. Tal cosa se debe a que en las ediciones de la obra de Fernández de Oviedo se asienta esta ultima fecha. En realidad se trata de un error de transcripción. Pedrarias Dávila no pudo comisionar a Bobadilla en 1538 por la simple razón de que su propia muerte había acaecido en 1531. La década en que sitúa Fernández de Oviedo este episodio y las ulteriores referencias cronológicas que hace a lo largo del mismo libro IV de la Tercera parte de su *Historia,* confirman que no se trata del año de 1538 sino del de 1528 (Fernández de Oviedo, 1945, 3ª pte. cap. III). Numerosos testimonios hay que hablan de la actuación de Bobadilla hacia 1538, no ya en Nicaragua sino en el Perú donde se encontraba como provincial de los mercedarios. En consecuencia fue en el año de 1528 cuando se hizo la pesquisa en torno a las creencias religiosas de los nicaraos.

> Bobadilla, escribe Fernández de Oviedo, aceptó de muy buena voluntad [este encargo], assí por complacer al gobernador como porque él pensaba servir a Dios en ello y echar cargo al Emperador, Nuestro Señor, e hacer de más propóssito christianos todos los indios que pudiesse atraer al camino de la verdad para que se salvassen.

Saliendo de la Villa de León, se dirigió a la tierra de los nicaraos para comenzar su trabajo en el pueblo indígena de Teoca, jurisdicción de la Villa de Granada. Consigo llevó a los intérpretes Luis Dávila, Francisco Ortiz y Francisco de Arcos, así como al escribano público Bartolomé Pérez, los cuales, previamente juramentados, se dispusieron a auxiliar en su tarea a Bobadilla. Esta consistió en proponer una serie de preguntas a un buen número de caciques y ancianos. El conjunto de informes así obtenidos integraron la que llama Fernández de Oviedo "cierta información, que por mandado del gobernador Pedrarias

Dávila tomó un padre reverendo de la orden de la Merced acerca de los ritos e ceremonias destos indios de Nicaragua..."

Tales fueron las circunstancias y la forma como se obtuvieron estos testimonios. La única crítica que podría hacérseles, sería la de suponer que el fraile Bobadilla, para dar gusto a Pedrarias, debió de haberse afanado en descubrir cuantas supersticiones o antiguas creencias le fue posible. Sin embargo, si bien se mira, más que objeción tenemos en esto una forma de garantía del empeño puesto en la pesquisa. Como habrá de verse, cuando analicemos estos testimonios, las respuestas de los indígenas, en las que se describen creencias que guardan manifiesta semejanza con las de otros grupos nahuas, ni remotamente pudieron ser inventadas por el mercedario. En el afán que éste tuvo en sacar a luz las viejas supersticiones, para mostrar que los indios no eran cristianos, se topó de hecho con respuestas que, aunque a veces fragmentarias, dejaron ver no poco de las formas de pensar y de las actitudes de los nicaraos en materia religiosa.

La información recogida por Bobadilla la llevo éste personalmente a España para hacerla llegar al emperador Carlos V, según se lo había encomendado el gobernador Pedrarias Dávila. Así lo hace constar este último en una carta que dirigió al emperador el 15 de enero de 1529:

> Pasando por la prouincia e pueblo de Nicaragua quando agora vine a esta partes me dixeron cómo los yndios desta, nación y lengua de Nicaragua tenían çierto conoçimiento de las cosas de Dios e de su santa fee cathólica e que lo tenían e guardauan porque sus antepasados se lo avían dicho. Luego que llegué a esta çibdad prouey para que fuere a ver la ynformacion dello al vicario prouincial fray Francisco de Bovadilla, el qual la hizo y lleua a V. M., abtorizado del escriuano ante quien paso (Documentos para la historia de Nicaragua, 1954, I, 455)

Gonzalo Fernández de Oviedo que, como ya se ha dicho, incluyó esta información en su *Historia,* debió de haberla conocido, bien sea por haber obtenido una copia o traslado de ella del mismo fraile Bobadilla con el que convivió en Nicaragua, o bien porque, de un modo o de otro, le fue proporcionada durante alguna de sus varias estancias en España. Le fue posible incorporar así esos importantes testimonios con los materiales que, por cuenta propia, había recogido él entre los nicaraos.

LO ALLEGADO POR FERNÁNDEZ DE OVIEDO

Las noticias, reunidas personalmente por Fernández de Oviedo constituyen la otra fuente primaria para el conocimiento de las creencias y ceremonias de ese grupo indígena. Larga era la experiencia que tenía de las cosas naturales y humanas del Nuevo Mundo quien habría de llegar a ser el primero de los cronistas de las Indias. Fernández de Oviedo había venido desde temprana fecha al continente americano. Su primer viaje lo había hecho con la armada de Pedrarias Dávila en 1514. Estuvo entonces en la Tierra Firme aproximadamente año y medio. De regreso a España, informó al rey Fernando de lo que había visto en las Indias. Nuevamente pasó a éstas en 1520 y, a mediados del año siguiente, otra vez cruzó el Océano para manifestar a la Corona sus quejas en contra de su antiguo conocido Pedrarias. Fue en su tercera estancia en América, entre 1526 y 1530, cuando recorrió las costas del Mar del Sur y el territorio nicaragüense. De hecho, como él lo refiere, precisamente en el año de 1528 se encontró en los mismos lugares donde fray Francisco de Bobadilla llevaba a cabo sus pesquisas.

Su presencia en Nicaragua le permitió dedicar íntegramente el libro IV de la tercera parte de su *Historia* a la descripción de diversos aspectos de la naturaleza y formas de cultura de esa provincia. Aun cuando no fue éste el único lugar en que escribió acerca de Nicaragua, de modo especial interesa lo que allí reunió para el conocimiento de los ritos y ceremonias de los nicaraos. Así, en los capítulos XI a XIII del citado libro se ocupa de los areytos, es decir de las fiestas, ritos y ceremonias de aquella gente y trata además de lo referente a costumbres e instituciones como las del matrimonio y la prostitución entre los indios, su organización social y formas de gobierno, productos en que comerciaban, alimentación e indumentaria. Su contacto personal con el cacique de Tecoatega le permitió asimismo describir, entre otras cosas, el modo en que los nicaraos practicaban ciertos juegos, uno de ellos, el que habría de conocerse con el nombre de "volador" en otras regiones de la Nueva España.

Una particular consideración de crítica histórica creo necesario formular aquí a propósito de la información proporcionada por Fernández de Oviedo sobre los nicaraos. Ya he señalado cuáles fueron sus fuentes para escribir el mencionado libro IV, de la tercera parte de su *Historia*. Gracias a que en él incluyó los testimonios recogidos en 1528 por Bobadilla, según la declaración directa de los pipiles, ese documento tan valioso nos es hoy conocido. La transcripción del diálogo original, fuente excepcional para el estudio del pensamiento religioso nicarao, había sido llevada a España en 1529, como ya lo hemos visto, por el mismo Bobadilla. Allí, o en la misma Nicaragua, Oviedo había obtenido copia de dicho manuscrito, que así se salvó del olvido. Por otra parte, se valió también el cronista de lo mucho que pudo observar durante su estancia en esa región de Centroamérica principalmente en los años de 1528 y 1529. Debo, sin embargo, hacer constar, de acuerdo con lo expresado por Oviedo, al principio y al fin de la tercera parte de su *Historia*, que toda esa última sección de su copiosa obra no fue escrita en definitiva sino hasta los años comprendidos entre 1540 y 1548.

Para esas fechas, y aun desde antes —según él mismo lo manifiesta en varios lugares de la segunda parte de la *Historia*— tenía ya ciertamente diversas noticias referentes a la Nueva España. De hecho, así había podido dedicar al tema de la conquista de México el libro XIV de la mencionada segunda parte. En el "Proemio" de ese libro indicó, por ejemplo, que conocía las "misivas"que Hernán Cortés había escrito a Su Majestad.

Lo anterior explica que, al redactar más tarde el libro dedicado a Nicaragua, notara desde un principio, a propósito de las lenguas que allí se hablaban, que "la principal es la que llaman de Nicaragua y es la mesma que hablan en México o en la Nueva España..." Igualmente, por tener ya también alguna información sobre "las idolatrías" que practicaban los naturales de México, pudo decir que "muchos ritos tienen éstos de Nicaragua, como los de la Nueva España, que son de la mesma lengua..." Más aún, recordando seguramente lo que había leído en las cartas de relación de Cortés acerca de Huitzilopochtli (Ochilobos), llegó a escribir Oviedo algo que suena como manifiesta interpolación en el contexto nicarao: "Tenían sus casas de oración a quien llaman *Orchilobos*, como en la Nueva España..."

Intencionalmente he querido destacar estas alusiones de Oviedo a las realidades del México indígena, formuladas al hablar de los nicaraos, para valorar con sentido crítico si, en su información sobre estos últimos, incurrió o no en atribuciones provenientes de un ámbito geográfico y cultural distinto. De ello tenemos al parecer un caso manifiesto: su afirmación de la existencia en Nicaragua de templos dedicados a *Orchilobos*. Significativo es, sin embargo, que a lo largo del mismo libro IV, el de tema nicaragüense, no haya vuelto a decir palabra ni de *Orchilobos* ni de los ritos y creencias de los indios de Nueva España. El análisis que ofreceré de la información recogida con sus intérpretes por Bobadilla en 1528, transcrita luego por Oviedo, muestra que ni por asomo se alude allí a un dios semejante a Huitzilopochtli. Tampoco hay en los diálogos del fraile mercedario indicio alguno de pretender comparar las creencias de los nicaraos con otras formas de pensamiento indígena que, desde luego, no podía él conocer, ni siquiera superficialmente, en 1528. Igualmente, fuera de las consideraciones generales que ya he citado, no he encontrado el menor indicio de buscar posibles semejanzas con el altiplano de México en lo que refiere Fernández de Oviedo acerca de la religión nicarao en su calidad de testigo de vista hacia los años de 1528 y 1529.

De hecho fueron relativamente escasas y superficiales las noticias que Oviedo había podido ofrecer en la segunda parte de su *Historia* acerca del pensamiento y las prácticas religiosas de los pueblos conquistados por Cortés. Llegó a saber, de manera general, que los habitantes de Tenochtitlan y de otras provincias vecinas o sometidas hablaban la misma lengua que los nicaraos que conoció en 1528. Supo asimismo que tenían algunas prácticas semejantes, corno los sacrificios humanos, pero ni las cartas de don Hernando ni otros eventuales testimonios pudieron haberle revelado las sutilezas del pensamiento religioso de los nahuas del altiplano central. Tal cosa no comenzó a ser conocida—y ello sólo entre unos pocos— sino hasta varios años más tarde como resultado de las investigaciones de hombres entre quienes tuvieron lugar especial Olmos, Motolinía, Durán y Sahagún.

En consecuencia, la poco precisa alusión al que Oviedo llamó *Orchilobos* no fue probablemente sino un tardío y aislado eco de su lectura de las cartas de Cortés. Tal vez quiso así nuestro cronista dejar ver una vez más que sabía que tanto los nicaraos como los indígenas del altiplano de México eran "de una mesma lengua" y tenían ritos parecidos. Tal forma de conocimiento, manifestada llanamente, no desvirtúa los testimonios recogidos en 1528 por Bobadilla ni tampoco las noticias que, por su cuenta, recogió y consignó el mismo Oviedo como fruto de su estancia en Nicaragua.

Como ya lo he dicho, varios autores han aprovechado en los tiempos modernos e incluido en sus obras algo de lo que Bobadilla y Fernández de Oviedo dejaron escrito acerca de la religión de los nicaraos. Sin embargo, hasta ahora, no se había intentado una comparación pormenorizada y sistemática de tales testimonios con lo que se conoce, a base de fuentes primarias, respecto del pensamiento y las instituciones de los nahuas del altiplano central. Este es, según lo he manifestado, el propósito del presente trabajo.

Tras haber precisado y destacado el valor y la procedencia de las más antiguas fuentes para el estudio del pensamiento religioso nicarao, atenderé ahora a la cuestión, asimismo preliminar, de la época en que verosímilmente ocurrió la migración de este grupo hacia el lugar de su residencia definitiva en Centroamérica.

ÉPOCA DE LA MIGRACIÓN NICARAO
A CENTROAMÉRICA

Los testimonios de que se dispone para examinar críticamente este problema, los proporcionan fray Toribio de Benavente Motolinía en su "Epístola proemial", incluida en sus *Memoriales* y, abreviada, también en su *Historia de los indios de Nueva España*; fray Juan de Torquemada en su *Monarquía Indiana* y asimismo la respuesta del grupo nicarao de "trece caciques e principales e padres o sacerdotes de aquellos infernales templos", a los que preguntó fray Francisco de Bobadilla "si eran naturales de aquella tierra de Nicaragua o de dónde venían". Igualmente deben tomarse en cuenta los resultados de algunas investigaciones arqueológicas como las llevadas a cabo por Samuel K. Lothrop. Y como acerca de esta materia han escrito asimismo varios historiadores en tiempos recientes, habré de valorar también sus distintas interpretaciones y puntos de vista.

Comenzaré por el testimonio de Toribio de Benavente Motolinía, conservado en las dos obras que de él se conocen. Al hablar de las diversas gentes que habitaron la tierra de Anáhuac, se ocupa de los que genéricamente describe como "mexicanos", o sea aquéllos que hablaron el idioma nahua. Entre éstos incluye a los antiguos toltecas y a otros muchos pueblos, de modo especial a la generación de los aztecas o mexicanos propiamente dichos. Recordando la antigua leyenda acerca de Chicomóztoc, el lugar de las siete cuevas, afirma que estos pueblos tuvieron un ancestro en común de nombre Iztacmixcóatl, es decir, el célebre caudillo Mixcóatl, al que en este relato se antepone el adjetivo *íztac* que significa "blanco". Precisamente en este contexto, y haciendo referencia expresa a Iztacmixcóatl, toca Motolinía el tema de los nicaraos:

> No he podido saber ni averiguar cual de estos hijos de Iztacmixcóatl fue a poblar la provincia de Nicaragua. Sé empero que, en tiempo de una grande esterilidad, de necesidad compelidos, salió mucha gente de esta Nueva España y barrunto que fue en tiempo de aquella esterilidad de cuatro años de sequedad que no llovió, según parece en la primera parte, capítulo veinte. En este tiempo por la mar del sur fue una gran flota de acales o barcas, y aportó y desembarcaron en Nicaragua, que dista de México más de trecientas y cincuenta leguas, y dieron guerra a los naturales que allí estaban poblados, y desbaratándolos, echáronlos de su señorío, y poblaron allí aquellos naturales descendientes de aquel viejo Iztacmixcóatl. (Benavente Motolínea, 1903, 12.)

El análisis de este párrafo de Motolinía permite sacar las siguientes conclusiones:

Por encima de todo se destaca el hecho, notado ya por los otros cronistas como Pascual de Andagoya, Gonzalo Fernández de Oviedo y aun por Cristóbal de Olid, de que los pobladores de esa región de Nicaragua eran "de la misma lengua de México", o como lo asienta Motolinía, *nauales*, es decir gente nahua. Como dato complementario, y de sumo interés, afirma también que "cuando los españoles descubrieron aquella tierra... apodaron [es decir, juzgaron] haber en la dicha provincia de Nicaragua quinientas mil almas". Aunque este dato podría ser objeto de muchas consideraciones, al menos puede desprenderse de él que el número de los nicaraos debió de haber sido entonces considerablemente grande.

Más preciso es el testimonio que acerca de esto recogió y conservó el también franciscano, fray Juan de Torquemada en su *Monarquía Indiana:*

> Según se platica entre los naturales de esta tierra, mayormente los viejos, dicen que los indios de Nicaragua, y los de Nicoya, que por otro nombre se dicen mangues, antiguamente tuvieron su habitación en el despoblado de Xoconochco, que es en la gobernación de México. Los de Nicoya, descienden de los chololtecas. Moraron hacia la sierra, la tierra adentro, y los nicaraguas, que son ya de Anáhuac, mexicanos, habitaron hacia la costa del Mar del Sur. La una y la otra eran muy gran multitud de gente; dicen que habrá siete u ocho edades o vidas de viejos, y éstos que vivían larga vida hasta venir a ser muy ancianos, que vivían tanto que, de viejos, los sacaban al sol... (Torquemada, 1723, I, 331-332.)

Resumiendo la ulterior información que recogió Torquemada de ancianos indígenas, cabe añadir estos datos: los que emigraron hacia el rumbo de Nicaragua se habían visto acometidos por un grupo de olmecas. Obviamente —añadiré— se trata aquí de los llamados "olmecas históricos". Como lo han señalado varios investigadores, entre ellos Jiménez Moreno, los olmecas ocuparon, hacia el año 800, la región de Cholula (Jiménez, Moreno, 1954-1955, XIV, 221). Esos olmecas —dice Torquemada— vinieron del rumbo de México y llegaron a someter en Xoconochco y Tecuantepec a los nicaraos que allí se habían establecido. Éstos, viéndose en grande aflicción, por consejo de sus sacerdotes reanudaron su marcha. Pasaron por la tierra de Quauhtemallan. "De esta generación son los que en la nación de Quauhtemallan, llaman pipiles, como son los pueblos que llaman los ezalcos" [los del Izalco en El Salvador]. Finalmente, está el grupo de los que llegaron a Nicaragua, "cerca de una mar dulce, que tiene a vista una isla, en la cual hay dos sierras altas redondas", es decir, a la región del istmo de Rivas, junto al gran lago de Nicaragua.

Este testimonio de Torquemada ha sido objeto de análisis y comentarios por parte de distintos investigadores. Antes de valorar sus varias formas de interpretación, creo necesario aducir también aquí la respuesta que el grupo de trece caciques, sacerdotes y ancianos nicaraos dieron sobre igual materia a fray Francisco de Bobadilla, cuando realizaba él sus pesquisas en 1528:

"No somos naturales de aquesta tierra —dijeron los nicaraos— e ha mucho tiempo que nuestros predecessores vinieron a ella, e no se nos acuerda qué tanto ha, porque no fue en nuestro tiempo.

La tierra de donde vinieron nuestros progenitores se dice Ticomega e Maguatega, y es hacia donde se pone el sol: e viniéronse porque en aquella tierra tenían amos a quien servían, e los tractaban mal" (Fernández, de Oviedo, 1945, xi, 82).

Las palabras de los informantes de Bobadilla reiteran la antigüedad de la presencia de su pueblo en Nicaragua: "no somos naturales de aquesta tierra e ha mucho tiempo que nuestros predecessores vinieron a ella". El otro dato, que desde luego debe tomarse en cuenta, se refiere al lugar de su antiguo origen: "es hacia donde se pone el sol".

Veamos ahora lo que, con apoyo en lo dicho por Torquemada y por los mismos nicaraos, han expresado varios investigadores, Walter Lehmann en su obra *Zentral-Amerika*, publicada en 1920, aceptó como cierta la información de Torquemada en el sentido de que los nicaraos eran una parcialidad de los grupos pipiles. Además el análisis de los múltiples términos nicaraos que se conservan lo movió a establecer una relación entre su idioma y el habla que consideró como una antigua variante, el náhuat, es decir aquel en que el fonema *tl* no existió.

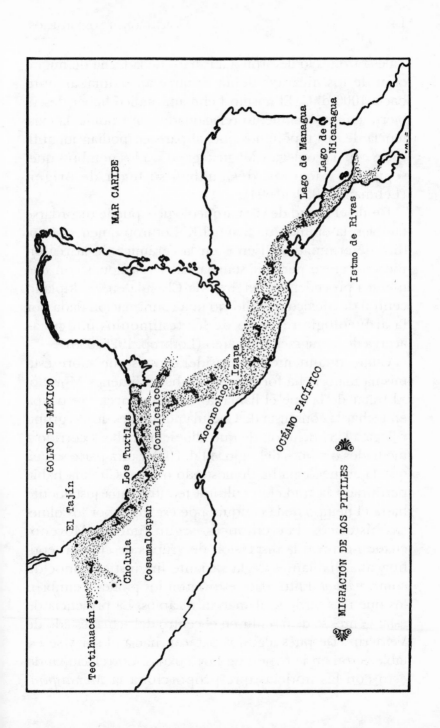

GOLFO DE MÉXICO

MAR CARIBE

OCÉANO PACÍFICO

Lago de Managua

Lago de Nicaragua

Istmo de Rivas

Izapa

Xoconochco

Comalcalco

Los Tuxtlas

Cosamaloapan

El Tajín

Cholula

Teotihuacán

MIGRACIÓN DE LOS PIPILES

Tales razones lo llevaron a afirmar que la fecha de migración de los nicaraos debía situarse aproximadamente hacia 1000 d. C. El mismo Lehmann indicó haber descubierto en un documento relacionado con Cholula la existencia de dos topónimos que, al parecer, podían identificarse con Tecomega y Maguatega, o sea los nombres que, según los nicaraos, designaban su lugar de origen (Lehmann, 1920, II, 694).

Desde el punto de vista arqueológico, puede recordarse también la opinión de Samuel K. Lothrop quien, al estudiar determinados diseños en la cerámica de la región nicarao, creyó percibir semejanzas y relaciones con elementos procedentes del área de Cholula en el altiplano central de México. En ello vio una confirmación dada por la arqueología respecto de los testimonios indígenas acerca de la migración nicarao (Lothrop, 1926, 398).

Citaré finalmente las consideraciones que sobre esta misma materia ha formulado Wigberto Jiménez Moreno. Al tratar de la que él llama la "tiranía olmeca", se ocupa en fechar la conquista de Cholula por gentes de ese grupo y llega a la conclusión de que ello debió haber ocurrido a mediados o a fines del siglo VIII d. C. Por otra parte señala que la arqueología ha demostrado que en Cholula había perdurado la tradición cultural teotihuacana justamente hasta el tiempo de la conquista de ese lugar por los olmecas históricos. Fue entonces, según Jiménez Moreno, cuando ocurrió la dispersión de grupos de cultura teotihuacana, hablantes de la variante lingüística conocida como *náhuat*. Entre ellos estuvieron los pipiles y también los que más tarde se llamarían nicaraos. La presencia de estas gentes se dejó sentir en el centro del actual estado de Veracruz. Después algunos pasaron hacia el sur y se establecieron en la región de Los Tuxtlas. Correlacionando esto con las noticias que proporciona la *Monarquía*

Indiana de Torquemada, señala Jiménez Moreno que precisamente los pipiles, *pipiltin* o nobles, de esos grupos, abandonaron luego el área veracruzana y se dirigieron a la región de Xoconochco. Acosados nuevamente allí, según el testimonio de Torquemada, por los olmecas, los pipiles hubieron de continuar su migración. Algunos se asentaron en Guatemala y El Salvador; otros pasaron a Honduras y a Nicaragua, y, en numero muy reducido, hasta Costa Rica y Panamá.

Dato digno de tomarse en cuenta es que, precisamente en muchos de los sitios a través de los que ocurrió la migración de los pipiles, se han encontrado objetos del tipo de las producciones del horizonte clásico de la zona cultural de El Tajín, las conocidas como "yugos" y "cabezas-hacha". Tales hallazgos han ocurrido en la región de Los Tuxtlas (sur de Veracruz), sitios del centro de Chiapas y área del Soconusco, Santa Lucia Cozamaloapan y otras localidades en la vertiente del Pacífico en Guatemala y El Salvador. Según el ya citado Jiménez Moreno, la coincidencia en la distribución de esos objetos con los lugares de presencia o paso de grupos pipiles constituye probablemente un indicador de la influencia cultural recibida por esas gentes de idioma *náhuat* durante su temprana estadía en El Tajín y en otros puntos del área central veracruzana.

Con respecto específicamente al área de los pipiles-nicaraos, Jiménez Moreno, atendiendo de nuevo a los datos incluidos en la *Monarquía Indiana*, llega a la siguiente conclusión:

> Según la narración de Torquemada, hacía siete u ocho vidas de "viejos muy viejos" —de aquéllos que hay que sacar al sol y tener algodones— de que tal migración hacia Centroamérica había ocurrido. Evidentemente, se trata de periodos de 104 años —llamados *huehuetiliztli*— y, en consecuencia, si esa tradición se

a   b

El estilo de estas dos figuras corresponde a la llamada tradición cultural pipil en su dispersión del centro de México hacia Centroamérica.

a) Figura "de brazos cruzados" procedente del oriente de Chiapas, según Carlos Navarrete ("Notas de la arqueología chiapaneca", *Revista Icach*, núm. 18).

b) Figura del estilo "de brazos cruzados" procedente de El Silencio (región de los lagos), Nicaragua, según Francis Richardson ("Non-Maya Monumental sculpture", *The Maya and their neighbors*).

recogió hacia 1580, habría que retroceder hasta 728 u 832 años antes de esa fecha, es decir, hasta los de 852 ó 748; el promedio entre ambos es 800, y por eso colocamos la migración pipil hacia esta última fecha, lo que coincide con el cómputo relativo al principio de la "tiranía olmeca" en Cholula, al cual nos referimos antes (1949-1077).

Así la migración de los nicaraos, a partir de Cholula, se habría iniciado hacia mediados o fines del siglo VIII d. C. Por lo que toca a las características culturales de este grupo, la tesis es que eran gentes de filiación teotihuacana, hasta cierto grado influidas por la cultura de El Tajín, y desde luego hablantes del *náhuat*.

Como puede verse, las principales interpretaciones que se han elaborado, con base en las fuentes históricas y arqueológicas acerca del origen de los nicaraos y de los otros grupos pipiles de Centroamérica, concuerdan en sostener que su antigua patria estuvo en la región central de México. Una diferencia principal cabe notar. Según Samuel K. Lothrop, la época en que ocurrió la partida de los pipiles-nicaraos ha de situarse al tiempo del ocaso de los toltecas de Tula, es decir, hacia fines del siglo XI d. C.

Lehmann, Jiménez Moreno y asimismo J. Eric S. Thompson —este último en un trabajo de reconocimiento arqueológico de la región de Cotzumalhua—, concuerdan entre sí al asignar una muy considerable antigüedad, tanto al momento de la migración de los nicaraos y pipiles en general como al establecimiento definitivo de ellos en distintos lugares de Centroamérica (Thompson, 1948).

Anne M. Chapman, en su ya citada obra, publicada en 1960, *Los nicaraos y los chorotegas según las fuentes históricas*, al ocuparse de la misma cuestión del origen de los nicaraos, acepta fundamentalmente el parecer de los tres autores que el grupo nicarao debió emigrar desde la región de Xoconochco nuevamente hacia el sur, cerca del año 800 d. C. Los nicaraos, dice, "llegaron a Nicaragua después de los chorotegas a quienes desplazaron hacia el sur" (Champan, 1968, 76).

La interpretación dada por Jiménez Moreno y otros en el sentido de computar "las siete u ocho vidas de viejos muy viejos", de que habla Torquemada, en términos de períodos de 104 años, o sea de varias *huehuetiliztli* o "vejeces", podría someterse a diversas consideraciones críticas. Sin embargo debe reconocerse que, por mucho que se reduzca el posible cómputo de las "siete u ocho vidas de viejos muy viejos" deberá asignarse al menos a la salida de los nicaraos una antigüedad superior a 500 años, sustraídos éstos de la fecha en que se consignó tal testimonio durante el último tercio del siglo XVI.

En resumen, sobre la base de los testimonios aducidos e igualmente tomando en cuenta las distintas interpretaciones de investigadores más recientes, es posible afirmar que la migración de los nicaraos y su establecimiento en el istmo de Rivas, tenían, al tiempo de la conquista, una muy considerable antigüedad. Como lo dijeron los informantes de fray Francisco de Bobadilla, "no somos naturales de aquesta tierra, e ha mucho tiempo que nuestros predecessores vinieron a ella..." Si tal cosa ocurrió desde fines del siglo VIII o tal vez hacia el siglo X d. C., es asunto que, por el momento, no parece posible dilucidar en definitiva.

En el libro *The Cultural Evolution of ancient Nahua Civilizations. The Pipil-Nicarao of Central America* (1989), William R. Fowler se plantea el tema de la época en que tuvo lugar la migración de este grupo. Tras discutir las hipótesis hasta ahora propuestas, así como los testimonios primarios acerca de esto, concluye afirmando que "la evidencia histórica lingüística y arqueológica indica que las migraciones nahuas a Centroamérica fueron una serie de movimientos de pueblos que ocurrieron desde cerca de 900 d.C. hasta tal vez cerca de 1350." (1989, 49).

De cualquier modo, la estancia de los nicaraos en esa región centroamericana —alejados casi dos mil kilómetros del altiplano central de México— había tenido ya larga duración cuando ocurrieron sus primeros contactos con los españoles. Y debe destacarse aquí de nuevo que precisamente los testimonios que vamos a analizar acerca de sus creencias religiosas provienen de fecha muy temprana, el año de 1528, o sea del momento de la entrada definitiva de los conquistadores. Tras haber precisado estos puntos, pasaré ya al estudio de los informes que recogió Bobadilla y de las noticias complementarias que aportó Fernández de Oviedo.

ANÁLISIS DE LOS TESTIMONIOS SOBRE
LAS CREENCIAS DE LOS NICARAOS

El examen de los testimonios recogidos por fray Francisco de Bobadilla supone, como algo previo, la reconstrucción de los cuestionarios y formas de procedimiento adoptadas por él en sus pesquisas. Ya se mencionó que, al trasladarse para este fin al pueblo de Teoca, llevó consigo a tres intérpretes, Luis Dávila. Francisco Ortiz y Francisco de Arcos. Estuvo acompañado igualmente por un escribano público, Bartolomé Pérez, el cual, así como los intérpretes —según lo consigna Fernández de Oviedo—, fueron previamente juramentados.

Estando ya en el pueblo de Teoca, en la jurisdicción de la Villa de Granada de Nicaragua, Bobadilla buscó a quienes serían sus informantes entre los indios "principales, ancianos, caciques y sacerdotes de los ídolos". Primeramente interrogó por separado a ocho personas diferentes. Los nombres y calidades de éstas fueron:

Chicoyatónal (la grafía correcta probablemente es Chicueiatónal), cacique.
Cípat (grafía correcta, Cipacti), anciano principal.
Misésboy (grafía sumamente adulterada que impide reconstruir su nombre), cacique.
Avagoaltegoan (Ahuacoaltecohuan), anciano.
Taçoteyda (probablemente: Tazoteuhti); "padre o sacerdote de aquellos descomulgados adoratorios".

Coyévet (probablemente: Coyéhuet), anciano "hombre de ochenta años o más".

Quiávit (Quiáhuit), hombre de treinta años, poco más o menos, señor del pueblo de Xoxoyta.

Aztochímal (probablemente Achtochímal). hombre de aproximadamente treinta años.

A las ocho personas nombradas propuso Bobadilla, una primera forma de cuestionario que, con algunas variantes fue respondido por cinco de ellas. Posteriormente, cambiando su modo de proceder, reunió a "trece caciques e principales e padres o sacerdotes de aquellos infernales templos... Estando todos éstos juntos, les hizo preguntas que, si bien abarcaban las que ya había formulado de manera individual a sus anteriores informantes, cubrían también otros temas. Finalmente, la pesquisa se amplió todavía más, como lo consigna Fernández de Oviedo:

> Desseando este padre reverendo quedar bien informado de las cosas de Nicaragua, é teniendo tan buen aparejo de lenguas para interpretar y entender los indios; é teniendo juntos algunos caçiques é indios prinçipales é viejos, quiso saber qué manera tenían en su matrimonios y en otras cosas...

Tal fue la forma como procedió Bobadilla en los interrogatorios que hizo, auxiliado siempre por sus intérpretes y por el escribano que iba consignando las respuestas. El análisis de las preguntas mas sistemáticas —o sea las primeras, hechas individualmente— permite reconstruir los cuestionarios de que se sirvió. Por lo que toca a los ocho primeros indios con los que hablo a solas, los temas fueron estos:

1. ¿Eres cristiano? ¿Piensas que es bueno serlo?
2. ¿Quién creó el cielo y la tierra y los hombres y todas las cosas? En relación con esta pregunta, Bobadilla propuso en algunas ocasiones otros puntos con el fin de precisar mejor el tema de los dioses creadores.

3. ¿Se ha perdido el mundo, o ha dejado de existir alguna vez después de que fue hecho? Probablemente esta pregunta llevaba consigo el intento de descubrir cualquier tradición relacionada con el "diluvio universal". Como se verá, los informantes respondieron en términos de sus creencias acerca de los soles o edades que habían existido.

4. ¿Cómo sabes lo que has dicho? La cuestión se dirigía a inquirir sobre la posible existencia de libros de pinturas e igualmente de sacerdotes dedicados a la enseñanza en los templos indígenas.

5. ¿Qué sabes sobre lo que ocurre y hay después de la muerte? En este punto la cuestión se amplió en algunos casos para precisar creencias sobre la inmortalidad y los lugares o destinos adonde se pensaba que iban los muertos.

Aunque algunos de los nicaraos interrogados se rehusaron a responder, quienes, en cambio, lo hicieron, revelaron, con algunas variantes, tradiciones de sumo interés tocantes a sus antiguas creencias. Las preguntas que formuló luego el mismo Bobadilla a los "trece caciques e principales o padres o sacerdotes de aquellos infernales templos", y luego a otro grupo de indios, comprenden otros puntos que suponen la intención de enriquecer la información ya obtenida. Así, a los trece indígenas, ancianos y sacerdotes, dirigió el fraile el siguiente cuestionario:

1. ¿De donde y cuando habían venido sus antepasados a tierras de Nicaragua?

2. ¿En quién creen y a quién adoran? Esta pregunta corresponde en cierto modo a la segunda cuestión que había formulado de manera individual a sus anteriores informantes. En el caso presente la respuesta abarcó otros puntos.

3. ¿Qué formas de adoración y sacrificio se practican? También aquí se atendió a muchos detalles no tratados anteriormente. De hecho, en relación con ésta y la anterior cuestión, afloraron los nombres de otros dioses no mencionados hasta ese momento.

4. ¿Ha habido algún contacto anterior con gente como los cristianos? Se discutió también la conveniencia de la conversión.

5. ¿Qué se cree y se hace cuando alguien muere? Aunque con mayor amplitud, esta pregunta guarda relación con la número 5, formulada antes por el mismo Bobadilla de manera individual a los otros ocho caciques y ancianos.

6. Hay una última cuestión, poco precisa, acerca del provecho que puede derivarse de colocar cruces, y sobre los motivos que tienen para hacer y venerar las figuras de sus ídolos.

Tras de interrogar colectivamente a ese grupo de trece personas, quiso Bobadilla proseguir aún su pesquisa. Conversó así, a través de sus intérpretes, con otros también ancianos, principales y caciques, sin que se precise su número o nombres, para tratar con ellos de sus matrimonios y otras costumbres. A diferencia de los casos anteriores (los ocho interrogados individualmente y luego el grupo de trece), el fraile procedió ahora de manera más informal. En esta última ocasión llegaron a tratarse asuntos menos directamente relacionados con el propósito original de fray Francisco. Un análisis de este dialogo permite destacar los siguientes puntos:

1. ¿Qué manera tenían en sus matrimonios? Al tratar de las fiestas que entonces se hacían, salieron a colación los perrillos que se servían a modo de manjar y se mencionó asimismo que, para sufragar los gastos de la boda, se valían de semillas de cacao como monedas. Se habló igualmente de las dotes e incluso se repitieron algunas palabras, dichas por los padres de los desposados, a modo de consejos.

2. ¿Se puede tener más de una mujer? Esta pregunta dio lugar a otras referentes al adulterio y la posibilidad de matrimonios entre parientes. El tema de los castigos a quienes infringían lo establecido, abrió el camino para tratar de lo que hoy llamamos administración de justicia.

3. ¿Tenéis justicia que castigue los delitos? Esto a propósito de homicidios, hurtos, sodomías, prostitución y violaciones.

4. Hay luego una pregunta relacionada con la pobreza y la esclavitud. De aquí se pasó libremente al tema de la alimentación y

a la cuestión de por qué comían a veces carne humana. Volviendo a la justicia y el gobierno, surgió la cuestión siguiente:

5. ¿Tenéis casa de cabildo donde os juntéis? Se hablo también de quiénes eran los caciques y de las "casas de cabildo", llamadas galpón (*calpon*, en probable relación con los *calpulli*). De aquí se pasó a otras cosas que había visto Bobadilla y que sin duda tenía por supersticiosas.

6. ¿Las piedras que tenéis puestas en los caminos, e cuando pasáis les echáis yerbas, a qué propósito es aquéllo? Al mencionarse entonces el nombre de un dios, el fraile preguntó acerca de la existencia de otros, y luego de las fiestas que en su honor se hacían. Esto lo llevó, de manera imprevisible, al tema del calendario y de las medidas del tiempo.

7. Entonces versó el diálogo sobre los nombres de los días del calendario y de las divisiones del año, con algunos ritos que debían practicarse en determinados momentos.

8. Nuevas preguntas sobre otras cosas que había contemplado el fraile: ¿Qué eran esos montones de tierra delante de los templos? ¿Para qué servían los hacinamientos de leña? La conversación llevó a mencionar los lugares donde dormían los jóvenes guerreros y dio así ocasión a otras preguntas.

9. ¿Cuáles son las causas de las guerras? ¿Quién manda a la gente cuando hay que pelear? ¿Cómo se reparten los despojos de la guerra? Una vez más se volvió a tocar el asunto de los sacrificios humanos a propósito de los cautivos hechos en batalla. Las formas de servir a los señores, en la guerra y fuera de ella, fueron materia de otra pregunta.

10. Al cacique ¿qué le dan o qué le sirven? En seguida se habló de temas como el de la existencia de mendigos y de los precios establecidos para diversos objetos y la organización del tianguis o mercado. Las siguientes preguntas, más o menos hilvanadas, a lo largo del diálogo fueron éstas:

11. ¿Cómo no tenéis vosotros la cabeza de la hechura que los cristianos? (Alusión a ciertas maneras de deformación del cráneo practicadas por los nicaraos.)

12. Si hay dos días en las cuentas del calendario con los nombres de *mázat*, "venado" y *toste* (*tochtli*), "conejo", ¿esos animales son dioses e los adoráis, cómo o por qué los coméis?

13. Hay otra pregunta relacionada con el dios de la lluvia, Quiatéot.

14. ¿Por qué andáis desnudos pues os podríais vestir porque tenéis mucho algodón y muy bueno?

15. ¿Es verdad que hay entre vosotros el que, mirando algunas personas a otras, las matan? ("el mal de ojo").

16. Cuando alguno de vosotros hace alguna cosa mal hecha, ¿decíslo a los padres de vuestros templos o pedís perdón a vuestros teotes...? (Teotes aparece como corrupción de *teteo*, plural de *teot*, "dios".) Esta pregunta se amplió considerablemente a lo largo de la conversación. Tras hablar de los sacerdotes con quienes se hacía esa especie de "confesión", se pasó a la ultima cuestión:

17. ¿Esos templos tenían renta o algunos derechos e propios, e los que sacrifican son de vuestros parientes o vosotros?

Tales fueron los puntos principales que, en forma más o menos espontánea, constituyeron el tema del ultimo dialogo entre Bobadilla y un grupo de ancianos, caciques y sacerdotes nicaraos. Como puede verse por el análisis de las preguntas formuladas en esa conversación, y asimismo de los cuestionarios mas sistemáticos propuestos individualmente a ocho personas, y de manera colectiva al otro grupo de trece indígenas, Bobadilla tocó de hecho en su pesquisa temas de suma importancia. Las noticias que, por su parte, allegó por ese mismo tiempo Fernández de Oviedo en Nicaragua complementan —como habremos de verlo—, algunos de esos puntos tan estrechamente relacionados con las creencias y practicas religiosas de los mismos nativos.

De acuerdo con el plan enunciado, analizaré a continuación los informes y respuestas dadas por los nicaraos para compararlas primeramente entre sí y después hacer su confrontación con los testimonios que conocemos sobre materias afines, de los otros grupos nahuas del altiplano central de México.

LAS CREENCIAS DE LOS NICARAOS A TRAVÉS DE SUS RESPUESTAS A BOBADILLA

En función de los cuestionarios ya analizados obtuvo su información Bobadilla. Su trabajo, sin embargo, no careció de dificultades. Debe recordarse el hecho de que algunos de los indígenas interrogados se rehusaron a responder. Tal fue el caso del cacique Chicoyatónal que "a todo respondió que no sabía nada de aquello". De modo parecido reaccionó el anciano principal Cípat, el cual cerrándose a cualquier cuestión, se limitó a manifestar que no quería ser cristiano (Bobadilla en Fernández, de Oviedo, 1945, XI, 71). Otro cacique, señor del pueblo de Xoxoyta, de nombre Quiavit, dijo desconocer quién había creado todas las cosas así como a qué lugar iban los hombres después de muertos. Aceptó al menos ser bautizado y recibió como nombre de cristiano el mismo del fraile o sea Francisco de Bobadilla.

Cinco fueron, en cambio, los nicaraos que, en forma individual, respondieron, con distintos grados de precisión, a las cuestiones que les planteó el religioso mercedario. Asimismo obtuvo éste abundante información cuando habló luego colectivamente con el grupo de trece caciques, principales y sacerdotes indígenas, a los que formuló preguntas parecidas y también otras de alcances más amplios.

La primera cuestión, si el informante era o no cristiano y si es que quería serlo, obtuvo contestaciones distintas. Como en el caso del ya citado anciano Cípat, también el sacerdote Taçoteyda, que aceptó someterse al interrogatorio completo, dio una primera respuesta abiertamente negativa. Con pocas palabras dijo que a su edad no veía razón alguna para hacerse cristiano. En todo caso los caciques, para dar gusto a los conquistadores, podrían convertirse. "Yo soy viejo —manifestó— e no soy cacique para ser christiano" (1945, XI, 80).

Una actitud diferente expresó el cacique nombrado Misésboy: "dixo que era christiano y que le echaron agua sobre la cabeza pero que no se acordaba del nombre que le pusieron". Avagoaltegoan, también cacique, "dixo que era christiano e que se llama don Francisco". Manifestó igualmente que era bueno ser cristiano porque le habían dicho que si moría así iba al paraíso, y sí, en cambio, no lo era, sería enviado al infierno con el diablo. Coyévet, anciano "de ochenta años o más", "dixo que sí, que agua le avían echado en la cabeza pero que no le pusieron nombre ni se acordaba dél". Finalmente el grupo de nicaraos que fueron preguntados de manera colectiva aceptó que era bueno ser bautizado ya que con el agua echada sobre la cabeza se lavaba el corazón (1945, XI, 87).

Respecto de la segunda pregunta, "¿quién creó el cielo e la tierra?", las respuestas dadas individual y colectivamente concordaron en lo esencial. Los ancianos Misésboy y Avagoaltegoan, al igual que el sacerdote Taçoteyda, el anciano Coyévet, el joven Astochímal, y después el grupo de los otros trece nativos, afirmaron que sus dioses creadores eran Tamagástad y Cipactónal. Como datos complementarios, Misésboy añadió a los nombres de Tamagástad y Cipactónal, los de Oxomogo, Chalchitguegue y Chicociágat. Dijo no saber dónde vivían pero que los tenían por sus dioses mayores, a quienes llamaban *teotes*. El cacique Avagoaltegoan sostuvo que Tamagástad era hombre y Cipattónal su mujer. El anciano sacerdote Taçoteyda precisó que sus dioses estaban por donde sale el sol y que, cuando los imploraban, acudían en su auxilio. Antiguamente —añadió Taçoteyda— solían venir y hablaban con los hombres; pero ya no vienen. Astochímal manifestó que sus dioses estaban arriba dentro del cielo y que no sabía si eran de carne o de qué pudieran ser.

Por su parte, el grupo de los trece, además de afirmar que adoraban a Tamagástad y Cipattónal, hizo también referencia a quien envía la lluvia, Quiatéot. De él se dijo entonces que "tiene padre e madre, y el padre se llama Omeyateite e la madre Omeyatecígoat; y éstos están en cabo del mundo, donde sale el sol en el cielo"(XI, 82). Preguntados luego si Tamagastad y Cipattónal fueron quienes crearon a los padres de Quiatéot, o sea a la pareja de dioses ya mencionada, la respuesta fue que "no los crearon, questo del agua [del dios de la lluvia] era otra cosa e no sabemos más desto" (XI, 83).

El tercer punto en el cuestionario de Bobadilla fue, como ya hemos visto: ¿Se ha perdido el mundo, o ha dejado de existir alguna vez después de que fue hecho? Según lo insinuamos, probablemente esta pregunta se dirigía a descubrir posibles tradiciones acerca del "diluvio universal". Analizando y comparando entre sí las respuestas dadas, se percibe que los nicaraos entendieron esta cuestión dentro del contexto de sus creencias acerca de otras edades que habían existido. De hecho los caciques Misésboy y Avagoaltegoan, el anciano Coyévet y el joven Astochímal, así como el grupo de los trece indígenas, concordaron en afirmar que, de un modo o de otro, "antes que hobiese esta generación que hay agora [es decir la de los actuales seres humanos] se perdió el mundo…(XI, 78).

Varios de los informantes —tal vez inducidos por la forma de preguntar del fraile— aceptaron que "el mundo se había perdido por agua". Tal fue lo que manifestaron Misésboy, Avagoaltegoan y el anciano Coyévet. Significativo es, en cambio, lo que respondió el joven Astochímal: "mis padres me dixeron que se había perdido: pero no sé si por agua ni por fuego ni como se perdió" (XI, 81).

Es también interesante que el anciano sacerdote Taçoteyda, que respondió a otras de las preguntas, se limitara a
decir en este punto: "no lo sé: pero si otros lo han dicho,
ellos lo sabrán, que yo no lo sé" (xi, 78).

A propósito de la cuarta pregunta, ¿cómo sabes lo que
has dicho?, cabe suponer que la intención del fraile fue
inquirir sobre la existencia de libros de pinturas e igualmente acerca de las actividades de los sacerdotes dedicados a enseñar sus tradiciones y a practicar asimismo
diversas formas de ritos y sacrificios. En cuanto al asunto
de los códices o libros de pinturas, los ancianos Avagoaltegoan y Coyévet negaron expresamente que los hubiera.
En los otros casos no se hizo explícito este punto, si se
exceptúa la alusión en el diálogo más informal que tuvo
Bobadilla con otros nicaraos en la última parte de su
pesquisa. Entonces, como lo veremos con más detenimiento, se habló de las fiestas y sistemas calendáricos y se
mencionó en detalle cuáles eran los nombres de todos los
signos de los días. Por su parte, el cronista Fernández de
Oviedo en el capitulo i del libro en que incluyó los informes de Bobadilla, haciendo referencia a lo que pudo contemplar durante su estancia en Nicaragua, escribió acerca
de los que hoy llamamos códices indígenas:

> Tenían libros de pergaminos que haçían de los cueros de
> venados tan anchos como una mano o más, é tan luengos como
> diez o doce passos, é más é menos, que se encogían é doblaban é
> resumían en el tamaño é grandeça de una mano por sus dobleçes
> uno contra otro, a manera de reclamo; y en aquestos tenían
> pintados sus carácteres ó figuras de tinta roxa ó negra, de tal mane-
> ra que aunque no eran letura ni escriptura, significaban é se enten-
> dían por ellas todo lo que querían muy claramente; y en estos tales
> libros tenían pintados sus términos y heredamientos, é lo que más
> les pareçía que debía estar figurado, assi como los caminos, los
> ríos, los montes e boscages é lo demás, para los tiempos de
> contienda e pleyto determinarlos por allí, con paresçer de los
> viejos, *guegues* (que tanto quiere deçir *guegue* como viejo) (xi, 65).

Puede sospecharse que la contestación negativa dada antes a Bobadilla debe atribuirse al obvio temor de tener que entregar los antiguos libros, en el caso de manifestar su existencia. Lo referente a la actuación y enseñanzas de los sacerdotes nativos se dio a conocer al menos parcialmente. Así, el cacique Misésboy respondió que cuanto había dicho "sábenlo los padres de las casas de oración o templos que tenemos é todos los ancianos" (XI, 84). Avagoaltegoan manifestó que "assi nos lo dixeron nuestros padres... y que por igual manera lo ha comunicado a sus hijos para que no se pierda la memoria..." Astochímal invocó también la autoridad de sus padres y antepasados. Finalmente, el grupo de los trece ancianos, caciques y sacerdotes, hablando de esto con mayor amplitud, insistió en que los sacerdotes de sus dioses que están en los templos y oratorios, son los que saben y enseñan acerca de estas cosas. Ellos —como lo habían mencionado también los otros— practicaban los distintos ritos: hacían rogativas para pedir agua y salud, dirigían las fiestas, hacían sacrificios de gentes, "esclavos o de los que tomamos en las guerras". Igualmente ofrecían gallinas, pescado, maíz... Y al hablar de determinadas formas de autosacrificio, como las de sajar la lengua y otras partes del cuerpo, aludieron a otro dios no nombrado hasta entonces, el que "se dice Mixcoa", que debe ser invocado "quando habemos de yr a comprar o vender o contractar..." (XI, 86).

En la información dada acerca de los sacrificios practicados por los sacerdotes, debe incluirse lo que asimismo expresaron algunos de los cinco nicaraos interrogados individualmente sobre varias formas de culto a sus dioses creadores Tamagástad e Cipattónal. El cacique Misésboy había dicho que "cuando tenemos guerra es para darles [a los dioses] de la sangre de los indios que se matan o toman en ella, y échase la sangre para arriba é abaxo é a los lados é por todas partes; porque no sabemos en quál de las partes están, ni tampoco sé si comen o no la sangre" (XI, 72). El sacerdote Taçoteyda había manifestado por su parte: "Oí decir a mis passados que comían sangre [los teotes o dioses] é coraçones de los hombres é de algunos páxaros é les daban sahumerios de la tea é recina, é que esto es lo que comen" (XI, 77). Y también Astochímal, el nicarao de aproximadamente treinta años de edad, había dicho: [los teotes comen] "gallinas e mahiz e todo lo que quieren". Pero en cambio, al ser preguntado si "¿comen sangre e coraçones de los indios?", respondió "no lo sé, ni lo he oydo" (XI, 81).

Finalmente, la quinta y última pregunta que propuso Bobadilla a sus informantes de manera individual y colectiva, se dirigió a descubrir sus creencias respecto de la muerte y el más allá: "¿qué sabes sobre lo que ocurre y hay después de la muerte?" En esta materia las respuestas dadas ofrecieron relativamente pocas variantes y fueron de hecho revelación de arraigadas creencias.

Las palabras del viejo sacerdote Taçoteyda resumen adecuadamente lo que se dijo acerca de dónde iban al morir. "Van debaxo de la tierra, y los que mueren en la guerra, de los que han vivido bien, van arriba, donde están Tamagástad e Cipattónal." Y explicando esto último, añadió: "donde el sol sale, llamamos nosotros arriba" (XI,78). Un dato complementario lo encontramos en la respuesta del cacique Avagoaltegoan acerca de lo que significaba ir a los rumbos inferiores: "abaxo, a una tierra que se llama Miqtantéot..." (XI, 76).

Lo dicho de que quienes morían podían ir bien sea a esa región bajo tierra, de Miqtantéot, o a "dónde el sol sale", dio origen a esta otra cuestión: "¿qué sobrevive cuando el cuerpo del hombre muere?" La respuesta, en la que todos igualmente coincidieron, fue que "en murien-

do, sale por la boca una como persona que se dice *yulio*...
e allá está como una persona é no muere allá y el cuerpo
se queda acá" (XI, 76).

Dado que en ésta y en las otras respuestas la palabra
yulio se entendió, según lo hizo notar el intérprete, con el
sentido de "corazón", correspondió al sacerdote Taçoteyda dar nueva explicación: "No va el corazón, más va
aquello que les hace a ellos estar viviendo [el *yulio*] e ydo
aquello, se queda el cuerpo muerto". Y, coincidiendo
plenamente con tal comentario, dijo también Astochímal:
"No va el coraçón sino aquello que acá los tiene vivos, y el
aire que les sale por la boca, que llaman *yulio*".

Debe notarse que, quizá inducidos también por la forma de preguntar del fraile Bobadilla, algunos de los
informantes, como el mencionado Astochímal, el cacique
Avagoaltegoan y el grupo de los trece interrogados colectivamente, aceptaron que el ir a la región bajo tierra, de
Miqtantéot, o a "donde sale el sol", podía depender del
comportamiento que se había tenido, durante la vida:
"*yulio* del bueno va arriba con los dioses, é la del malo va
debaxo de la tierra", dijo Astochímal. Y el grupo de los trece comentó: "Si ha vivido bien, va el *yulio* arriba con nuestros dioses, é si ha vivido mal, allí muere é peresçe con el
cuerpo y no hay más memoria dél" (XI, 88).

Otra cuestión, de sumo interés, surgió de manera exclu-
siva en la conversación tenida con el cacique Misésboy.
Versó ésta sobre el punto de si "¿ha tornado alguno de
allá?" La respuesta fue: "No sé más, sino que los niños que
mueren antes que coman mahíz o que dexen de mamar,
han de resucitar o tornar a casa de sus padres, é sus padres los conoscerán é cuidarán; é los viejos que mueren,
no han de tornar ni resucitar" (XI, 73). Las palabras de
Misésboy, afirmando esta peculiar manera de reencarnación, avivaron la curiosidad del fraile que, con un sentido

de filósofo escolástico, inclinado a argumentar, amplió su inquisición: "Si los padres mueren antes que tornen los hijos, cómo los podrán ver ni criar ni conocer?" La nueva respuesta de Misésboy, que debió sentirse sorprendido por tanta argucia, fue la siguiente: "Si fueren muertos los padres, perderse han los niños o no... No sé más de lo que he dicho; y esto así me lo contaron mis padres, é pienso que assí debe ser."

En el caso del interrogatorio al grupo de los trece nicaraos, además de tratar de los ritos funerarios, como la cremación y el recogimiento de las cenizas que se colocaban en una olla, hubo una cuestión que vino a evocar el recuerdo de otras creencias. "¿Al tiempo de la muerte —preguntó Bobadilla— ven visiones estos vuestros indios e otras cosas?" La contestación fue: "Quando se quieren morir ven visiones é personas é culebras é lagartos é otras cosas temerosas, de que se espantan é han mucho miedo..." (XI, 88).

Además de las cinco preguntas respondidas en forma individual y también por el grupo de los trece nicaraos, hubo, como ya se dijo, otras dirigidas al conjunto, más amplio, de indios principales. A los "trece" había interrogado asimismo acerca del origen y tiempo de la venida de sus antepasados a tierras de Nicaragua. La respuesta obtenida entonces ya la he analizado al tratar precismente de esa materia en páginas anteriores. Atenderé ahora, en consecuencia, al diálogo que, de modo mas informal, se desarrolló con el conjunto de ancianos, principales y caciques, cuyos nombres y número no precisan ni Bobadilla ni Fernández de Oviedo.

Se ha visto, a través del análisis de este diálogo, que en él se discutieron puntos estrechamente relacionados con las creencias y prácticas religiosas nicaraos. Siguiendo el orden de las varias cuestiones que allí se tocaron, corresponde atender a las formas de celebrar los matrimonios. Esquemáticamente la respuesta dada comprende los siguientes aspectos:

El padre del joven que va a casarse intervenía para solicitar a su futura nuera. Al obtener una respuesta favorable se hacía un banquete en el que se servían pavos y asimismo perrillos, a los que en el texto se nombra *xulos* castellanización del vocablo *xúlot* o *xólot*.

Al celebrarse la boda, se preguntaba al padre o a la madre de la novia si ésta era virgen. En caso de engaño el marido quedaba en libertad de abandonarla. Si se hacía saber que no era virgen, y el novio la aceptaba así, el problema desaparecía y en muchos casos esto era motivo de satisfacción ya que "muchos hay que quieren las corrompidas que no las vírgenes" (XI, 190).

Era costumbre la dote que consistía en la entrega de diversos frutos y de otros bienes que, simultáneamente, aportaban los padres del novio y de la novia.

En la ceremonia del matrimonio el cacique tomaba a los novios por los dedos meñiques de la mano izquierda y los introducía en una pequeña habitación. Las palabras que pronunciaba eran éstas: "Mirad que seays bien casados, é que miréys bien por vuestra hacienda é que siempre la aumentéys y no la dexéys perder". Dentro de esa habitación quedaban los novios con un fuego pequeño y allí se estaban, viéndose el uno al otro, hasta que la lumbre se extinguía. Acabado el fuego, "quedan casados e ponen en efetto lo demás". Al día siguiente se reunían los parientes para comer y hacer fiesta.

La segunda cuestión de que se habló en el diálogo versó sobre si podían tener más de una mujer. La respuesta fue que tan sólo una podía ser la esposa legítima. A ésta, según dijeron, no la podían abandonar, excepto en el caso de que fuera adúltera. Por otra parte se añadió que, "algunos tenían otras [mujeres], que son de sus esclavas... más aquellas tales no son sus mujeres..." En relación con esta materia se afirmó que a los adúlteros se les daba de palos, pero no se les privaba de la vida. Respecto de los grados de parentesco que podían ser impedimento para celebrar matrimonio, la contestación fue que no podían casarse con su madre, ni con sus hijas ni hermanas. "Pero con todas las otras, de cualquier grado que sean de nuestro linaje, podemos casar porque el parentesco esté más junto" (XI, 91). Sólo en el caso particular de que alguno tuviera relaciones con la hija de su amo o señor, se aplicaba la pena de muerte.

En este contexto debe aducirse la información que, sobre estas materias, allegó por cuenta propia y transcribió Fernández de Oviedo en su *Historia general y natural de las Indias*. Según pudo él percatarse, entre los nicaraos, "comúnmente cada uno tiene una sola mujer, é pocos son los que tienen más, exçepto los principales o el que puede dar de comer a más mujeres; é los caçiques quantas quieren" (XI, 92).

Hace constar también Fernández de Oviedo que había visto "mugeres públicas que ganan e se conçeden a quienes quieren por diez almendras de cacao, de las que se ha dicho ques su moneda" (XI, 67). Reflexionando luego sobre si era de tolerarse o no dicha costumbre, ofrece otro dato de interés, y escribe: "por escusar otros daños menores no me paresce mal que las halla entre aquesta gente, pues que hay cuylones, que *cuylon* llaman al sodomita" (XI, 184).

Otros usos, que le parecen en extremo condenables, menciona luego el mismo Oviedo: había fiestas en las que, cuando el regocijo llegaba a su máximo, las mujeres casadas podían acostarse con quien les viniera en gana. No era raro también que las jóvenes, antes de contraer matrimonio, se convirtieran en mancebas de aquellos que las cortejaban. En algunos casos tal situación podía ser un antecedente del matrimonio pero en otros, disuelto tal vínculo transitorio, la muchacha se casaba con un nuevo pretendiente (XI, 185-186).

Volviendo ahora al diálogo de Bobadilla con el grupo de nicaraos, encontramos que la conversación versó ya sobre un asunto distinto: el de las formas de justicia que había entre ellos y cómo se castigaban los delitos. Los informantes no se expresaron claramente acerca de la existencia de jueces o personas dedicadas a sancionar las transgresiones. Enumeraron al menos una serie de casos en los que, al parecer, incluso los mismos particulares podían castigar a los infractores. Así, por ejemplo, al ladrón teníanlo atado hasta que pagara aquello que hurtó. Y si éste no podía satisfacer su deuda, era convertido en esclavo a modo de compensación. A los ladrones, una vez liberados, se les cortaba el pelo para que así, mientras éste volvía a crecerles, todos pudieran enterarse de que había cometido un delito. En relación con los *cuylones* o sodomitas se dijo que a veces los muchachos los apedreaban y les hacían mal y los injuriaban. Si alguien forzaba a alguna mujer en el campo, y ésta daba voces, tomaban al fornicario y teníanlo atado varios días hasta que compensara o contentara a los padres de la joven. Si no lograba esto, quedaría por esclavo en la familia.

Fernández de Oviedo, contrariando hasta cierto punto lo que habían dicho los informantes de Bobadilla, sostiene que sí había entre los nicaros personas que tenían a su cargo la administración de justicia. Específicamente habla de ellas a propósito de los "tiangues" o mercados. Los consejos de principales nombraban "alcaldes e absolutos

gobernadores dentro de las plaças para no consentir fuer-
ça ni mala medida... e castigaban sin remisión alguna a los
transgresores de sus órdenes e costumbres..." (XI, 187).

En el diálogo de Bobadilla se trató en seguida, aunque
brevemente, acerca de la esclavitud. El fraile había preguntado: ¿"Quando alguno viene a pobreça, qué haçe o
de qué se sostiene? La respuesta de los nicaraos fue que,
en tal situación, "acaesçe que vendan los padres a los
hijos, é aun cada uno se puede vender a sí proprio si
quiere é por lo que quisiere..." (XI, 93). Sin embargo,
como en seguida se notó, era posible rescatar a los
esclavos, siempre que el dueño de los mismos estuviera de
acuerdo. El mismo fraile, pensando probablemente en
que los tales esclavos podían ser sacrificados, preguntó
entonces si comían su carne a falta de manjares o por qué
otra causa. La respuesta fue "ques presçioso manjar entre
nosotros", y que tal cosa constituía una ceremonia. Y a
propósito de las cabezas o cráneos de los sacrificados
añadieron entonces que "pónense en unos palos que
están fronteros de los adoratorios é templos" (XI, 93).

De especial interés son los siguientes testimonios de los
nicaraos acerca de la cuestión que les planteó Bobadilla
sobre si tenían "casa de cabildo" para juntarse en ella y
discutir asuntos en forma mancomunada. Tales reuniones,
según el mercedario creyó haberlo oído, recibían el nombre de *monexicos* [*monechicoa:* reunirse]. Los indios afirmaron que sí tenían dichas casas a las que llamaban galpón
[*calpon*], y que a ellas convocaban al pueblo los caciques
[llamados en su lengua teytes], para proponer determinadas necesidades y pedir la cooperación de todos. El cronista Oviedo, comentando este punto, nota: "Segund yo vi
muchos soportales en las plaças de aquella tierra, é aquellos, aunque juntos, es para tener sus divisiones é son apartados cada uno para sí, en los quales, en cada uno, hay un

principal con cierto número de gente, que siempre están allí en guarda del señor principal é cada portal de aquellos llaman galpón" (xɪ, 94). Previamente el cronista, en el capitulo ɪ del mismo libro ɪv, Tercera parte, de su *Historia*, se había ocupado ya de los que llamó "los cabildos de indígenas":

> En algunas partes hay señores o prínçipes de mucho estado o gente, assimesmo el caçique de Teocatega y el de Mistega, y el de Nicaragua y el de Nicoya é otros tienen vassallos prinçipales é cavalleros (digo varones, que son cabeçeras de provinçias o pueblos con señorío por sí con vassallos), a los cuales llaman *galpones:* é aquellos acompañan é guardan la persona del prínçipe ordinariamente, é son sus cortesanos e capitanes: é son muy acatados los señores e sus principales...(xɪ, 67).

El mismo Oviedo habla en el capítulo xɪɪɪ del citado libro acerca del contacto personal que tuvo con el cacique Agateyte de Tecoatega, precisamente "un jueves, dos días de enero de mill e quinientos e veyte e ocho años". Describe allí cómo era la gran plaza del pueblo y los distintos edificios y construcciones que en ella había. Para mayor claridad incluyó en su obra un dibujo esquemático donde se muestra aquello que en el texto se menciona. Cuanto pudo él contemplar en la plaza, y de modo especial la actuación del cacique Agateyte, fue objeto de una pormenorizada relación incluida también en su obra. En ella destaca sobre todo en qué consistían las preeminencias y las formas de actuar de quien era tenido como jefe supremo del *calpon*.

Tornando al diálogo de Bobadilla con sus informantes, encontramos que en él se habló luego de algo que había visto el fraile y que tuvo por supersticioso: las piedras puestas en los caminos sobre las que los indios arrojaban yerbas cuando pasaban delante de ellas. La respuesta fue que: "haçiendo assi, no nos cansamos ni tenemos hambre…" (XI, 94). Salió entonces a colación el nombre del que llamaban "dios del hambre", *Bistéot* [probablemente *Apiztéot*, palabra que en el náhuatl de la región central, significa "glotón"].

Haber aludido a ese dios, dio ocasión de inquirir sobre la existencia de otras deidades. Los nicaraos mencionaron entonces al dios del aire, cuyo nombre era *Chiquináut* y *Hécat*.

Prosiguiendo con el tema de las creencias y prácticas religiosas, Bobadilla habló de "aquellas onçe fiestas, que deçis que tenéys cada año". Y preguntó entonces: "¿Qué fiesta o solemnidad haçéys a tales días?" Los nicaraos contestaron con poca precisión diciendo que entonces no trabajaban y que podían beber hasta embriagarse. También afirmaron que en esas fiestas particulares se apartaban de sus mujeres, "porque aquellos días son dedicados a nuestros dioses".

Un asunto extremadamente importante surgió entonces en el diálogo. Bobadilla preguntó: "¿Qué dioses son aquessos? ¿Cómo se llaman por sus nombres propios?" La respuesta vino a ser la revelación de los nombres de los días en sus cuentas calendáricas. Los nicaraos dijeron:

> Llámanse los de las fiestas desta manera: Ágat, Oçelot, Oate, Coscagoate, Olin, Tapécat, Quiauit, Sóchit, Çipat, Ácat, Cali, Quéspal, Cóat, Misiste, Máçat, Toste, At, Izquindi, Oçomate, Malínal, Acato. Estos días son nuestras fiestas como vosotros los christianos tenéys lo domingos, y estos días repartimos en un año (XI, 95).

El fraile inquirió luego acerca del número de días que tenía el año entre los indios. La contestación, en la que tal vez existió un propósito de ocultar lo que sabían, si no es que no alcanzó a ser bien comprendida por el intérprete, fue que el año "tiene diez cempoales, cada cempoal es veinte días, y ésta es nuestra cuenta é no por lunas".

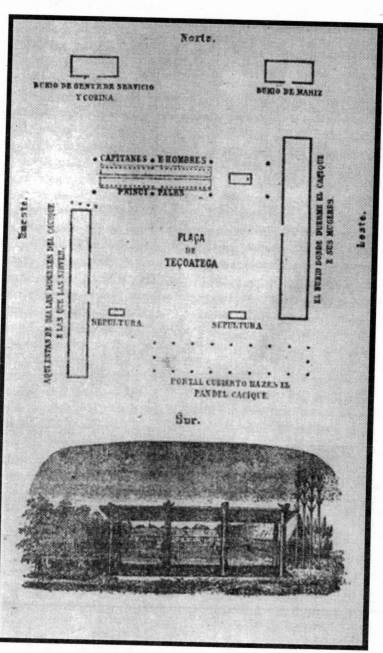

Plano y elevación de Tecoatega (Oviedo, t. xi, lám. iv).

Nuevas preguntas sobre asuntos más o menos relacionados llevaron a los nicaraos a sostener que ellos no practicaban ayunos en días determinados. Y hablando luego de algunas de las edificaciones en sus plazas, delante de los templos, dijeron que esas construcciones con escaloncillos para subir hasta lo más alto de ellas, llamábanse *tézcuit* (*techcatl*) y que allí hacían sus sacerdotes, los llamados *tamagast*, los sacrificios de hombres. Respecto de las hacinas o montones grandes de leña, que estaban apilados en las plazas de los templos, añadieron que eran para que se alumbraran los sacerdotes dedicados al culto de los dioses. Y, dando fin a esta materia, mencionaron que en los portales del *galpón* o casa de cabildo, duermen los mancebos solteros, dispuestos siempre para salir a combatir en caso de guerra.

Volviendo al tema de los dioses, preguntó Bobadilla cómo era que, si en su cuenta de días había divinidades nombradas *Máçat* (venado) y *Toste* (conejo), podían luego dar muerte y comerse a los correspondientes animales. La respuesta fue que eso no era comer a un dios "sino, para tomar esos animales e caçallos, invocamos al dios Maçat, para tomar los ciervos; é al dios Toste para tomar los conexos en más cantidad..." (XI, 99). Con este fin se valían de arcos y también de trampas como cepos o redes. Y añadieron que, en cambio, no tenían dioses de los pescados o de otros animales. "Más tenemos el del agua, que se dice Quiatéot, el qual llueve" (XI, 99).

Las últimas preguntas del diálogo obtuvieron ya contestaciones considerablemente breves:

Cuando alguien quiere irse de entre ellos, puede hacerlo pero tiene que dejar sus propiedades a sus parientes.

Las mujeres no entran en los templos porque los antiguos así lo ordenaron.

El que toma algo prestado puede pagarlo o no. En caso de necesidad puede cogerse maíz de otro, pero éste último puede a su vez pagarse por sí mismo yendo más tarde al maizal de quien le tomó lo que era suyo.

Aunque tienen algodón es costumbre andar casi desnudos ya que así andaban los padres e antecesores.

Con la mirada, algunas personas, especialmente a los niños, hacen daño. Éstos mueren a veces como consecuencia de ello.

Algunos hacen determinada cosa mala y la manifiestan a los viejos y no a los sacerdotes. Lo dicen en secreto y el viejo no lo descubre a nadie sino que lo guarda en su corazón. Aquello que refieren haber hecho puede ser un quebrantamiento de sus fiestas, decir mal acerca de sus dioses cuando no llueve... Los viejos entonces les mandan que lleven leña al templo, barran o alguna otra cosa. Esta forma de confesión no se hace con cualquier viejo sino con uno que tiene este oficio y que trae por señal una calabaza colgada al cuello. Cuando muere dicho viejo se hace junta de cabildo y se nombra a otro. Tal viejo no ha de ser casado pero tampoco está en el templo sino en su propia casa. Las transgresiones no las manifiestan los que son aún jóvenes. Es necesario aguardar hasta que uno tenga mujer.

Los sacerdotes, al practicar sus sacrificios, dicen a los dioses "Tomad, recibid esto que os dan los caciques" (XI, 101).

Los templos no tienen ni rentas ni derechos propios. Allí no se sacrificaba a los hijos ni a los parientes sino a los enemigos, esclavos o forasteros.

Tal fue el contenido de las respuestas que dio el conjunto de nicaraos, ancianos, principales, sacerdotes y caciques con quienes, de manera más informal, sostuvo su último diálogo Francisco de Bobadilla. Como resulta obvio, en casi todo lo que se habló entonces y asimismo en los anteriores interrogatorios a los ocho nicaraos, en forma individual, y al grupo de otros trece colectivamente, las creencias y prácticas religiosas fueron objeto de particular atención. De acuerdo con el plan que me he fijado, corresponde comparar ahora esta información con aquello que conocemos de otros grupos nahuas de la región central de México. Antes, sin embargo, analizaremos brevemente otros datos ofrecidos por Gonzalo Fernández de Oviedo como resultado de lo que vio e inquirió personalmente durante su estancia en Nicaragua en el mismo año de 1528. Tales noticias no han sido aducidas en el análisis que hemos hecho, ya que se refieren a asuntos que no tocó directamente Bobadilla en sus diálogos.

OTRAS NOTICIAS PROPORCIONADAS POR FERNÁNDEZ DE OVIEDO

Particularmente en los capítulos XI a XIII del mismo libro IV, tercera parte, de su *Historia*, es donde trata Fernández de Oviedo acerca de los areytos y otros ritos y ceremonias de los nicaraos. Resumiendo, y analizando a la vez, su información, puede ésta distribuirse en los siguientes puntos:

Celebraban fiestas, entre ellas una en el otoño, después de haber recogidos los frutos de la tierra. Entonces se practicaban ritos y ceremonias como una que pudo él contemplar en el pueblo de Tecoatega. Consistió ésta en un areyto, "que allí llaman *mitote*", en el que hubo cantos y danzas. Los indios aparecieron pintados y con hermosos penachos. Algunos llevaban también máscaras. En medio de la plaza practicaron luego una especie de juego en torno a un gran trozo de madera que habían encajado en la tierra. Por su especial interés copio la descripción que de este juego hizo Fernández de Oviedo. Como podrá verse, se trata de algo muy semejante al conocido como "volador" en la región central de México:

En medio de la plaça estaba un palo alto hinchado, de más de ochenta palmos, y ençima, en la punta del palo, un ydolo assentado é muy pintado, que diçen ellos ques el dios Cacáguat ó cacao: e avía quatro palos en quadro puestos en torno del palo, é revuelto a esso una cuerda del bexuco, tan gruesa como dos dedos (o de cabuya), é a los cabos della atados dos muchachos de cada siete ú ocho años, el uno con un arco en la mano, y en la otra un manojo de flechas: y el otro tenía en la mano un moscador lindo de plumas, y en la otra un espejo. Y a çierto tiempo del contrapás, salían aquellos muchachos de fuera de aquel quadro, é desenvolviéndose la cuerda, andaban en el ayre dando vueltas alrededor, desviándose siempre más afuera é contrapessándose el uno al otro, destorçiendo lo cogido de la cuerda: y en tanto que baxaban essos muchachos, dançaban los sessenta un contrapás, muy ordenadamente, al son de los que cantaban é tañían en çerco atambores é atabales, en que avría diez o doçe personas cantores é tañadores de mala graçia, é los dançantes callando é con mucho silencio.

Duroles esta fiesta del cantar e taner é baylar, como es dicho, más de media hora; é al cabo deste tiempo começaron a baxar los muchachos, é tardaron en poner los piés en tierra tanto tiempo como se tardaría en deçir çinco o seys veçes el Credo. Y en aquello que dura el desarrevolverse la cuerda, andan con assaz veloçidad en el ayre los muchachos, meneando los braços é las piernas, que paresçe que andan volando; é como la cuerda tiene çierta medida, quando toda ella se acaba de descoger, paran súbitamente a un palmo de tierra. E quando ven que están çerca del suelo, ya llevan encogidas las piernas, é a un tiempo las extienden, é quedan de pie los niños, uno a la parte é otro a la otra, a más de treynta passos desviados del palo que está hincado; y en el instante, con una grita grande, çessa el contrapás é los cantores e músicos, é con esto se acaba la fiesta (XI, 167-168).

"Otra manera de areyto", presenciada también por Fernández de Oviedo en el mismo pueblo de Tecoatega, es la que puede describirse como una especie de juegos de varas. Distintos grupos de disfrazados y embijados, participaban en ella bailando y cantando al son de atabales.

Alejados de éstos, se hallaban otros cuatro que en forma sucesiva, cada uno por sí, danzaban muy cerca del cacique. Éste arrojaba entonces unas varas que para ello tenía dispuestas y muchas veces acertaba, golpeándolos en los costados, en los brazos o en las piernas. El que recibía el tiro no se quejaba sino que continuaba bailando. Preguntado el cacique acerca del sentido de este modo de juego, dijo que esos indios eran de otros pueblos y que habían venido a pedir cacao a Tecoatega. La costumbre era dárselo después de haber tirado veinte o treinta varas en ese baile (XI, 170-172).

Al hablar Oviedo, en forma más general, de "otros areytos y cantares", destaca algo que resulta de particular interés: muchos de los cantares de los nicaraos eran recordación de hechos pretéritos. Al igual que en sus libros de pinturas, a través de ellos podían conocerse sus tradiciones e historia. "Son comunes y en el tiempo de sus obsequias é muerte de los caçiques prinçipales, é que les quedan en lugar de historia é memoria de las cosas passadas, é van acresçentando lo que subçede" (XI, 173).

De las múltiples noticias que consigna Fernández de Oviedo a lo largo de estos capítulos atenderé ya únicamente a aquellas que de modo más directo se relacionan con las creencias y prácticas religiosas de los nicaraos. Como ardid de guerra tuvo el cronista algo que le pareció "un caso cruel y notable, nunca oydo antes". Según él, para causar espanto a los españoles, "mataron muchos indios e indias viejas de sus mesmos parientes, é veçinos, é desolláronlos, después que los mataron, é comiéronse la carne e vistiéronse los pellejos, la carne afuera, que otra cosa del indio vivo no se paresçia sino sólo los ojos, pensando, como digo, con aquella su invención, que los christianos huyrían de tal vista é sus caballos se espantarían" (XI, 182). Obviamente no supo el cronista si se trataba de un rito de desollamiento o si era casual invención con la que entonces se intentó amedrentar a los españoles.

El tema de los dioses adorados por los nicaraos vuelve aparecer aquí, aunque en forma incidental. Nota Oviedo que "en esta gobernación de Nicaragua llaman por diverssos nombres sus dioses, é con cada nombre le dicen *teot*, que quiere deçir dios, é aun al diablo *teot* le llaman, é a los christianos también *teotes* los llaman" (XI, 180). Y precisando un poco más añade que "a dios llaman los de Nicaragua *Thomaotheot* [probablemente: *Tomactéot*], que quiere decir gran dios, é dicen que aquel tuvo un hijo que estuvo acá abaxo, é le llaman *Theotbilche* [probablemente: *Teopiltzin*]; a los ángeles pequeños de acá abaxo quieren deçir que se llaman *Tamachas; é Tamacazcati é Tamacastóval* son los principales ángeles del cielo... (XI, 183). Esta serie de vocablos, no consignados por los informantes de Bobadilla, puede tenerse como dato complementario que habrá que tomar en cuenta al establecer la correspondiente comparación con las creencias de los pueblos nahuas de la región central de México.

Otro asunto, al que en distintos lugares se refiere Fernández de Oviedo, es el de la existencia de brujos y hechiceros: "Diré lo que en aquesta tierra entendí de los bruxos é bruxas, de la cual secta maldita hay muchos. *Texoxe* se llama la bruxa ó bruxo; é platícase en aquella tierra é tienen por averiguado entre los indios questos *texoxes* se transforman en lagarto ó perro ó en la forma del animal que quieren..." (XI, 192). Sobre la actuación de los *texoxes* relata varios hechos de los que tuvo noticia.

Éstos son los temas principales —relacionados en diversas formas con las creencias y prácticas religiosas nicaraos— acerca de los que trata Fernández de Oviedo a lo largo de los citados capítulos XI a XIII del libro IV, tercera parte de su *Historia*. Lo aportado por Oviedo, aunque a todas luces menos sistemático, constituye material de primera mano, reunido durante su estancia en Nicaragua hacia los años de 1528 y 1529. Él mismo fue consciente de que en este libro que dedicó a la provincia de Nicaragua tuvo que proceder así, incluyendo multitud de noticias más o menos hilvanadas: "Voy discurriendo —nos dice— por diverssidades de materias, diferentes é apartadas unas de otras, por satisfaçer lo que propuse de deçir en este capitulo; é porque esta ensalada ó mixtura de cosas toda es en la mesma Nicaragua... (XI, 192).

Sobre la base de lo que ha parecido pertinente aprovechar de tal "ensalada o mixtura", e igualmente del análisis de las respuestas que dieron los nicaraos a Bobadilla, corresponde pasar ya a lo que considero punto principal: establecer comparaciones entre los elementos religiosos de los nicaraos, según estos testimonios de tan temprana fecha, como es la de 1528, y aquello que conocemos de los otros grupos nahuas de la región central de México.

LAS CREENCIAS RELIGIOSAS DE LOS NICARAOS COMPARADAS CON LAS DE OTROS GRUPOS NAHUAS DEL CENTRO DE MÉXICO

Las respuestas obtenidas por Bobadilla y las observaciones consignadas por Fernández de Oviedo permiten, atender en la comparación propuesta, a los siguientes temas:

a) Los dioses creadores y otras diversas deidades.
b) Edades o períodos que han existido antes de la época actual.
c) Sacrificios y formas de culto.
d) Creencias en relación con la muerte y los posibles destinos de los que mueren.
e) Formas de preservar la tradición (cantares, códices, cuentas calendáricas).
f) El matrimonio.
g) Vida sexual.
h) Organización política, religiosa y judicial (se incluye aquí la confesión de transgresiones).
i) Causas y propósitos de la guerra.
j) Brujos y hechiceros.
k) Otras prácticas.

A propósito de cada uno de estos puntos, recordaré en forma sumaria lo analizado en el caso de los nicaraos para compararlo luego con distintos testimonios indígenas de la cultura nahua de la región central de México.

a) LOS DIOSES CREADORES Y OTRAS DEIDADES

Resumen de los testimonios nicaraos

Tamagástad y Cipattónal son dioses creadores. El primero es "hombre"; la segunda es "mujer".

Habitan arriba, dentro del cielo.

Ellos hicieron la tierra, el cielo, los seres humanos y todas las cosas.

Hay asimismo otros *teotes* o dioses principales: Oxomogo, Chalchitgüegüe y Chicociágat.

El dios que envía la lluvia se llama Quiatéot.

El padre y la madre del anterior se llaman Omeyateite y Omeyatecígoat.

Estos "están en el cabo del mundo" y nadie los creó.

Mixcoa es dios al que invocan cuando van a comprar o vender o contractar.

Miqtantéot es el señor de la región bajo tierra.

Bistéot es "dios del hambre".

Chiquináut Hécat es "dios del aire".

Los nombres de los veinte días del calendario son asimismo nombres de dioses.

Thomathéot [probablemente *Tomactéot*] quiere decir gran dios.

Theotbilchi [probablemente *Teopiltzin*] es el hijo que tuvo el anterior y que vivió acá en la tierra.

Téot es palabra que se junta con el nombre de otros varios dioses. Estos se llaman en general *teotes*.

Tamachas son una especie de ángeles pequeños.

Tamacascati y Tamacastóval son una especie de ángeles principales.

Comparación con testimonios nahuas de la región central de México

Tamagástad y Çipattónal, dioses creadores según el pensamiento religioso de los nicaraos, eran conocidos en la región del altiplano con los nombres de Tlamacázcatl (o Tlamacazqui) y Cipactónal.

El nombre de Tlamacazqui significa "el proveedor o dador de bienes". Este título, que se aplicaba a determinados sacerdotes, era asimismo una de las designaciones del dios de la lluvia: Tláloc. Puede citarse en este segundo sentido un ejemplo tomado del *Códice Florentino*:

> Tláloc Tlamacazqui, inin ypan machoia, in quiauitl; ca iehoatl quiiocoaia, quitemouiaia, quipixoaia, in quiauitl, yoan in teciuitl. Quixotlaltiaia, quitzmolinaltiaia, quixoxuvialtiaia, quicueponaltiaia, quizcaltiaia in quiauitl, in çacatl, in tonacaiotl.

> Tláloc, Tlamacazqui, gracias a él se producía la lluvia; porque él creaba, hacía descender, sembraba la lluvia y el granizo. Él inflamaba, hacía que echaran brotes, que reverdecieran, que florecieran, que crecieran los arboles, la yerba, el maíz, nuestro sustento (*Códice Florentino*, 1979, cap. I, lib. IV).

Al comentar Sahagún este texto en la *Historia general de las cosas de Nueva España*, añade por su parte: "El llamarse Tláloc Tlamacazqui quiere decir que es dios que habita en el paraíso terrenal [en el Tlalocan] y que da a los hombres los mantenimientos necesarios para la vida corporal" (Sahagún, 1956, I, 45).

A su vez, el nombre de Çipattónal aparece como Cipactónal en los textos nahuas del altiplano. Cipac-tónal significa el ser o deidad cuyo *tonalli*, "destino y signo del día del calendario", es *cipactli*, el "monstruo de la tierra" que ocupa el primer lugar en la cuenta de los veinte días. Cipactónal aparece en varios códices y textos nahuas como acompañante femenino de Oxomoco. A estos dos personajes se adjudicaba haber sido los inventores del calendario e igualmente el carácter de progenitores de la especie humana.

Por una parte, la atribución del título de Tlamacazqui a Tláloc y, por otra, la connotación de Cipactónal como acompañante femenino de Oxomoco, tenían considerable vigencia entre los nahuas del altiplano durante los últimos siglos pre-cortesianos. Pueden aducirse, sin embargo, otras connotaciones que aparecen como más antiguas en relación con Tlamacazqui y con Cipactónal.

Acudiendo al texto náhuatl de los "veinte himnos sacros" que recogió Sahagún y que se incluyen en el conocido como *Códice Matritense del Real Palacio,* cabe hallar testimonios distintos y de particular interés en este punto.

Debe recordarse que por lo menos varios de esos himnos sacros denotan considerable antigüedad. Tal cosa es perceptible a través de lo arcaico del lenguaje en el que están expresados. De hecho hay en ellos formas gramaticales desusadas ya en el siglo XVI. Consciente de esto, el propio Sahagún obtuvo de sus informantes explicaciones de algunas frases o vocablos que aparecen en esos himnos.

En dos de éstos, el VIII, de Xochipilli, y el XIX, de Macuilxóchitl, encontramos menciones especialmente significativas acerca de Tlamacazqui y Cipactónal.

En el himno de Xochipilli aparece cantando Quetzalcoxcoxtli, "el precioso faisán". Responde a Cintéutl, el dios mazorca. Como consta por otros textos, el precioso faisán es un símbolo del dios solar que está a punto de emprender su camino. En boca de él se ponen enseguida las palabras que hacen presentes a Cipactónal y a Tlamacazqui:

> Solamente oirá mi canto
> la que aún esta en la noche,
> la del rostro pintado, Cipactonalla.

Enseguida, asumiendo el papel del dios de la lluvia, prosigue el canto:

> Yo doy orden en Tlalocan,
> yo, Tlamacazqui, doy orden,
> en el Tlalocan, yo, Tlamacazqui, doy orden.

En el mismo himno habla también Cintéutl y dice que ha llegado a donde el camino se divide. Formula luego una pregunta:

> A donde iré?
> ¿Por donde seguiré el camino?
> En el Tlalocan, Tlamacazqui.
> Hacen llover los dioses (Garibay, 1958, 98-101).

Como puede verse, la deidad solar (el precioso faisán) y Cintéutl, el dios mazorca, en su diálogo invocan a Tlamacazqui y a Cipactónal. El dios de la lluvia, Tláloc Tlamacazqui, habita en Tlalocan, lugar de luz y fertilidad. Cipactónal es deidad dueña de la noche, o más precisamente del momento que antecede al amanecer, *oc yohualle*, cuando aún hay oscuridad. Ambos dioses, Tlamacazqui y Cipactónal, son los que recogen el canto y el diálogo del que va haciendo el día y de aquel a quien se debe el sustento, Cintéutl.

En el himno XIX, de Macuilxóchitl, es asimismo la deidad la que habla. Macuilxóchitl afirma que viene de allá, de donde están las flores erguidas. Aunque sólo se conserva un fragmento de este himno, en él vuelve a hacerse alusión a Tlamacazqui y a Cipactónal:

De donde están las flores erguidas he venido yo.
Tlamacazqui, el rojo señor del crepúsculo.
Igualmente tú, mi abuela, la del rostro pintado,
dueña de la casa de la aurora...(Garibay, 1958, 217-219).

En su comentario a este himno destaca Eduard Seler la relación que se expresa aquí, entre Tlamacazqui-Tláloc y la diosa del rostro pintado, respecto de la pareja que aparece asimismo en el himno de Xochipilli, es decir, Tlamacazqui y Cipactónal (Seler, 1902-1923, II, 1099-1100). En ese himno se adjudicó a Cipactónal tener un rostro pintado y ser la señora del momento en que aún es de noche. El primer calificativo se formuló allí, y también en el himno IV en honor de la madre de los dioses, por medio del vocablo: *teumechahue*. Seler interpreta esta voz como compuesta de: *teo-metz-xauh-e*, "la diosa cuyo rostro esta pintado u ostenta una máscara hecha de una parte de la piel de la pierna del sacrificado" (Seler, II, 996). Ángel M. Garibay, por su parte, propone como interpretación la siguiente: *teu-metl-xauh-e*. A continuación comenta: "el primer vocablo es nombre del maguey con rayas blancas... el rostro de la diosa madre, en efecto, como lo vemos en los códices V*aticano B, Telleriano Remensis*, etcétera, tiene rayas blancas y amarillas y una capa gruesa de hule en torno de la boca" (Garibay, 1988, 71).

Aun cuando es difícil precisar en definitiva la etimología del vocablo *teumechahue*, no hay duda de que connota una cierta forma de aderezo facial peculiar de la diosa madre. Cuatro veces consecutivas se incluye este mismo término en el himno IV, de Teteu Innan, la madre de los dioses. El hecho de que la misma atribución se haga a Cipactónal confirma la estrecha relación de ésta con la diosa madre.

La otra expresión, *oc yohualle*, adjudicada a Cipactónal, para señalar que es la deidad del momento en que aún es de noche, se reitera también en el himno XIX. Allí, la diosa que ostenta el rostro pintado y que se nombra "abuela mía", es "dueña de la aurora", o sea del lapso en que de la noche se pasa al día. Tal adjudicación de atributos paralelos deja ver que la deidad Cipactónal, mencionada junto con Tlamacazqui en el himno VIII, es pensada como un aspecto o manifestación de la misma madre de los dioses, Teteu Innan, la llamada también *Toci*, nuestra abuela, o *Noci*, mi abuela, según la expresión del himno XIX.

La Cipactonalla del himno VIII, se muestra en consecuencia como la diosa madre en su relación con el signo y el destino de Cipactli el monstruo terrestre que es a la vez principio de la cuenta de los días del calendario. Y volviendo la atención a Tlamacazqui, que, como vimos, no es otro sino Tláloc, podrá reconocerse que la invocación conjunta de él y Cipactónal apunta en realidad a la diosa madre y al fomentador que habita en Tlalocan y hace prosperar la vida en la tierra.

A la luz del análisis del contenido de estos himnos cabe comprender mejor el sentido de lo que sostuvieron los informantes nicaraos al decir que Tamagástad y Cipattónal eran dioses creadores y de muy grande importancia en su religión. Su afirmación reflejó una creencia de la que se trasluce un equivalente en el contenido de estos himnos que, no está de más repetir, cuentan entre los testimonios nahuas más antiguos que se conocen de la región del altiplano central.

Atenderé ahora a los otros dioses nombrados conjuntamente con Tamagástad y Cipattónal por el señor nicarao Misésboy. Los dioses que a continuación mencionó fueron Oxomogo; Chalchitgüegüe y Chicociágat.

Respecto de Oxomoco es bien sabido —como ya se dijo— que, junto con Cipattónal, integra la pareja a la que se atribuye, entre otras cosas, el origen del calendario y el carácter de progenitora de los seres humanos. El que el cacique nicarao mencione a Oxomoco como una deidad, al lado de Cipattónal y Tamagástad, parece evocación de otras antiguas creencias en las que dicho nombre pudo haber connotado no sólo a uno de los progenitores sino también a un dios principal en el contexto de los orígenes del hombre y del mundo.

Por lo que toca a Chalchitgüegüe, puede afirmarse que se trata de una corrupción del nombre de Chalchiuhtlicue. La mención de ésta al hablar de Tláloc-Tlamacazqui, se explica acudiendo a las fuentes nahuas del altiplano. En la ya citada *Historia de los mexicanos por sus pinturas* se dice que "la mujer" o acompañante femenino de Tláloc es Chalchiuhtlicue. Hay asimismo en los *huehuetlatolli* que recogió Sahagún varios textos en los que el título de Chalchiuhtlicue, la del faldellín de jade, la diosa de las aguas terrestres, equivale a un atributo de la diosa madre y por tanto se identifica con el aspecto femenino de la suprema deidad creadora. Por ejemplo, en las ceremonias que practicaban los nahuas con ocasión del nacimiento de un ser humano, la partera después de haber cortado el ombligo a la criatura y de haberlo lavado, hacía la siguiente invocación:

> Señor, amo nuestro: Chalchiuhtlicue, la de la falda de jade, Chalchiuhtlatónac, el del brillo solar de jade, llegó el hombre, lo envió acá nuestra madre, nuestro padre, el señor dual, la señora dual... (*Códice Florentino*, 1979, v. i, lib. iv, 148 v.)

Finalmente, el otro dios mencionado también al hablar de Tamagástad y Çipattónal, se nombraba Chicociágat, según el cacique nicarao. Se trata en este caso del nombre calendárico de un dios: Chicoace Acatl, 6-Caña, como debió ser designado en el altiplano. Acudiendo nuevamente a la *Historia de los mexicanos por sus pinturas*, consta que Chicoace Acatl era uno de los nombres calendáricos de Cintéotl, al que ya hemos visto relacionado con Tláloc al analizar el himno VIII. También Chicoace Acatl aparece ligado a Tlazoltéotl como deidad del oeste en la página 48 del *Códice Borgia*. Esta última relación debe hacernos recordar las menciones de Tláloc, por ejemplo en el citado himno XIX, como el dueño del rojo crepúsculo o sea de la región del oeste. Así, en tanto que Chalchit-güegüe [Chalchiuhtlicue] guarda asimismo relación en el pensamiento del altiplano como la deidad acompañante de Tláloc, por su parte Chicociágat, es apuntamiento de connotaciones inherentes al señor de la lluvia.

Y precisamente, según el testimonio de los trece ancianos, sacerdotes y caciques nicaraos, otro de los nombres del dios que envía las aguas es Quiatéot. El equivalente de este vocablo en el náhuatl clásico del altiplano es Quiauhtéotl, "dios de la lluvia". Una expresión parecida la encontramos al final del citado himno VIII, de Xochipilli, en donde vuelve a mencionarse a Tlamacazqui que habita en Tlalocan. En el último verso se lee: *Quiahui in teteuh*: "llueven los dioses", (Garibay, 1958, 98) o sea, los servidores y acompañantes de Tláloc que son asimismo deidades de la lluvia.

El universo de creencias de los nicaraos se manifestó todavía más ampliamente cuando el grupo de los trece señores añadió que Quiatéot "tenía padre e madre, y el padre se llama Omeyateite e la madre Omeyatecíguat, y éstos están en cabo del mundo..." Y también debe recordarse aquí, como dato complementario, lo que después añadieron en el sentido de que esa pareja de dioses no fue creada por nadie.

Numerosos textos pueden citarse, provenientes de la región del altiplano central, en los que específicamente se habla de esa misma suprema dualidad conocida como

Ometecuhtli y Omecíhuatl, "el señor y la señora duales".
Del *Códice Matritense de la Real Academia,* tomamos, como
muestra, el siguiente texto:

Y sabían los toltecas
que muchos son los cielos,
decían que son doce divisiones superpuestas,
allá vive el verdadero dios y su comparte.
El dios celestial se llama Ometecuhtli, el señor de la dualidad
y su comparte se llama Omecíhuatl, señora de la dualidad,
señora celeste.
Quiere decir:
sobre los doce cielos gobierna, impera *(Códice Matritense,* 1907, 175 v.)

Parecidos testimonios hay en otras fuentes como la
Historia Tolteca-Chichimeca, en la que además se designa a
la suprema pareja divina con el título de Ometéotl, el dios
dual. Y otro tanto puede decirse de diversos *huehuetlatolli*
en los que es frecuente hallar invocaciones al señor y la
señora de la dualidad, identificados como *Teteuh innan,
Teteuh intah,* la madre y el padre de los dioses *(Códice Florentino,* V, II, lib. VI, 34 v.). Acerca de la riqueza de pensamiento que hay en los textos nahuas del altiplano en torno a Ometecuhtli y Omecíhuatl, me he ocupado ya en *La
filosofía náhuatl estudiada en sus fuentes* y a dicha obra
remitimos a quien desee ampliar lo que se ha aducido
(León-Portilla, 1993, 146-178).

Las comparaciones hasta ahora formuladas entre las
creencias nicaraos acerca de Tamagástad, Çipattónal,
Oxomoco, Chalchitgüegüe, Chicociágat, Quiatéot, Omeyateite y Omeyatecíguat, muestran ciertamente manifiestas coincidencias respecto de lo que pensaron los nahuas
de la región central. Y el hecho de que esas coincidencias
hayan podido establecerse acudiendo a textos de considerable antigüedad, como los himnos sacros, y los *huehue-*

tlatolli, parece denotar que tanto en el altiplano como en Nicaragua debieron tener hondas raíces estas formas de concebir la realidad de los dioses.

Otras deidades mencionaron asimismo los nicaraos y de ellas me ocuparé brevemente a continuación. Mixcoa era para ellos el dios al que invocaban cuando iban a comprar, a vender o a contratar. En el caso del altiplano la suma de atributos de Mixcóatl lo muestra relacionado con la caza y la guerra y asimismo hace de él antiguo caudillo que guió a los chichimecas en su peregrinación desde las regiones del norte. Tan sólo en este último sentido, como guía de caminantes, puede percibirse una relación con el caso de los mercaderes que marchaban a comprar o vender o contratar.

En cambio, a propósito de Miqtantéot que, para los nicaraos, es el señor de la región bajo tierra, parece superfluo insistir en la identidad del concepto con los nahuas del altiplano. Mictlantecuhtli, Mictlancíhuatl son las deidades del *Mictlan*, la región de los muertos, situada en lo más profundo de los pisos o estratos inferiores.

Bistéot que, según Fernández de Oviedo, era adorado por los nicaraos como "dios del hambre", no tiene un claro equivalente en el altiplano. Como se insinuó al analizar los informes nicaraos, puesto que el vocablo Bistéot es error de transcripción ya que en nahua no hay palabra que incluya el sonido de la letra *B*. Encontramos en cambio el término Apiztéutl, derivado de *apiztli* "hambre" y *téutl* "dios". El compuesto Apiztéutl significa "glotón".

Otro dios fue nombrado también por los nicaraos, Chiquináut Hécat, del que dijeron ser "dios del aire". Los paralelos que en este caso pueden encontrarse son extremadamente abundantes. Por ejemplo, en el *Códice Telleriano-Remesis*, folios 8 v. y 9 r., Chicnahui Ehécatl, 9-Viento, es el día del nacimiento de Quetzalcóatl. Esta misma deidad, como lo nota Alfonso Caso, se encuentra mencionada frecuentemente con tal nombre calendárico en códices mixtecas como el *Vindobonensis*, el *Nuttal*, el *Bodley* y el *Selden* (Caso, 1967, 191).

Y a propósito de los nombres calendáricos de los dioses, es éste lugar para recordar la afirmación de los nicaraos de que todos los signos de los días eran considerados por ellos como otras tantas deidades.

En lo que concierne específicamente a los dioses de la religión nicarao, sólo nos resta atender a la serie de nombres que recogió por sí mismo e incluyó en su obra Fernández de Oviedo. Afirma éste que, entre otras denominaciones, se usaba la de Thomathéot que quiere decir "grand dios". Como ya lo dijimos, es muy probable que la grafía correcta de dicho vocablo sea *Tomactéot*, derivado del verbo *tomahua* que significa "volverse grande". Según esto, Tomactéot sería el título genérico que podía aplicarse a cualquiera de las deidades principales. Otro término es Theotbilche, también probable corrupción de otro vocablo: *Teopiltzin*, "hijo de dios" o quizás *Topiltzin* "nuestro hijo o nuestro príncipe". En apoyo a esta segunda hipótesis puede aducirse el comentario de Fernández de Oviedo: "es hijo que tuvo el anterior [Tomactéot] y que vivió acá en la tierra". Si como ya vimos, los nicaraos veneraban a Quetzalcóatl bajo el signo calendárico de Chiquinaut Hécat, no es imposible que éste fuera también para ellos Teopiltzin o Topiltzin.

Atendiendo a la referencia general de que *téot* es palabra que se junta con el nombre de otros varios dioses y que éstos se llaman en general *teotes*, resulta obvio recordar que lo mismo ocurría en el altiplano a propósito de las voces *téotl* y *teteo*.

Acerca de la ultima aseveración de Fernández de Oviedo sobre la existencia de "ángeles pequeños y ángeles principales", llamados tamachas, Tamagascati y Tamagastóval, hay base para afirmar que todas esas entidades, cuyos nombres alterados recogió el cronista, corresponden a los distintos Tlamacazque, conocidos también como Tlaloque, colaboradores del dios de la lluvia, y como Ehecatotontin, auxiliares del dios del viento.

b) EDADES O PERÍODOS QUE HAN EXISTIDO ANTES
   DE LA ÉPOCA ACTUAL

Resumen de los testimonios nicaraos

Antes de que hubiese la generación de los hombres actuales, se perdió el mundo.
Esto ocurrió por obra del agua.
Esto sucedió, aunque no se sabe cómo fue, por obra del agua o del fuego.

Comparación con testimonios nahuas de la región
central de México

Como ya se hizo notar, al analizar el interrogatorio formulado por Bobadilla, su pregunta sobre si se había perdido el mundo alguna vez, después de que fue hecho, probablemente llevaba consigo el interés de descubrir alguna tradición relacionada con el "diluvio universal". Quizás esto explica que, al responder afirmativamente, los varios informantes nicaraos aceptaran que ello ocurrió por efecto del agua. Sin embargo, resulta de interés encontrar que uno de ellos, Astochímal, manifestó que no sabía exactamente si tal cosa sucedió "por agua o por fuego", o de otro modo.

Conocido es que, no sólo entre los nahuas del altiplano central, sino también entre los grupos mayas y otros de Mesoamérica, existió una tradición constante, representada también en algunos códices y monumentos, en relación con los que se conocen como "soles o edades cosmogónicas". Según esta forma de pensamiento, el mundo había existido y terminado varias veces consecutivas como resultado de fuerzas que, por disposición de los dioses, habían actuado sobre él. En la tradición de los nahuas cuatro eran los soles o edades que habían precedido al tiempo de la vida presente, que era la del "sol de movimiento". En las distintas fuentes que se conservan no es siempre igual el orden en que existieron las varias edades, designadas éstas en función del elemento que les puso término (Moreno, 1967, 201).

Si recordamos aquí lo que se consigna en algunos de los principales testimonios acerca de la edad inmediatamente anterior a la actual, encontramos que su destrucción fue por obra del viento, según los *Anales de Cuauhtitlán, la Historyre du Mexique* y *los Memoriales* de Motolinía. En cambio, las inscripciones de la "Piedra del Sol" y el *Códice Vaticano A* asientan que tal cosa se debió al elemento tierra, simbolizado por los ocelotes que entonces se volvieron presentes. Por otra parte, el documento náhuatl de 1558 o sea *La leyenda de los soles* y *la Historia de los mexicanos por sus pinturas* dicen que dicho cataclismo se debió al agua que todo lo inundó. Finalmente en las tradiciones recogidas por Ixtlilxóchitl, la versión es que el fin de la edad anterior fue consecuencia del fuego.

Explicable parece, por tanto, que al responder los nicaraos, afirmando que antes "se había perdido el mundo", aceptaran que tal cosa se debiera al agua, al fuego o a alguna otra fuerza.

c) SACRIFICIOS Y FORMAS DE CULTO

Resumen de los testimonios nicaraos

Hay sacrificios de hombres, cuyo corazón y cuya sangre se ofrecen a los dioses.

Las víctimas son esclavos o prisioneros hechos en las guerras.

Échase su sangre para arriba, abajo y a los lados y por todas partes.

Pueden comerse porciones de la carne de los sacrificados.

Los cráneos pónense en unos palos frente a los templos.

Se practica también el desollamiento y se visten las pieles de los desollados.

Los sacrificios se hacen para pedir agua y salud y para propiciar a los dioses.

También se ofrecen gallinas, pescado, maíz.

Hay autosacrificios como sajarse la lengua, el órgano sexual y otras partes del cuerpo.

Hay fiestas y ceremonias en cada uno de los *cempoales* o cuentas de veinte días. Se invoca entonces a los dioses de los días.

Igualmente hay también diversas formas de areytos y danzas.

Se practica el juego ritual conocido como "el volador".

*Comparación con testimonios nahuas de la región
central de México*

Para quien esté familiarizado, o al menos tenga cierto conocimiento del tema de los sacrificios y formas de culto en el México prehispánico, será casi evidente que la anterior enumeración de los ritos nicaraos concuerda en buena parte con lo que se sabe acerca de algunas prácticas religiosas en el ámbito mesoamericano y específicamente en la región del altiplano central. Sin embargo, parece oportuno reunir aquí algunos testimonios, tomados de fuentes indígenas, para fundamentar con mayor detalle la comparación propuesta.

En lo que toca a sacrificios de seres humanos, cuyo corazón y cuya sangre se ofrecían a los dioses, los hallazgos arqueológicos, los códices y los manuscritos indígenas de fecha posterior son extremadamente explícitos. Tanto es así que casi parece superfluo insistir en este punto. Recordaré, sin embargo, por vía de ejemplo, unos cuantos testimonios de códices procedentes del área central.

En el *Códice Borgia* encontramos, entre otras cosas, representaciones de guerreros cautivos que han sido sacrificados, con el pecho abierto por un pedernal. Véase, por ejemplo, la página 19 del códice, donde aparece la víctima entre la deidad de la estrella de la tarde y el dios del viento, y asimismo la página 21 donde el sacrificado se halla entre los Tezcatlipocas rojo y negro. También en la página 34 del mismo *Códice Borgia* hay distintas escenas de sacrificios humanos, en una de las cuales el ejecutor de este rito es la deidad identificada por Seler como Tepeyolotli. Otra muestra, de las muchas que pueden citarse, a propósito de esta materia, la encontramos en la página 21 (reverso del *Códice Cospi*), donde se ve la víctima sacrificada, de cuyo pecho brota la sangre, ante la efigie del dios Tezcatlipoca. El sacrificado, cautivo o esclavo, está pintado asimismo en distintas posturas, en otros varios códices prehispánicos como el *Vaticano B*, el *Féjérvary Mayer*, el *Laud* y el *Borbónico*.

En los textos de los informantes de Sahagún, particularmente en la sección referente a las fiestas a lo largo del año, hay descripciones de las distintas formas en que se llevaba a cabo el sacrificio de seres humanos. De las relaciones más antiguas que obtuvo el franciscano y que se incluyen en la sección conocida como *Memoriales* procede la descripción de la *tlacamictiliztli* o "muerte sacrifical de hombres". La versión de este texto es la siguiente:

Muerte sacrifical: Así se hacía la muerte sacrifical: con ella mueren el cautivo y el esclavo, se llamaba (éste) "muerto divino". Así lo subían delante del dios, lo van cogiendo de sus manos y el que se llamaba colocador de la gente, lo acostaba sobre la piedra del sacrificio.

Y habiendo sido echado en ella, cuatro hombres lo estiraban de sus manos y pies. Y luego, estando tendido, se ponía allí el sacerdote que ofrecía el fuego, con el cuchillo con el que abrirá el pecho al sacrificado. Después de haberle abierto el pecho, quitaba primero el corazón, cuando aún estaba vivo, al que le había abierto el pecho. Y tomando su corazón, se lo presentaba al Sol. (León-Portilla, 1993, 53).

Respecto de la cuestión de quiénes eran las víctimas del sacrificio sabemos, por los códices ya mencionados y por el texto citado, que los que así morían eran *yn malli ihuan tlacotli* o sean "el cautivo y el esclavo".

La idea de que con la sangre de las víctimas se fortalecía la vida de la divinidad, se halla en testimonios como el que proporciona fray Diego de Durán en su *Historia de las Indias de Nueva España*, donde afirma que era precisamente a través de la conquista como se obtenían las víctimas para mantener la fuerza de Huitzilopochtli (Durán, 1867, 241). Otros textos mucho más antiguos, como uno proveniente de la *Historia tolteca-chichimeca*, confirman que esta forma de pensamiento tenía raíces muy hondas en el pasado. Así, pueden citarse las palabras que entonaron varios chichimecas poco después de su salida de Chicomóztoc. Según el relato mítico, la deidad nombrada *in Totah Totepeuh*, "Nuestro padre, nuestro guerrero conquistador", se había detenido en el cielo durante cuatro noches y cuatro días. Para fortalecer a esa deidad, que no era otra sino el sol, se exhortaron a sí mismos los chichimecas y dijeron:

> ¡Vayamos! Vamos a fortalecer,
> a dar fuerza, a prestar apoyo
> al vaso del águila, a la calabaza de nuestro sustento.

¿Acaso habremos de dejar que tenga hambre
el que nos forjó, el que nos inventó?
¡Vayamos! Mostremos cuál es nuestra fuerza (*Historia tolteca-Chichimeca*, 1942, fol. 42).

Según este testimonio —conviene insistir en ello—, la idea de hacer cautivos para fortalecer con su sangre la vida del sol, provenía de tiempos considerablemente antiguos. Debe recordarse que estas palabras —en la tradición recogida en la *Historia tolteca-chichimeca*— se atribuyen a uno de los grupos que penetraron en la región central pocos años después de la ruina de Tula.

Sobre la práctica, de la que hablaron los nicaraos, de colocar los cráneos de los sacrificados "en unos palos que están fronteros de los adoratorios y templos", parece obvio que su equivalente fue el *tzonpantli* del altiplano central. Recientes excavaciones en la zona de Tlatelolco, donde aparecieran numerosos cráneos horadados, de origen prehispánico, denotan la existencia en el propio recinto ceremonial de un *tzonpantli*. Por lo que toca al templo mayor de Tenochtitlan, puede citarse el folio 269 r. del *Códice Matritense del Real Palacio*. Frente a la pirámide de Huitzilopochtli y Tláloc está la representación simbólica del *tzonpantli* o ringlera de cráneos.

Otro aspecto, también relacionado con los sacrificios de hombres, es el de la llamada antropofagia ritual. Nada dijeron sobre "comer carne humana" los informantes de Bobadilla. En cambio, Fernández de Oviedo sostuvo que tal cosa era practicada por los nicaraos cuando hacían el sacrificio del desollamiento. Continuando nuestra comparación, aduciré tan sólo algo de lo que recogió Sahagún a propósito de las fiestas y sacrificios con que se honraba a los dioses a lo largo de las dieciocho veintenas del año. Al tratar específicamente de la veintena de días nombrada Tlacaxipehualiztli, "desollamiento de hombres", se asienta que, una vez consumado el sacrificio,

...entonces tomaban al sacrificado para llevarlo a la casa de quien lo había hecho cautivo. Allí podrían comer de él... Allí calentaban cada uno una taza o molcajete donde ponía [en agua] granos de maíz, que llamaban *tlacatlaolli*, maíz desgranado de los hombres. Allí también ponían trozos de la carne del cautivo... (*Códice Florentino*, 1979, V. I. lib. II, cap. XXI).

No es éste el lugar para entrar en una explicación del significado de este rito. Diré al menos que hay suficientes indicios para considerarlo como una especie de comunión con la divinidad: así se lograba un acercamiento con el dios al que se habían ofrecido el corazón y la sangre de la víctima. En tal rito, sin embargo, no participaban aquel que había ofrecido la víctima ni tampoco los *macehualtin* o gente del pueblo (Durán, 1867-1880, II, 158).

El mismo Fernández de Oviedo, como se ha visto, habla de lo que tuvo por "un caso cruel y notable, nunca oído antes,": el ya aludido desollamiento. Y añade que "pusiéronse los pellejos, la carne afuera, que otra cosa del indio vivo no se parescía sino sólo los ojos..." Las numerosas representaciones que de tal rito se conocen gracias a la arqueología, los códices y los textos posteriores, hacen que resulte superfluo insistir en esta materia respecto de los nahuas de la altiplanicie mexicana o de algunos otros grupos de lengua distinta en Mesoamérica.

A los informantes nicaraos debemos los testimonios que hablan de las otras formas de culto. Dijeron que también ofrecían a los dioses aves, pescado, maíz y otros objetos. Y añadieron que lo hacían para pedirles agua, salud y más beneficios. En este punto la comparación con lo que sabemos de otros grupos nahuas puede hacerse también de manera sucinta. Bastará con recordar las distintas maneras de ofrendas y sacrificios que se consignan en los códices y también en testimonios como los que recogió Sahagún. En la parte de los *Memoriales*, que he publicado bajo el título de *Ritos, sacerdotes y atavíos de los dioses,* se describen más de cincuenta maneras de culto que incluyen precisamente diversas ofrendas de aves, alimentos, etcétera, y también autosacrificios y otras prácticas propiciatorias (León-Portilla, 1993, 47-83). Por lo que toca a las impetraciones de la lluvia y de otros beneficios pueden citarse los *Veinte himnos sacros de los nahuas.* En ellos se expresan muchas veces las suplicas que se hacían a los dioses (Garibay, 1958).

En este contexto debe atenderse asimismo a lo que manifestaron los nicaraos acerca de sus fiestas y ceremonias celebradas en cada uno de los *cempoales* o "cuentas de veinte días". Entonces, según dijeron, invocaban de modo especial a los dioses de cada uno de los días.

Nuevamente son los códices ya citados —los que integran el llamado grupo *Borgia* e igualmente el *Borbónico*—, los que ofrecen obvia confirmación de que lo mismo ocurría en la región central de México. Al representarse en ellos las distintas veintenas o *cempoallis,* aparecen los dioses, con sus nombres calendáricos, a los que debían hacerse entonces sacrificios y ofrendas. Los textos en náhuatl de los informantes de Sahagún, de modo especial los que sirvieron de base para la elaboración de los libros II y IV de la *Historia General de las cosas de Nueva España,* más explícitamente aun declaran lo que, a través de los manuscritos pictográficos, puede conocerse sobre esta materia. Finalmente son frecuentes asimismo las alusiones a los nombres calendáricos de determinados dioses en otros documentos indígenas, como los *Anales de Cuauhtitlán,* la *Leyenda de los Soles* y la *Historia tolteca-chichimeca.* El tema en particular de los nombres de los días entre los nicaraos será objeto de la correspondiente comparación al tratar más abajo acerca de las formas indígenas de preservar la tradición. Para concluir ahora lo referente a los sacrificios

El volador: arriba, según Oviedo (t. XI, lám. III); abajo, según *Códice Azcatitlan*, 27.

y otros modos de culto y celebración, atenderé ya solamente a dos maneras de juegos rituales, mencionados por Fernández de Oviedo. De uno y otro incluyó en su obra dibujos a manera de ilustración.

El primero es el que modernamente se conoce con el nombre del "volador". Como ya he citado la descripción que de él hizo Oviedo, que lo contempló personalmente hacia 1528, aludiré sólo a las noticias que se tienen de dicho juego en el caso de los nahuas de la región central.

Entre las representaciones pictográficas más antiguas del "volador" puede mencionarse la que aparece en la página XXVII del *Códice Azcatitlan,* cuyo original se conserva en la Biblioteca Nacional de París (Barlow, 1949). Fray Juan de Torquemada ofrece también, como testigo de vista, una descripción de dicho festejo ritual que, comparada con la de Oviedo, permite apreciar las grandes semejanzas que mantenía el "volador" no obstante tratarse de lugares tan aparados (Torquemada, 1723 y 1969, II, 305-307). Una diferencia digna de mencionarse es la de que, mientras entre los nicaraos sólo participaban dos indígenas como "voladores", en la región central y en otros lugares su número era de cuatro (Fernández de Oviedo, 1945, XI, 167-168).

Al ocuparse de esta misma práctica en el área de la Mixteca Alta, Barbro Dahlgren (1954, 385) ha elaborado un cuadro en que se destacan las diferencias en el número de participantes en distintas áreas de Mesoamérica.

El otro juego ritual, descrito también por Oviedo, se llevaba a cabo sobre una especie de horca en cuyo travesaño se hacía girar un trozo de madera previamente horadado, En los dos extremos de ese palo había unos a manera de estribos para poner los pies, con sus correspondientes agarraderas para las manos. Allí se colocaban los que participaban en el juego. Este consistía en dar vueltas a dicho palo de modo que los cuerpos de los que se hallaban en sus extremos pudieran girar libremente.

De ésta práctica no conocemos alusión alguna respecto de los nahuas de la región central. La ya citada Barbro Dahlgren considera que este juego formaba parte de un antiguo complejo de ceremonias en varios lugares de Mesoamérica. Dicho complejo estaba integrado por el "volador", el rito del flechamiento, el llamado "sacrificio gladiatorio" y éste que llamaremos "giro de hombres" (Dahlgren, 1954, 285).

Tal práctica se designaba entre los nicaraos con el nombre de *Comelagotoazte* (derivado probablemente de *cuau-malacatoztli*, "acción de dar vueltas al trozo de madera"). La misma Barbro Dahlgren, aunque reconoce que no puede aducirse algún antiguo testimonio para probar que este juego fuera practicado por los nahuas en el Valle de México y sus inmediaciones, presenta, en cambio, varias formas de evidencia que llevan a aceptar que era conocido en algunos lugares del actual Estado de Guerrero, de la Mixteca de Oaxaca y del área totonaca (Dahlgren, 1954, 280-286). Ello refuerza la idea de que, al igual que el "volador", también el *comelagatoazte* formó parte de una arraigada tradición en materia de juegos rituales en Mesoamérica como lo muestra asimismo una representación de él en el *Rollo Selden* 1955).

d) Creencias en relación con la muerte y los posibles destinos de los que mueren

Resumen de los testimonios nicaraos

Los que mueren en guerra van a donde sale el sol, arriba.
Los demás van a una región bajo tierra, donde esta Miqtantéot.

El cuauhmalacatoztli: arriba, según Oviedo (t. XI, lám. III); abajo, el llamado "juego de los huahuas" totonaca, según Barbro Dahlgren (*La Mixteca, su cultura e historia prehispánicas,* lám. 2).

Los que mueren ven visiones, de personas y culebras y lagartos y otras cosas temerosas.

Los cadáveres, acompañados de los objetos que el muerto usó en vida, son quemados. Las cenizas las conservan en un cántaro destinado a este fin.

Cuando el hombre muere, sobrevive su *yulio* que sale por la boca del que ha fenecido.

El *yulio* es el corazón, pero no el que se queda con el cuerpo muerto, sino aquello que en su interior mantiene con vida a los hombres. Es una especie de aire.

El *yulio* es el que va a lo alto o a la región bajo tierra.

Solamente los niños que mueren antes de comer maíz y que no han dejado de mamar, pueden volver a vivir aquí en la tierra.

A diferencia de los que mueren siendo hombres o ancianos, los niños lactantes retornan y vuelven a nacer de sus padres.

Comparación con testimonios nahuas de la región central de México

Son relativamente abundantes los textos nahuas y las representaciones de los códices en los que se trata acerca de los lugares a los que iban los muertos. En este sentido pueden mencionarse algunas páginas del *Códice Borgia* y diversos textos de varios de los *huehuetlatolli* o discursos de los ancianos. Una visión de conjunto la ofrecen los testimonios en náhuatl que recogió Sahagún de labios de sus informantes y que se conservan como apéndice al libro III del *Códice Florentino*.

Según esta última fuente —corroborada de manera plástica por algunas pinturas del *Códice Vaticano A*—, los que morían en la guerra e igualmente las mujeres que fallecían con un hijo en el vientre, iban a *Tonatiuhilhuícac*, es decir, al "cielo del sol". Aquellos otros que perecían ahogados, fulminados por un rayo, o como consecuencia de los que podrían describirse como "padecimientos acuosos", eran elegidos para ir al *Tlalocan*, "el lugar del dios de la lluvia", sitio de frescura, verdadero paraíso de abundancia. También los niños que salían de este mundo, cuando aún eran lactantes, iban a situarse a un lugar determinado, el *Chichihuacuauhco*, "donde está el árbol nodriza", que se hallaba en los dominios del dios de la lluvia. Finalmente, el resto de los que morían marchaban al *Mictlan*, el lugar que con otros muchos nombres era también conocido. *Mictlan* significa simplemente "lugar de los muertos". Allí estaban Mictlantecuhtli y Mictlancíhuatl. También se conocía a ese sitio con los nombres de *Ximohuayan*, "lugar de los descarnados", *Tocenpopolihuiyan*, "nuestra común región de perdernos..."

Si comparamos estas creencias con lo que manifestaron los nicaraos, encontramos que hablaron del lugar al que iban los guerreros, situado arriba, por donde sale el sol. En este punto nada dijeron sobre el destino de las que morían con un hijo en sus entrañas.

Afirmaron también que "los demás" iban a una región bajo tierra, en la que estaba Miqtantéot o sea Mictlantecuhtli, señor de los muertos.

Más abajo atenderé a lo que dijeron respecto de los niños que morían siendo aún lactantes y que recuerda una parecida creencia de los otros pueblos nahuas. Como elemento no mencionado por los nicaraos—tal vez por no tener vigencia entre ellos—, señalaré el destino de algunos adultos que marchaban al paraíso de Tláloc.

Añadieron, por otra parte, al hablar con Bobadilla que los que morían veían visiones de personas, culebras, lagartos y otras cosas temerosas. Manifestaron así algo que hasta cierto grado recuerda lo que trasmiten los textos recogidos por Sahagún sobre lo que se decía al muerto, antes de quemar su cadáver.

He aquí que vendrás a salir al lugar donde los cerros se juntan. He aquí que saldrás al camino que guarda la serpiente. He aquí que saldrás al lugar del lagarto verde... *(Códice Florentino*, 1979, v. I. lib. III, Apéndice).

El ritual de los funerales fue objeto asimismo de algunas alusiones por parte de los informantes nicaraos. Manifestaron éstos que los cadáveres eran quemados y que con ellos se prendía fuego también a no pocas de las pertenencias del muerto. Las cenizas eran recogidas y se colocaban en una olla o vaso que se enterraba a veces frente a la casa de los familiares del difunto.

Por lo que toca al altiplano central, conocidas son las reproducciones del bulto o envoltorio fúnebre, dispuesto para ser quemado, que aparecen en los códices. Varios cronistas hablan de estas ceremonias con ocasión de la muerte de algunos señores principales. Entre otras, pueden citarse las descripciones que de esto ofrece Diego de Durán al tratar, por ejemplo, de las exequias de los guerreros mexicas que murieron en Chalco o de lo que se hizo cuando fallecieron Axayácatl y años más tarde Ahuítzotl. El ritual incluía la recitación de determinados *huehuetlatolli*, había asimismo otros cantos fúnebres, todo frente al envoltorio del muerto. Se quemaba después éste y con él algunos objetos que habían sido suyos y—si se trataba de un *huey tlahtoani*—, morían asimismo y eran quemados buen número de esclavos y acompañantes. También entonces se sacrificaba al perrillo que sería ayuda en el Mictlan. Respecto de lo que se hacía con las cenizas, asienta Durán:

...enterraban las cenizas en los cúes... en la olla donde echaban las cenizas allá echaban las joyas y piedras por ricas que fuesen... (Durán, 1867-1880, II, 114).

Los nicaraos, que en términos parecidos hablaron de las cenizas de los muertos, como único vestigio terrestre de lo que habían sido, insistieron luego en la supervivencia de lo que llamaron el *yulio*. Aceptaron que el *yulio* podía tenerse como equivalente del corazón (*yólotl*). Añadieron, sin embargo, que no era éste el corazón que había sido quemado con el cuerpo sino aquello que en su interior, como una especie de "aire", había mantenido realmente su vida. Al morir, el *yulio* salía del cadáver e iba a lo alto o al lugar donde moraba Mictantéot.

Para establecer una comparación respecto del pensamiento de los nahuas del altiplano, comenzaremos por recordar que, entre ellos, la expresión clásica *in ixtli, in yólotl*, "el rostro, el corazón", significaba precisamente lo que es esencial del ser humano, lo que hoy llamaríamos su persona. Múltiples testimonios cabría citar acerca de esto, principalmente tomados de los *huehuetlatolli* y de otras fuentes asimismo indígenas (León-Portilla, 1993, 189-192).

En algunos de los antiguos cantares en náhuatl, mejor que en otros textos, pueden encontrarse expresiones en las que se alude al *yólotl* como a aquello que es el núcleo vital del hombre y que tiene un destino después de la muerte. Así, por ejemplo, en uno de estos cantares, al recordarse la muerte del príncipe Tlacahuepan, que pereció luchando contra los de Huexotzinco, se pone en sus labios la siguiente expresión:

Al salir el sol,
subí a la montaña
llora mi corazón (*no-yolio*), sufre.
Mi corazón es manojo de flores,
está matizado con plumas de quetzal,
 ya va a su casa de Él [del Sol]... (*Cantares mexicanos*, fol. 36 v.)

Destino del guerrero muerto en la lucha era que su *yulio* marchara hacia el rumbo de la casa del sol. Otro poema, de un anónimo forjador de cantos, es, en cambio, señalamiento al lugar a donde tendrá que ir el corazón de quien no participa en combates: el *Mictlan*, región de los muertos, conocida también como *Quenonamican,* "el sitio donde de algún modo se existe", y donde también la divinidad esta presente:

> Sólo esto dice mi corazón:
> no una vez más volveré,
> no otra vez más vendré a salir en la tierra.
> Me voy, me voy a su casa de Él…
> (*Romances de los señores de Nueva España,* fol. 27 v.)

Otra prueba de que esta idea, del corazón que sobrevive, tenía hondas raíces en el pensamiento nahua la encontramos en la narración legendaria acerca de Ce Ácatl Topiltzin Quetzalcóatl. Cuando el sacerdote de los toltecas se fue a Tlillan Tlapallan, y al fin se sacrificó y se prendió fuego a si mismo, de sus cenizas se levantó su corazón:

> De lo que quedaba de sus cenizas,
> hacia arriba salió su corazón (*yn iyolo*),
> lo contempla el ave quetzal, y como se sabe,
> su corazón penetró en el interior del cielo
> (*Anales de Cuauhtitlán, fol. 7*).

Los textos aducidos, y otros que podrían mencionarse, confirman que las creencias de los nicaraos acerca de la supervivencia del *yulio* o corazón no sólo eran compartidas por los otros grupos nahuas contemporáneos de la región central, sino que además formaban parte de un legado de cultura que venía probablemente al menos desde los tiempos toltecas.

Ya vimos que, aunque también en Nicaragua se venera-
ba al dios de la lluvia bajo el título de Quiatéot, nada
dijeron los informantes acerca del Tlalocan o "paraíso" de
esta deidad. Encontramos, no obstante, que uno de ellos,
el cacique Misésboy, se refirió a un punto de sumo interés,
en cierta manera relacionado con el pensamiento religioso del altiplano en torno al mismo Tláloc. Misésboy manifestó que "los niños que mueren antes que coman maíz o
dejen de mamar, han de resucitar o tornar a la casa de sus
padres..." En otras palabras, hizo patente la creencia en
una reencarnación, consecuencia del destino particular
de quienes fallecían siendo aún lactantes.

En el caso del altiplano se pensaba que esas criaturas
iban al *Chichiuacuauhco*, "lugar del árbol nodriza", situado
en el Tlalocan. Además, en el himno de Tláloc, conservado en náhuatl por Sahagún, hay indicios de una creencia afín a la que tenían los nicaraos sobre quienes habían
muerto siendo de corta edad.

El himno de Tláloc se entonaba en las fiestas que se
celebraban en honor de este dios. En algunas de ellas se le
hacían sacrificios de niños. De hecho en el mencionado
himno hay varias frases que, como lo notan en sus comentarios Seler y Garibay, aluden a las pequeñas víctimas que
entonces se sacrificaban. Entre otras cosas se dice en el
himno de Tláloc.

> ¡Ah!, es el tiempo de su lloro.
> ¡Ay!, yo fui creado,
> y de mi dios,
> festivos manojos de ensangrentadas espigas
> ya llevo al patio divino...
>
> *(Garibay, 1958, 56-57).*

Más abajo, en el mismo himno, aparece la idea del
retorno de los niños a la tierra después de cuatro años de
haber estado en el paraíso de Tláloc:

¡Ah!, a los cuatro años,
entre nosotros es el levantamiento,
sin que se sepa,
sin que se lleve cuenta en el lugar de los descarnados,
se hace la transformación en la casa de plumas de quetzal,
es cosa propia del acrecentador de los hombres...

Comentando esta estrofa, escribe Garibay: "Los niños que morían en las fiestas de Tláloc eran felices; un día regresarían a la tierra, tras cuatro años de vivir en el Tlalocan bello y feliz" (Garibay, 1958, 64). Por su parte Seler nota que esta estrofa parece implicar "un último desarrollo del alma o corazón del que murió, por intervención de Tláloc" (Seler, 1902-193, II, 993).

En resumen, parece posible afirmar que también en este punto existió alguna manera de semejanza entre las creencias de los nicaraos y las de los nahuas del altiplano, según el testimonio del citado himno de Tláloc.

e) FORMAS DE PRESERVAR LA TRADICIÓN

Resumen de los testimonios nicaraos

Tienen libros hechos de piel de venado, doblados, y en ellos pintan en caracteres, con tinta roja o negra, y se entienden por ellos.

Los sacerdotes enseñan las antiguas doctrinas a los niños, a los jóvenes y al pueblo en general.

Tienen una cuenta calendárica. Los nombres de los días son los siguientes: Ágat, Oçélot, Oate, Coscagoate, Olin, Tapécat, Quiáuit, Sóchit, Çípat, Ácat, Cali, Quéspal, Cóat, Misiste, Máçat, Toste, At, Izquindi, Oçomate, Malínal, Acato.

Su año se cuenta por *cempoales* y cada *cempoal* son veinte días.

El año tiene diez *cempoales*.

Componen y entonan cantos en los que se conservan la historia y la memoria de las cosas pasadas.

Comparación con testimonios nahuas de la región
central de México

La afirmación de la existencia de libros entre los nicaraos la debemos, como ya se ha visto, a Fernández de
Oviedo que proporciona además la descripción de algunos de ellos, citada también en páginas anteriores. Su
testimonio es particularmente valioso ya que se refiere a lo
que pudo él observar en fecha tan temprana como fue el
año de 1528. Aunque actualmente no existe por desgracia
uno solo de esos libros de los nicaraos, sabemos que tenían las mismas características que los códices indígenas
que se conservan del área náhuatl y de otras regiones de
Mesoamérica. Es interesante notar además que, según el
mismo cronista, los nicaraos pintaban sus caracteres con
tinta roja o negra. Esto recuerda la descripción del sabio
náhuatl, el poseedor de códices, de quien se dice que era:
tlille, tlapalle, "dueño de la tinta negra, dueño de la tinta
roja".

Asimismo, como acontecía en el altiplano, se repite en
el caso de los nicaraos que sus sacerdotes enseñaban las
antiguas doctrinas valiéndose de los libros de pinturas.
Citaré al menos un testimonio de Sahagún:

"Les enseñaba todos los versos de cantos para cantar
que se llamaban cantos divinos, los cuales versos estaban
escritos en sus libros por caracteres..." (*Códice Matritense*
fol. 118 v.)

El siguiente punto, relacionado asimismo con las
formas de preservar la tradición entre los nicaraos, se
refiere al uso entre ellos de sistemas calendáricos. A los
informantes de Bobadilla debemos la lista de nombres de
los días e igualmente la noticia de que la unidad de sus
cuentas calendáricas era el *cempoalli* o veintena. Antes de

comparar la designación de los días entre los nicaraos con la que tenía vigencia en el altiplano poco antes de la conquista, notaré que en la transcripción que hizo Bobadilla el primero de los días es Ágat (*ácat, ácatl: caña*). Sabido es que en el altiplano el día que ocupaba el primer lugar era *Cipactli*. Ignoramos si esta diferencia se deba a un error en el orden de transcripción de lo que comunicaron los nicaraos o a una forma de distinta tradición en materia calendárica (Seler, 1902-1923, I, 142-143).

A continuación ofrezco una comparación entre los nombres de los días, según los nicaraos y los nahuas del altiplano. Para ello seguiré el orden de los nombres de los días, de acuerdo con los informantes de Bobadilla—o sea comenzando con *ácat*, "caña"— de modo que pueda percibirse la secuencia que, al parecer, tenían en Nicaragua. Al lado del correspondiente vocablo transcrito por Oviedo, pongo, entre paréntesis, su grafía correcta y, finalmente, el término equivalente del calendario nahua de la región central:

Ágat (*Ácat*):	Ácatl	Calli (*Calli*):	Calli
Oçelot:	océlotl	Quéspal (*Cuétzpal*):	
Oate (*Cuauhti*):	Cuauhtli		Cuetzpaltzin
Coscagoate: (*Cozcacuauhti*):		Cóat:	Cóatl
	Cozcacuauhtli	Misiste (*Miquizti*):	Miquiztli
Olin:	ollin	Máçat:	Mázatl
Tapecat (*Técpat*):	Técpatl	Toste (*Tochti*):	Tochtli
Quiáuit:	Quiáhuitl	At:	Atl
Sóchit:	Xóchitl	Izquindi (*Itzcuinti*):	Itzcuintli
Cípat (*Cipacti*):	Cipactli	Oçomate (*Ozomati*):	Ozomatli
Ácat Écat:	Ehécatl	Malínal:	Malinalli

Nuevamente: Acato (*Ácat*): Ácatl

Como puede verse, excepción hecha de la diferencia respecto de cuál era el primero de los días, existía en lo demás plena correspondencia entre las designaciones dadas por los nicaraos y los otros grupos nahuas de la región central, en los tiempos inmediatamente anteriores a la conquista.

La idea expresada de que el año "se cuenta por cempoales" no requiere mayor comentario puesto que lo mismo ocurrió en el altiplano y en toda Mesoamérica respecto del *xíhuitl* o cómputo del año solar. Debe notarse, en cambio, lo que añadió Oviedo, afirmando que el año de los nicaraos "tenía diez cempoales". Tal afirmación en modo alguno se ajusta con lo que se conoce sobre las medidas calendáricas mesoamericanas. Parece, en consecuencia, que lo dicho por Oviedo debe de tenerse como mero error de transcripción. Incongruente sería aceptar la hipótesis de un calendario solar integrado por diez y no por dieciocho *cempoalis* o cuentas de veinte días, a las que se añadían los cinco días *nemontemi*.

La última consideración de Fernández de Oviedo acerca de las formas de preservar la tradición es que había cantos en los que se referían las historias y recuerdos de lo que había ocurrido. La existencia de esto mismo en el altiplano lo prueban, mejor que nada, las colecciones de cantares en náhuatl —como el manuscrito que preserva la Biblioteca Nacional de México—, en el que se incluyen numerosos poemas que son recordación de hazañas guerreras y de otros sucesos de particular importancia para el pueblo mexica.

f) EL MATRIMONIO

Resumen de los testimonios nicaraos

El padre del joven interviene para solicitar a su futura nuera. Se hace entonces un banquete con pavos y perrillos, llamados *xulos*.

Los padres de los novios aportan frutos y otros bienes a modo de dote.

Se inquiere antes de la boda si la novia es virgen. El novio puede aceptarla así, y muchos la prefieren de esta suerte. En caso de engaño, el novio queda en libertad de abandonar a la mujer.

En la ceremonia del matrimonio se unen los dedos meñiques de la mano izquierda de los contrayentes. Luego se les introduce en una habitación pequeña. Allí se les amonesta. En esa habitación esta encendido un fuego. El matrimonio no se consuma hasta que el fuego se extingue.

Sólo se puede tener una mujer legitima. Los caciques tienen más mujeres que son esclavas.

No pueden casarse con su madre, ni con su hija o hermana. Con todas las demás, dentro de cualquier grado del propio linaje, pueden casarse. Esto último es bien visto ya que así se estrecha más el parentesco.

Comparación con testimonios nahuas de la región central de México

A tres fuentes principales, básicamente independientes entre sí, atenderé para comparar lo tocante al matrimonio entre los nahuas del altiplano central y lo que ya se ha expuesto con base en la información de los nicaraos. Los testimonios sobre esta institución en la región central los debemos a Motolinía, a fray Diego de Durán y a los textos en náhuatl recogidos por Sahagún.

Concuerdan estas fuentes en lo que se refiere a la intervención del padre del joven que había alcanzado la edad de contraer matrimonio. El texto náhuatl del *Códice Florentino* (informantes de Sahagún), conserva incluso las palabras tradicionales que pronunciaba entonces el padre de familia:

Tiene ya necesidad éste, nuestro hijo joven. Busquémosle mujer, no sea que haga alguna cosa inconveniente. No sea que obre de mala manera con la falda y la camisa [con alguna mujer], no sea que cometa adulterio. Porque así son las cosas; ya ha madurado. (*Códice Florentino*, 1979, V. II, lib. VI, cap. XXIII).

Hablaba en seguida el padre con su hijo, lo amonestaba y le daba a conocer su determinación. Motolinía añade por su parte que en esto intervenían asimismo los que habían sido maestros del joven en la escuela a la que éste había concurrido. (Benavente Motolinía, 1969, 313-315).

Con abundancia de pormenores se habla en el *Códice Florentino* acerca de las idas y venidas de las *cihuatlanque*, "demandadoras de mujeres o casamenteras", que tenían encargo de ir a solicitar a la muchacha con quien iba a desposarse el joven. Cuando al fin se llegaba a un acuerdo entre las familias, comenzaban a disponerse las cosas para el matrimonio. En este punto, tanto Motolinía como los informantes de Sahagún se refieren a la intervención de los *tonalpouhque* que debían escoger el día más adecuado para la ceremonia. En las mismas fuentes se describe cómo se preparaban los diversos manjares y bebidas que habrían de consumirse.

Un indicio de la importancia que se concedía a la virginidad lo ofrece Motolinía al afirmar que, en algunos lugares, decían los padres a la hija que iba a casarse las siguientes palabras:

> Mira que si no fueres tal cual debes, que tu marido te dejará y tomará otra... (Benavente Motolinía, 1969, 317).

A su vez Durán asienta, después de aludir a la consumación del matrimonio, que se inquiría acerca de "las muestras de la virginidad della, la cual entre los principales y señores era muy mirada y celebrada y si no parecía estar virgen, para que se conociese su mal recado así de ella como de los padres..." (Durán, 1867-1880, II, 115).

Tocante a la ceremonia misma del matrimonio, la breve relación dada por los nicaraos difiere en algunos aspectos de lo que sabemos acerca de lo que ocurría en el altiplano. Los nicaraos mencionaron que se ataban entonces los dedos meñiques de la mano izquierda de los contrayentes. Las fuentes de la región central mencionan antes la forma como eran llevados, por separado, los novios. Interesante es lo que afirma haber contemplado el propio Motolinía:

> Concertadas las bodas envían gente por ella [por la joven], en algunas partes traíanla a cuestas, y si era señora [noble] e había de ir lejos, llévanla en una litera, y esto yo lo vi. Allegada cerca de la casa del varón, salíala a recibir a la puerta de la casa, y llevaban un braserillo a manera de incensario, con sus brasas y encienso, y a ella dábanle otro, con los cuales el uno al otro se incensaban, y tomada por la mano, llevábala al aposento' que estaba aderezado, y otra gente iba con bailes y cantos con ellos. Los novios se iban derechos a su aposento, y los otros se quedaban en el patio... Asentaban los novios en su *pétlatl* o estera nueva delante del fuego... (Benavente Motolinía, 1969, 317-318).

El mismo cronista y también Durán y los informantes de Sahagún continúan luego la descripción del ritual del matrimonio. Por vía de ejemplo, citaremos lo que escribió Durán:

> Tomaban la manta dél y la manta o camisa della y atábanlos, haciendo un ñudo... (Durán, 1867-1880, II, 115).

En la sección etnográfica del *Códice Mendoza* (lámina LXII), puede verse una representación plástica de "la mujer y el varón", sobre una estera y con sus vestiduras atadas entre sí. En los extremos están las figuras de dos ancianos y dos ancianas de cuyas bocas sale la voluta de la

palabra, en este caso admonitoria. En la parte superior
aparece el fogón y abajo diversos recipientes con comida.

Motolinía nota que simbólicamente entregaban asimismo al joven las vestiduras de la que habría de ser su mujer
y a ella las del que iba a ser su marido. El *Códice Florentino*
transcribe las amonestaciones y discursos que entonces se
pronunciaban. El esposo —dice Motolinía—daba de comer con su mano a la muchacha y ella hacia lo mismo con
éste. Según este cronista, el banquete principiaba y todos
los invitados comían y bebían hasta ya bien entrada la
noche.

Los desposados quedaban solos en la habitación que se
les había destinado y en la que se habían colocado los
petates nuevos frente al fuego previamente encendido.

Según el dicho de los nicaraos, el matrimonio no se
consumaba hasta que el fuego se extinguía. Los testimonios del altiplano afirman unánimes que los novios debían
permanecer cuatro días en su aposento "en penitencia y
separación". (Benavente Motolinía, 1969, 318). Transcu-
rrido ese lapso, se consumaba la unión.

A la mañana del quinto día, los parientes pedían a los
novios que salieran y se sacaban asimismo los petates en
que habían dormido. Según Motolinía, en busca de un
augurio se revisaba la habitación en que habían estado los
novios: "Si en la cámara hallaban un carbón o ceniza,
tenían que era señal que no habían de vivir mucho; pero
si hallaban un grano de maíz o de otra semilla, era señal
que denotaba larga vida". (Benavente Motolinía, 1969,
319). El ritual del matrimonio concluía con el baño que
tomaban los novios, la celebración de un nuevo banquete
y las palabras finales de amonestación, de las que se
conserva un ejemplo en el *Códice Florentino*. (1979, V. II,
lib. VI, cap. XXIII).

Al hablar del matrimonio, afirmaron los nicaraos que sólo podían tener una mujer legítima, aunque añadieron que los caciques disfrutaban con frecuencia de numerosas mujeres casi siempre esclavas. Motolinía, cuando trata "de la gran dificultad que hubo en el dejar de las muchas mujeres que éstos naturales tenían", precisa que esto mismo ocurría en la región central, sobre todo en el caso de los señores principales. Además de la esposa legítima, eran a veces tantas las mujeres que tenían éstos que "muchos pobres (macehuales) apenas hallaban con quien casar..." (Benavente Motolinía, 1969, 319).

Otras fuentes como los informantes de Sahagún, Diego de Durán y las relaciones de Alonso de Zurita y Juan de Pomar concuerdan con lo expuesto por Motolinía. Puede añadirse que también, en ocasiones, los mismos macehuales llegaban a tener, además de la legítima, a otras mujeres: "La gente común tenía cada uno una mujer, y si tenía posibilidad, podía tener las que quería y podía sustentar..." (Norman, s.f., 25). La prohibición expresada por los nicaraos de casarse con la madre, hija o hermana, tenía obvio equivalente entre los nahuas de la región central. "Todos los que cometían incesto en primer grado de consanguinidad o afinidad —escribe Motolinía— tenían pena de muerte..." Respecto a la aplicación de tal forma de castigo hay asimismo unanimidad en las fuentes que hemos venido citando y en otras, también del siglo XVI, como la que se conoce bajo el título de "Estas son las leyes que tenían los indios de la Nueva España, Anáhuac o México". (Norman, s.f., 280-282).

La posibilidad de contraer matrimonio con otras personas no consanguíneas en primer grado, estaba abierta, con mucha mayor frecuencia, en el caso de los nobles o pipiltin. Por lo que se refiere a los macehualtin, cuya organización social y familiar se fundaba esencialmente en la institución del *calpulli*, no cabe entrar aquí en disquisiciones sobre un punto como éste hasta ahora no del todo clarificado. Aduciremos al menos un testimonio, tomado del *Códice Florentino*, a través del cual puede percibirse que los miembros de un *calpulli* consideraban como algo poco afortunado que una de sus jóvenes contrajera matrimonio con alguien que perteneciera a comunidades distintas y apartadas. Al amonestar la madre a su hija —en el texto a que nos referimos—, le hace notar que, si no lleva una conducta adecuada, la consecuencia podría ser lo que se considera como una desgracia: "No comas de pie. Si haces esto, te casarás lejos de aquí. ¿Quién habrá de seguirte? Dicen que esto le sucedía, que habría de casarse lejos; que habría de ser llevada a lugar distante, no dentro de la propia ciudad o barrio." (*Códice Florentino*, 1979, V. I. lib. V, cap. XVII).

g) VIDA SEXUAL

Resumen de los testimonios nicaraos

> El marido puede abandonar a su mujer por causa de adulterio.
> A los adúlteros se les da de palos pero no se les condena a muerte.
> Hay mujeres públicas que se conceden por diez semillas de cacao.
> Algunas jóvenes, antes de contraer matrimonio, se convierten en mancebas. En ocasiones esta relación puede terminar en matrimonio.
> Hay *cuilones*, es decir, sodomitas. En determinadas fiestas, las mujeres casadas pueden acostarse con quien deseen.

Comparación con testimonios nahuas de la región central de México

Si entre los nicaraos los adúlteros eran golpeados con palos pero no condenados a muerte, en cambio, en el

altiplano central, los que caían en tal falta irremisible-
mente morían. Según Motolinía, que concuerda en ello
con otras varias fuentes, "unas veces los mataban, atándo-
los de pies y manos, y tendidos en tierra, con una gran
piedra redonda y pesada, les daban en las sienes de tal
manera que, a pocos golpes, les hacían la cabeza una tor-
ta. Y otras achocaban con unos garrotes de palos de
encina hechizos. Otros tiempos quemaban el adúltero y a
ella ahorcábanla. Otras veces a entrambos los ahorcaban y
si eran pipiltin, que quiere decir principales, como hidal-
gos, después de ahorcados, emplumábanles las cabezas y
poníanles sendos plumajuelos verdes y ansí los quemaban..." (Benavente Motolinía, 1969, 356).

La existencia de mujeres públicas, descrita por los nicaraos, tenía su equivalente en las que se conocían como
ahuianime, "las alegres", entre los nahuas centrales. Varios
son los textos de los informantes de Sahagún en los que se
describen las formas de actuar de las dichas "alegres"
(Códice Matritense, fol. 129). Se conservan incluso algunos
poemas prehispánicos en los que se alude a este tipo de
mujeres.

La costumbre, mencionada como frecuente en Nicaragua, de que algunas jóvenes se convertían en mancebas
antes de contraer matrimonio, no fue tampoco descono-
cida en la región de Anáhuac. A tal práctica se refiere Motolinía en sus *Memoriales* y afirma asimismo que quienes
habían vivido en mancebía, podían a la postre cambiar esa
relación por la del matrimonio.

> Pero si algún mancebo se enamoraba de alguna moza e se
> ayuntaba sin consentimiento ni noticia de los padres, aunque con
> afecto matrimonial, pasado algún tiempo en que ayuntaban, para
> poder convidar a sus deudos, entonces el varón iba a los padres de
> la mujer, y decíales: "Yo digo mi culpa, y conozco que os he
> ofendido en me haber casado y tomado vuestra hija sin os haber

dado parte, y hemos errado en nos haber ayuntado sin vuestra licencia y consentimiento; si agora sóis contentos que hagamos la solemnidad e cerimonias de casados, vedlo, y si no, véis aquí a vuestra hija, también pienso que estaréis maravillado de haberos faltado vuestra hija; mas de consentimiento de ambos nos ayuntamos como casados, y agora queremos trabajar de vivir bien, y de buscar que tengamos de comer y de criar nuestros hijos; rogámoos nos perdonéis y consintáis en esto". Respondían los padres y deudos, que tenían por bien que pasase el matrimonio, y que desde adelante fuesen buenos; pero pues lo habían hecho sin su licencia, si de algún delicto fuesen en algún tiempo acusados, no les echasen ellos culpa; como quien dice, mirando en sus abusiones: "por el pecado que habéis cometido en os haber ayuntado clandestinamente, algún mal os ha de subceder; nosotros quedamos sin culpa", e luego hacían el regocijo e solemnidad que su costilla alcanzaba, como pobres. (Benavente Motolinía, 1969, 319-320).

Hablan también los nicaraos de la presencia entre ellos de *cuilones* o sea de sodomitas. En este punto será suficiente aludir al menos a las descripciones que de tales individuos obtuvo Sahagún de sus informantes indígenas. (*Códice Florentino,* V. III, lib. X, cap. XI).

Interesante es también recordar aquí lo que consigna Motolinía acerca de los jóvenes que rehusaban contraer matrimonio por ser de inclinaciones desviadas.

Si pasando ya de edad para ser casados se descuidaban o no se querían casar, tresquilábanlos y despedíanlos de la compañía de los mancebos, en especial en Tlaxcallan, ca ésta era señal e una de las cerimonias que tenían de matrimonio, tresquilarse y dejar la cabellera y lozanía de los mancebos y de allí adelante criar otro modo de cabellos; e por maravilla era el que no se casaba cuando se lo amonestaban y mandaban... (Benavente Motolinía, 1969, 313).

Finalmente, no encontramos testimonio alguno, en el caso del altiplano central, que pueda ponerse en parangón con lo que afirmaron los nicaraos al decir que, en determinadas fiestas, las mujeres casadas podían acostarse con quien les viniera en gana. Tal práctica hubiera sido considerada por los nahuas centrales como una forma patente de adulterio.

h) Organización política, religiosa y judicial

Resumen de los testimonios nicaraos

Hay señores o caciques, llamados *teytes*.

Los teytes se hacen acompañar por capitanes y otros principales.

Los teytes y los señores principales se reúnen e integran consejo llamado monexico (*monechicoa*).

Esas reuniones tienen lugar en "casas de cabildo" llamadas *galpón*.

Allí se convoca también al pueblo para proponer determinadas necesidades y pedir la cooperación de todos.

En los *monexicos* (*monechioa*), se nombran "alcaldes o gobernadores" para impartir justicia y vigilar el orden en las transacciones dentro de los tiangues o mercados.

Hay sacerdotes, *tamagazqui*, dedicados a hacer los sacrificios y enseñar las doctrinas acerca de sus dioses.

A ellos corresponde asimismo el conocimiento del calendario y la organización de las fiestas religiosas.

Los templos no tienen rentas ni derechos propios.

Hay algunos viejos, *güegües*, a los que se dicen en secreto las transgresiones en que se ha incurrido: quebrantamiento de las fiestas, hablar mal de los dioses cuando no llueve.

Estos viejos no son casados y se distinguen por traer una calabaza colgada al cuello.

A quienes manifiestan sus transgresiones a los viejos, les mandan que lleven leña al templo, barran o hagan alguna otra cosa.

Comparación con testimonios nahuas de la región
central de México

Hemos de reconocer que, sobre esta materia, la información dada por los nicaraos y lo que por sí mismo pudo observar Fernández de Oviedo, constituyen una aproximación bastante precaria respecto de lo que debió ser la organización política, religiosa y judicial de este grupo nahua centroamericano. Por otra parte, tampoco es éste el lugar para intentar un amplio estudio de las correspondientes instituciones en el altiplano central. Por ello, nos limitaremos a comparar tan sólo los puntos más sobresalientes, teniendo siempre a la vista lo que alcanzó a saberse en 1528 a propósito de los nicaraos.

Teytes era el nombre que se daba en Nicaragua a los caciques o señores. Casi parece superfluo decir que dicho término es la corrupción castellanizada de *teuctin*. En el náhuatl clásico su equivalente fue *teuctli* (en singular) y *teteuctin* (en plural). Como lo han mostrado varios investigadores de la organización social y política del mundo náhuatl, los *teteuctin* (traducido generalmente como "señores"), podían ser o no miembros de la clase social de los *pipiltin,* los nobles. (Katz, 1966, 134-135).

Los *teteuctin* eran hombres que se habían distinguido en la guerra o en determinados encargos públicos y que continuaban desempeñando funciones particularmente destacadas. Según el oidor Alonso de Zurita, podían actuar como ministros de justicia, como gobernadores en algunos lugares, como jefes, en distintos grados, dentro del ejército, como organizadores de empresas agrícolas, como representantes del poder central en los calpulli, como *calpixques* o tesoreros, como acompañantes y consejeros del supremo *tlahtoani.* (Zurita, s.f., 144).

Debe notarse que, por su parte, los informantes de Bobadilla no hablaron de la existencia entre ellos de un *huey tlahtoani* o máximo gobernante. Consta al menos de la existencia de "caciques" o *tlahtoque* particularmente poderosos y que ejercían amplia jurisdicción.

Tal fue el caso del célebre cacique que tenía precisamente el nombre de *Nicarao*. Cabe suponer en este sentido que probablemente algunos de los llamados *teytes* desempeñaban, dependiendo del gran "cacique", funciones en cierto grado parecidas a las que podían tener los *teteuctin* en el altiplano.

Entre otras cosas, se afirma expresamente que los teytes y otros señores principales nicaraos se reunían para tomar determinadas medidas en relación con la comunidad. Así se integraba una especie de consejo que se llamaba *monexico*. Este último vocablo es a todas luces una incorrecta transcripción de la voz *monechicoa* que, en náhuatl clásico, significa "hacer junta o ayuntamiento de gente". De hecho, tal término se emplea muchas veces en los textos del altiplano para hacer referencia a diversas maneras de juntas o reuniones. Específicamente consta que entre los modos de "hacer junta" (*monechicoa*), estaban las reuniones de determinados *teteuctin* para integrar los tribunales de justicia.

Según los nicaraos, en algunas de esas reuniones (*monechicoa*), se nombraban asimismo "alcaldes o gobernantes" para impartir justicia y vigilar las transacciones en los tiangues o mercados. Algo equivalente ocurría en el altiplano, donde —consta por el *Códice Florentino*—, que el *tlahtoani,* asistido por algunos *teteuctin,* nombraba igualmente a los *tianquizpan tlayacanque,* "supervisores del mercado" (1979, V. II, lib. VIII, cap. XIX).

La afirmación de que las distintas reuniones de los *teytes* y principales tenían lugar en las "casas de cabildo", llamadas *galpón,* es probable referencia a algo que también ocurría en el altiplano. En un sitio para ello designado, en los distintos *calpulli,* se hacían las juntas para discutir cuestiones de interés colectivo.

Desgraciadamente, como el mismo Oviedo lo confiesa, las noticias que reúne en su obra acerca de estas instituciones, son poco sistemáticas y de carácter fragmentario. Ello impide cualquier forma de comparación más amplia respecto de lo que se sabe de la organización política y social entre los nahuas centrales.

Tocante al asunto de la organización religiosa, repitieron los nicaraos que había entre ellos *tamagazque* dedicados al culto de sus dioses y a enseñar las doctrinas religiosas. Igualmente insistieron en que a éstos correspondía el conocimiento del calendario y cuanto se refería a las fiestas a lo largo del año.

Sabido es que en el altiplano, entre los términos genéricos para designar al sacerdote, existía asimismo el de *tlamacazqui,* cuya traducción más cercana es la de "ofrendador".

Diversas fuentes hay que hablan pormenorizadamente de los varios rangos y funciones entre los sacerdotes del mundo náhuatl. Como ejemplo, está el texto incluido en la primera parte del *Códice matritense* (Informantes de Sahagún), donde se describen los atributos de treinta y ocho distintas categorías de sacerdotes. (León-Portilla, 1993, 87-109). Por demás está insistir en que a algunos de ellos correspondían de manera específica las observaciones astronómicas, la ciencia del calendario y la organización de las fiestas.

Encontramos, en cambio, en lo que dijeron los nicaraos, algo que difiere por completo de lo que ocurría entre los nahuas centrales. Los informantes de Bobadilla sostuvieron que sus templos no tenían rentas ni derechos propios. Alonso de Zurita que, entre otras cosas, investigó en el altiplano central sobre la propiedad y las diversas formas de tributación, da cuenta de la existencia de tierras y de varias formas de servicios destinados al mantenimiento de los templos. Esas tierras se conocían con el nombre de *teopantlalli*, "tierras de los templos". Zurita menciona además en su *Relación* el ejemplo de Tezcoco, donde "tenían aplicados quince pueblos principales con sus subjetos que eran muchos y de gran cantidad de gente que tenían cuidado de servir e reparar sus templos" (Zurita, s.f. 197).

Todavía a propósito de las prácticas religiosas entre los nicaraos, se hizo constar que había algunos ancianos a los que se comunicaban en secreto las transgresiones en que se había incurrido. De dichos viejos se afirmó que no eran casados y que se distinguían por traer una calabaza colgada al cuello. Entre las culpas que se les manifestaban se mencionan el hablar mal de los dioses cuando no llovía y el no participar en las fiestas religiosas. Los ancianos que escuchaban esta manera de confesión imponían a los transgresores penas como las de llevar leña al templo, barrer o alguna otra cosa semejante.

Imposible sería querer descubrir si en la anterior descripción hubo elementos ajenos a la cultura nicarao que tal vez se añadieron para hacer más semejante el rito indígena a la confesión cristiana. Recordemos al menos que en el caso del altiplano central no hay noticias de una tal forma de manifestar en general las transgresiones personales. Se conoce únicamente el rito llamado *neyolmelahualiztli*, "acción de enderezar los corazones". Era éste una especie de "confesión" que se hacía al sacerdote de la diosa Tlazoltéotl para manifestarle las debilidades de carácter sexual en que se había incurrido. De ello se habla, entre otras fuentes, en los textos de los informantes de Sahagún, donde se indica, además, que dicha confesión la practicaban los que eran ya ancianos. *(Códice Florentino*, 1979, V. I, lib. I, cap. XII). Consta, en cambio, que entre diversos grupos de cultura maya existía la costumbre de confesar, con un sentido más amplio, una gama mucho más extensa de faltas o "pecados". Entre otros, da testimonio de esto fray Diego de Landa. (1938, 121-122). Cabe suponer, en consecuencia, que tal vez hay aquí un indicio de influencia mayanse, recibida y asimilada por los nicaraos.

Añadiré, finalmente, un comentario respecto de un atavío que, según dijeron los nicaraos, ostentaba el anciano que oía sus confesiones: llevaba una calabaza colgada al cuello. No pocos sacerdotes nahuas del altiplano aparecían igualmente con una calabaza o un *tecomate* en cuyo interior había tabaco molido. Tal cosa era también atributo de determinados dioses, según lo muestran las representaciones de varios códices. En el *Tratado de las supersticiones y costumbres gentílicas*, escrito por Hernando Ruiz de Alarcón en 1629, se describe la actuación de un anciano sacerdote que, después de amonestar, a un *tlamaceuhqui*, "penitente", que hará una peregrinación, le ofrece del tabaco que guarda en su *tecomate* (entendido a veces como "recipiente hecho del epicarpio de la calabaza"). El tabaco debía proteger a quien lo recibía, librándolo de influencias nefastas mientras lo llevara consigo (Ruiz de Alarcón, 1953, I, 37-38).

i) CAUSAS Y PROPÓSITOS DE LA GUERRA

Resumen de los testimonios nicaraos

Los motivos que tienen para luchar son por causa de los términos de las propias jurisdicciones y por expulsarse los unos a los otros de sus tierras.

Se eligen como capitanes hombres valientes.

En la guerra se hacen cautivos y se adueñan también de diversas formas de botín.

A los esclavos cautivos se les sacrifica en los templos.

En ocasiones hay luchas cuerpo a cuerpo entre capitanes esforzados. El nombre de éstos es *tapaligui*.

Las armas son lanzas, macanas, arcos, flechas, escudos, rodelas. Las espadas y macanas son de palo y tienen unos dientes de pedernal que cortan como navajas.

También tienen vestidos gruesos de algodón para protegerse.

Comparación con testimonios nahuas de la región central de México

Aunque el cacique que ostentaba el nombre de Nicarao era el más prominente al tiempo en que entraron los españoles en esta región de Centroamérica, no hay indicios que permitan afirmar que ejerciera él autoridad universal sobre todos los grupos hablantes de idioma nahua en dicha área cultural. No ya sólo los chorotegas y otros pueblos vecinos de lengua y cultura diferentes sino también diversas parcialidades de los mismos pipiles-nicaraos, coexistían manteniendo distintas maneras de independencia.

Entre esos diversos pueblos no era raro que surgieran disensiones que terminaban muchas veces en guerras. Ello explica que los informantes de Bobadilla señalaran, como causas de sus luchas, los afanes de expansión y los propósitos de expulsar a determinados grupos de las tierras en que se habían establecido. Pero juntamente con esto, manifestaron que otro de los motivos de hacer la guerra era obtener cautivos que después debían ser sacrificados en los templos.

Prueba de la importancia que concedían a esto último la ofrece la respuesta que dieron los informantes al fraile mercedario, cuando éste les preguntó qué hacían en caso de no haber obtenido cautivos en la guerra:

> Si no les traen —dijeron los nicaraos— van allí a par del montón [el montículo donde está el templo] los capitanes principales e lloran con mucha tristeza... (Fernández de Oviedo, 1945, XI, 97).

Por demás está insistir en la importancia que se concedía asimismo en el altiplano central a la obtención de cautivos para los sacrificios en honor de los dioses.

Respecto de lo que dijeron los nicaraos acerca de sus jefes o capitanes en las guerras, debe destacarse su afirmación de que éstos eran nombrados en cada caso por elección. Para ello se escogía a hombres que se hubieran distinguido por su valor. El que se les daba era el de *tapaligui*. Esta palabra tiene clara correspondencia en el náhuatl clásico con la de *tlapaliuhqui*, "el esforzado, el que tiene valor".

Dado que las diversas parcialidades de los nicaraos constituían grupos mucho más pequeños que los que integraban las entidades estatales en el altiplano central, cabe suponer que no existió entre ellos una organización militar comparable a la que tuvieron, por ejemplo, los mexicas. Esto explica que el *teyte* o cacique y los demás principales reunidos en consejo *(monechicoa)*, pudieran elegir a quien les pareciera más conveniente como capitán para una guerra determinada. Hay, sin embargo, un dato aportado directamente por Fernández de Oviedo que deja entrever que de hecho había rangos militares y que, específicamente, el de *tapaligui* era uno de éstos. Según el cronista, se daba tal título "al que ha vencido alguna batalla personal de cuerpo a cuerpo, a vista de los exércitos". Y a continuación precisa de qué manera se distinguían tales capitanes del resto de la gente:

> Traen rapada la cabeza con una corona encima trasquilada, y el cabello de la corona tan alto como el trecho que hay desde la cintura alta del dedo índex a la cabeza del mismo dedo, para denotar el caso por esta medida del cabello. Y en medio de aquella corona dexan un fleco de cabellos más altos, que parecen como borla. Estos son como caballeros muy estimados e honrados entre los mejores... (Fernández de Oviedo, 1945, XI, 68).

La descripción dada por Oviedo del aderezo propio del *tapaligui* recuerda de algún modo lo que, por las fuentes del altiplano, sabemos acerca de lo que allí era también propio de ciertos rangos militares. A modo de ejemplo puede recordarse lo que consignó Diego de Durán a propósito de los que, entre los mexicas, recibían el título de *cuáchic*:

> Había otro género de caballeros de quienes se hacía más cuenta... quel nuevo nombre que les daban era cuáchic. Este vocablo quiere decir hombre rapado. Les rapaban toda la cabeza a navaja dejándoles a un lado sobre la oreja izquierda un pegujón de cabellos tan gruesos como el dedo pulgar, el cual entresacaba con una cinta colorada... (Durán, 1867-1880, II, 163).

Aunque no era ciertamente igual el modo de cortarse y aderezarse el pelo de los *tapaligui*, y los *cuáchic*, creemos que lo que consignó Oviedo acerca de los primeros deja entrever la persistencia en Nicaragua de una práctica que tuvo diversas manifestaciones en múltiples lugares de Mesoamérica.

A propósito de lo que dijeron los nicaraos sobre sus armas ofensivas y defensivas, si bien su enumeración fue bastante escueta, en ella tenemos una confirmación de que también en esta materia había plena afinidad respecto de los principales grupos del ámbito de la América Media. Quien se interese en una descripción, hecha a modo de nómina, de las armas e insignias de los señores en el mundo náhuatl, podrá consultar el *Códice Matritense del Real Palacio* en cuyos folios 149-167 se trata de dicho asunto.

j) BRUJOS Y HECHICEROS

Resumen de los testimonios nicaraos

Los brujos y hechiceros se nombran *texoxe*.
Éstos se transforman en lagartos o en perros o en otros animales. Pueden causar diversas formas de daño.
Existe el mal de ojo, que es particularmente peligroso respecto de los niños.

Comparación con testimonios nahuas de la región central de México

Fue precisamente al hablar de los "bruxos e bruxas", cuando Fernández de Oviedo hizo notar que había abandonado ya cualquier esquema o plan en su exposición acerca de la cultura nicarao. Admitió entonces que iba "discurriendo por diversidad de materias diferentes e apartadas unas de otras, por satisfacer lo que propuse de decir en este capítulo... (1945, XI, 192). Las noticias que en seguida ofreció acerca de los hechiceros entre los nicaraos, aunque no son muy abundantes, proporcionan información digna de tomarse en cuenta.

Primeramente nos dice que de esa "secta maldita hay muchos", y añade: "texoxe se llama la bruxa o bruxo." En relación con tal nombre, recordaremos que en el altiplano central, entre las varias designaciones que se daban a los hechiceros, nigrománticos o brujos, estaba la de *texox-qui*, derivada del verbo *texoxa* que, según Molina, significa "aojar o hechizar o ojear a otro".

Por lo que toca al modo de actuar de los *texoxes* nicaraos, manifestó Oviedo que "tienen por averiguado entre los indios questos *texoxes* se transforman en lagarto o perro o tigre o en la forma del animal que quieren". El mismo cronista relata luego, a modo de ejemplo, un hecho que se tuvo como "acto diabólico" y que aconteció el 9 de febrero de 1529 a un cacique de nombre Galtónal (Caltónal: "el de signo calendárico de casa"). En pocas palabras, el suceso consistió en el rapto de un hijo del mencionado cacique, perpetrado por dos *texoxes* que se habían transformado en perros, uno blanco y otro negro. Los mismos *texoxes* dieron después muerte al niño y, como lo afirma Oviedo, pudo él ver las huellas del crimen (1945, XI, 193-194).

No siendo posible intentar aquí una comparación con los múltiples testimonios que se conservan acerca del modo de actuar de los hechiceros en el altiplano, citaremos al menos una parte del texto náhuatl que incluyó Sahagún en el capitulo IX del *Códice Florentino*. Allí "se habla de diversas formas de hechiceros, designados con los nombres de *tetlachihuiani, nanahualtin, texixicoani y tlacatecólotl*". A propósito de los que se designaban con el último de estos nombres, los informantes indígenas dijeron lo siguiente: "El *tlacatecólotl* se convierte en aquello que corresponde a su nahual... Hace perecer a la gente, la hace enfermarse... Se convierte asimismo en perro, en ave, en tecolote... (*Códice Florentino*, 1979, V. III, lib. X, cap. IX).

Fernández de Oviedo, al incluir en su obra las respuestas que dieron los nicaraos al fraile Bobadilla, recogió asimismo el dicho de que entre ellos había gente "que a los niños aojan e algunas veces se mueren dello". Hizo constar así que algo muy semejante a lo que entre los españoles se conocía como "aojar o mal de ojo" existía también entre los nativos. Se ha discutido muchas veces si "el mal de ojo" era o no conocido entre los mesoamericanos, o si más bien fue práctica introducida en los años que siguieron a la conquista. Es cierto, y puede documentarse ampliamente, que el "mal de ojo" existió en España y en otros países de Europa a lo largo de la Edad Media y en tiempos posteriores sin que pueda decirse que tal cosa haya desaparecido por completo. El hecho de que los nicaraos hablaran de algo muy parecido, se ofrece en consecuencia como elemento de juicio, en apoyo de la afirmación de que también en el Nuevo Mundo hubo una creencia semejante. Y en este punto parece oportuno recordar, por lo que toca a la región central de México, la versión que dio Molina al verbo *texoxa* (del que se derivan *texoxe* y *texoxqui*) y que fue "aojar o hechizar o ojear a otro".

ALGUNAS CONCLUSIONES

El análisis que previamente ofrecí de la información proporcionada por los informantes nicaraos y asimismo de lo aportado por Oviedo, muestra que existe un caudal considerablemente grande de testimonios que dejan ver algo de lo que fueron la vida y el pensamiento de ese grupo centroamericano a principios del siglo XVI. La ulterior comparación que he llevado a cabo sistemáticamente entre esos materiales y las fuentes nahuas del altiplano, ha mostrado no pocas semejanzas en las formas de pensamiento y de actuación religiosa propias de grupos tan apartados entre sí. En algunos casos las similitudes que se han documentado pertenecen a tradiciones culturales con hondo arraigo entre los nahuas del altiplano. Como ejemplos pueden citarse las creencias en torno a Tamagástad y Cipatónal, o sobre la supervivencia del *yulio*, que tuvieron una expresión parecida en algunos de los himnos sacros de los nahuas. Tales textos, como ya se dijo, denotan considerable antigüedad por lo arcaico del lenguaje en el que fueran formulados.

He señalado asimismo varias diferencias al hacer la comparación de elementos culturales. Apunté también que algunas de éstas pueden tener su explicación en la influencia de otros grupos vecinos de los nicaraos. Sin embargo, la nota predominante en el estudio comparativo de las creencias y prácticas religiosas de los nicaraos y de los otros nahuas ha sido la de una semejanza que en muchos casos aparece casi como identidad.

Por otra parte, al comienzo de este trabajo me planteé la cuestión de la procedencia de los nicaraos. Vimos cómo formaron parte del conjunto de emigrantes que se conocen con el nombre de pipiles. Algunos de éstos, según lo han podido comprobar distintos investigadores, quedaron en diferentes lugares de Mesoamérica: hacia el sur de Veracruz y en algunas regiones de Tabasco, Chiapas, Guatemala y El Salvador. Ahora puede añadirse que, para precisar la época en que ocurrió esa migración será nuevo elemento de juicio cuanto se ha notado acerca de la probable antigüedad de determinadas creencias de los nicaraos. Según parece, su desprendimiento del tronco principal ocurrió como consecuencia de la dispersión teotihuacana. En apoyo de esto hay algunas aportaciones de la arqueología, como la tradición cultural de las hachas y yugos, adquirida probablemente por los pipiles durante su estancia en el área veracruzana. Sin embargo, hacen falta investigaciones que permitan otras formas de comparación sistemática de elementos como la cerámica y otros hallazgos que puedan lograrse en los recintos ceremoniales y lugares de poblamiento de los grupos que genéricamente se describen como pipiles. La comparación llevada a cabo permite deducir otras formas de conclusión de suma importancia.

Conviene insistir en el hecho de que los testimonios que obtuvo Bobadilla de sus informantes e igualmente lo que contempló Oviedo provienen de una fecha tan temprana como fue la de 1528. Hasta ese año no se había establecido aún forma alguna de contacto directo desde Nicaragua ni con los conquistadores ni con los frailes que se hallaban en la Nueva España. Pedro de Alvarado había circunscrito sus conquistas al área de Guatemala y El Salvador. Se sabía que Hernán Cortés había llegado asimismo a la región de Honduras cuando marchó en contra de Cristóbal de Olid. Y precisamente Pedraras Dávila quiso consolidar su dominio en Nicaragua en 1528, temeroso de que ese territorio fuera sometido por los conquistadores hispanos que podrían llegar a incursionar en él desde la Nueva España.

Tales circunstancias permiten afirmar que, al recoger Bobadilla los testimonios de sus informantes, no se vio influido por lo que otros españoles pudieran haber sabido en relación con las creencias de los pueblos nahuas del altiplano. Esto se vuelve aún más evidente si recordamos que, hasta ese mismo año de 1528, no se habían emprendido en México indagaciones sistemáticas de ninguna especie sobre las formas de pensamiento de los grupos indígenas.

Ni Motolinía ni Olmos ni menos todavía Sahagún habían iniciado sus empresas de investigación acerca de la cultura de los pueblos nahuas. Motolinía, al igual que los otros franciscanos del célebre grupo de los doce, llegados en 1524, aunque seguramente pudieron percatarse en poco tiempo de los aspectos mas sobresalientes del antiguo ritual indígena, se vieron envueltos, durante esos primeros años, en la absorbente tarea de echar los cimientos de la incipiente cristiandad. Además, los trastornos que trajo consigo la actuación de la primera audiencia habían impedido cualquier propósito de investigación sistemática. En realidad ésta no comenzó sino hasta la venida de don Sebastián Ramírez de Fuenleal en septiembre de 1531, como presidente de un segundo cuerpo de oidores. Gracias a él se llevó a término una primera "descripción de la tierra" e igualmente, por encargo de don Sebastián, comenzó sus pesquisas fray Andrés de Olmos hacia 1533. Los trabajos sistemáticos de Motolinía, como él mismo lo hace constar, se iniciaron hasta 1536.

A la luz de esto puede afirmarse que la indagación llevada a cabo por Bobadilla fue la primera que se hizo, de manera sistemática, en relación con las creencias de un grupo perteneciente al tronco lingüístico de los nahuas. Ello acrecienta la importancia de los testimonios que reunió, en los que se tocaron materias tan poco fáciles de alcanzar como las referentes a la supervivencia del *yulio*, a las cuentas del calendario con los nombres de los días o a la preeminencia de la deidad suprema y dual, *Omeyateite*, *Omeyatecíguat* y, en suma, a sus creencias y visión del mundo.

Tales testimonios, recogidos de manera sistemática e independiente en 1528, concuerdan en múltiples aspectos con lo que, gracias a fuentes indígenas de primera mano, puede saberse sobre el pensamiento religioso de los nahuas del altiplano central. Así lo hemos visto en la comparación que se ha hecho. Ahora bien, las semejanzas encontradas son nueva confirmación de la autenticidad y veracidad de la correspondiente documentación náhuatl proveniente del México central. Ninguna prueba mejor podría darse que la de esas manifiestas similitudes en el pensamiento de pueblos que pertenecieron a un mismo tronco pero que se encontraron apartados entre sí a una distancia de aproximadamente dos mil kilómetros. En uno y otro caso fueron la oralidad y la existencia de libros pictoglíficos, es decir códices, lo que hizo posible la transmisión, no ya sólo dentro de la respectiva cultura, sino también en el caso de los que efectuaron el *"trasnvase"* de los testimonios indígenas a la escritura alfabética. El que frailes y los ancianos y sabios nahuas pudieran efectuar esto, en lugares tan apartados entre sí y con tan notables coincidencias en lo que quedó transcrito, constituye prueba fehaciente del origen indígena de los textos que se conservan.

El presente estudio comparativo, a pesar de sus limitaciones, da base para formular esta conclusión. Sin duda queda todavía mucho por investigar respecto de la cultura y la religión de los nicaraos. Ya he dicho que cabe esperar, de futuros trabajos arqueológicos, significativas aportaciones. Éstas, al igual que otros estudios de carácter etnohistórico ayudarán a comprender mejor lo que fue la dispersión de los pueblos nahuas dentro de Mesoamérica y el grado de persistencia que mantuvo entre ellos la vieja herencia de su lengua y cultura.

CUARTA PARTE
CUICATL Y TLAHTOLLI: LAS FORMAS
DE EXPRESIÓN EN NÁHUATL

He mostrado en la primera y segunda partes de este libro cómo pueden identificarse en la oralidad prehispánica y el contenido de los códices o libros pictoglíficos las fuentes de las que provienen composiciones que hoy conocemos transvasadas ya al alfabeto latino. De hecho han podido establecerse varias correlaciones entre algunos textos y el contenido de determinados códices, así como con la iconografía presente en diversos monumentos arqueológicos. Tal procedimiento abre el camino para distinguir con sentido crítico aquello que proviene de la cultura prehispánica, radicalmente distinto de elementos europeo-cristianos que en ocasiones se infiltraron en los tiempos que siguieron al Encuentro. Aunque la atención se concentra aquí en lo que ha llegado hasta nosotros de los pueblos nahuas de la región central de México, he tomado también en cuenta formas de conceptualización y expresión de otros grupos mesoamericanos. De ello, según vimos, pueden derivarse otras formas de evidencia externa.

Las comparaciones que he hecho, en la tercera parte entre elementos de la visión del mundo y la religión de los nicaraos con la de los pueblos nahuas del altiplano central dejan ver que hubo entre ellos no sólo grandes semejanzas sino también no pocas identidades. Así fue, no obstante la grande separación geográfica entre dichos grupos y su muy diferente historia a través de varios siglos. Como fruto, queda al descubierto un trasfondo de pensamiento y expresión perceptible en muchos de los *cuicatl,* cantos, himnos y poemas; y *tlahtolli,* palabras, discursos, relatos y relaciones históricas que, con múltiples variantes, integran el gran conjunto de la que Ángel María Garibay K. llamó "la literatura náhuatl". Es obvio que, en cada caso, es necesario discernir con ojo crítico cuáles son las evidencias internas y externas que permiten afirmar que una composición determinada proviene de la tradición prehispánica. En ocasiones pueden detectarse interpolaciones cristianizantes y otros géneros de contaminación cultural. Ello es patente, para dar un solo ejemplo, en el manuscrito de *Cantares Mexicanos* que se conserva en la Biblioteca Nacional de México. En no pocas de las producciones que allí se transcribieron abundan los vocablos, unas veces en castellano y otras de reciente formación en náhuatl, que muestran sin lugar a dudas la injerencia cultural ajena. Pero en muchos de esos casos la interpolación u otra forma de contaminación aparece muy forzada en el contexto en que se ha insertado. Su identificación es entonces relativamente fácil.

Ya desde el siglo XVI hubo quienes se percataron de tales interpolaciones y añadidos cristianizantes en algunos cantares. Esas alteraciones no necesariamente las introdujo algún fraile. Consta que en algunos casos los mismos indígenas fueron autores de esos añadidos y cambios para hacer que sus cantos escaparan a la censura de quienes los tenían como idolátricos o inspirados por el Demonio. El dominico Diego Durán notó ya esto en su *Historia de las Indias de Nueva España:*

No se debe permitir ni disimular a los demás cantores, sus idolatrías, cantos y lamentaciones, las cuales cantan mientras ven que no hay quien las entienda. Empero, en viendo que hay quien los entiende, mudan el canto y cantan el cantar que compusieron de San Francisco con el aleluya al cabo... y, en trasponiendo el religioso, tornan al tema de su ídolo. (Durán, 1967, I, 122.)

A su vez Garibay, lejos de soslayar esta cuestión, se ocupó de las interpolaciones en los cantares haciendo referencia a ellas en varios de sus libros. En su ya citada *Historia de la literatura náhuatl* escribió:

> Algunos han alegado: hay muchas veces el nombre de dios, *icelteotl* (dios único); se menciona muchas veces a Santa María; se habla de Totecuyo Jesucristo, de donde, nos dicen, resulta que los cantares provienen de un época en que eran conocidas y veneradas estas personas de la religión católica. Debemos responder con una distinción: si se trata de poemas netamente cristianos..., nada hay que alegar. Es cierto, pues son de época netamente cristiana. Si se trata de poemas con ideas "paganas" y nombres cristianos, tenemos que ver en el hecho una de esas torpes tendencias a enmendar y remendar, que son peores a veces que destruir... (Garibay, 1953-1954, I 159-161.)

Ofrece luego Garibay varios ejemplos en los que, para ocultar lo concerniente a las creencias prehispánicas, se interpolaron vocablos cristianos. En *Cantares*, fol. 22 v., encuentra uno en que se alaba con el nombre de "garza azul" al dios solar, por no decir Huitzilopochtli, y se añaden estas palabras, realmente sin coherencia con el cantar: "tu eres el dios espíritu santo". Nota Garibay:

> A nadie se le ha ocurrido pintar al Paráclito [Espíritu Santo] como garza azul. Pero el corrector pensó que con poner este nombre allí, estaba resuelto el escollo... Hay que ver con qué facilidad se omiten, sin perjuicio del sentido, las adiciones cristianas... Se caen por sí solas. Como este ejemplo pueden ser discutidos y resueltos todos los casos en que se halle un nombre de un personaje sagrado del Cristianismo en poemas de contenido "pagano"... A la crítica

toca eliminar estos [los vocablos interpolados] cuando el contexto
lo exige. (Garibay, 1953-1954, I, 161.)

Es obvio que en ediciones críticas deben señalarse en
cada caso cuantas interpolaciones puedan identificarse. Y
lo mismo debe decirse a propósito de otros textos, como
sería el caso de los *huehuehtlahtolli* que fray Andrés de
Olmos recogió en la década de los treinta del siglo XVI. En
la transcripción que se conserva con el manuscrito del
Arte de la lengua mexicana en la Biblioteca del Congreso, en
la ciudad de Washington, las interpolaciones no son muy
abundantes. Se conservan incluso frecuentes referencias a
los *teteo*, es decir los dioses de la antigüedad prehispánica.
En cambio, cuando otro franciscano, Juan Bautista de
Viseo, publicó esos mismos *huehuehtlahtolli* en 1600, dio
entrada a un número muy grande de alteraciones de
sentido cristianizante. Más aún, hizo componer otros
huehuehtlahtolli para fines evangelizadores.

Al tratar ahora de los géneros y estructuras de las composiciones en náhuatl, transcritas ya con el alfabeto, que
han llegado hasta nosotros, el propósito es poner sobre
todo de relieve los rasgos mas característicos de ellas. Me
refiero a los que nos las muestran como producciones con
atributos muy distintos de aquellos que pueden tenerse
como propios de la creación literaria europea. La existencia de un gran conjunto de rasgos, atributos e incluso
designaciones, de los diversos géneros de composiciones
en náhuatl, además de su interés por sí misma, corrobora
la idea de que estamos ante composiciones de un ámbito
cultural muy diferente. Además, el que tales rasgos, atributos y designaciones no pudieron surgir de súbito sino
que, como en otras culturas, debieron irse elaborando a
través de largo tiempo, reafirma la persuasión —derivada
ya, según vimos, de otras varias evidencias— de que

muchas de estas composiciones son de considerable antigüedad.

Tales rasgos propios de los *cuicatl* y los *tlahtolli* son perceptibles a través de sus formas estilísticas y obviamente también en su contenido. Por ello, antes de analizar los varios géneros que pueden percibirse en las composiciones indígenas creo necesario atender al contexto cultural al que ellas pertenecen.

CONTEXTO DE CULTURA AL QUE PERTENECEN LAS CREACIONES LITERARIAS NAHUAS

El análisis de muchas de las composiciones en esta lengua, permite afirmar que éstas fueron elaboradas en contextos donde prevalecía o se sentía la influencia de elementos de cultura mesoamericana. Sostener que es perceptible lo mesoamericano, implica la idea de que en la literatura náhuatl, a la par que ostenta ella su propia identidad, hay temas y formas de expresión que encuentran semejanzas en otras literaturas también mesoamericanas, como por ejemplo en las expresadas en lenguas mayenses. En este sentido decimos que el sustrato más hondo en la literatura náhuatl es el de la civilización mesoamericana, no ya sólo del periodo posclásico sino de etapas anteriores.

Lo mesoamericano se entiende aquí a la luz del concepto de un *ethos*, el carácter y suma de valores, sentido de orientación cultural, creencias, motivaciones, actitudes y otros rasgos compartidos por los distintos pueblos que han convivido en el ámbito geográfico de esta civilización nativa del Nuevo Mundo. Varios investigadores han intentado diversas formas de descripción del *ethos* mesoamericano. Puede citarse, por ejemplo, lo expresado por Munro S. Edmonson (1967, 357-368). Por mi parte destacaré aquí al menos algunos aspectos más sobresalientes del *ethos* mesoamericano, como se manifestó específicamente entre los pueblos nahuas del altiplano central en el periodo posclásico (siglos X-XVI d. C.).

Comencemos por recordar que mucho de lo que configuró el ser cultural de los mexicas fue herencia recibida de otros pueblos de Mesoamérica con un pasado de milenios. Los mexicas —a los que se preguntaba a lo largo de su famosa peregrinación— quiénes eran "porque nadie conocía su rostro" *(Códice Matritense* fol. 196 r.), no fueron, sin embargo, meros receptores de influencias externas. Si, por una parte, eran mesoamericanos, por otra, desarrollaron su propia identidad y, con ella, su sentido de orientación y sus símbolos y valores.

Así, en su pensamiento, creencias y motivaciones llegaron a fundirse elementos de la antigua visión tolteca del mundo —de la *toltecáyotl* o conjunto de creaciones de esa etapa de esplendor cultural— con lo que más específicamente tenían como suyo en función de sus propias experiencias e historia. De este modo ellos mismos forjaron su propio rostro y corazón, raíz de su identidad.

CREENCIA EN LA DUALIDAD DIVINA Y LOS DESTINOS HUMANOS

Al igual que otros pueblos nahuas, también los mexicas, individual y socialmente, concebían su existencia inmersa en la realidad de un universo dual en sí mismo. Por una parte, atisbando el misterio, distinguían entre *Topan*, "lo que está por encima de nosotros" (los estratos superiores, las realidades luminosas de los astros y los dioses) y *Mictlan* "la región de los muertos" (los pisos inferiores, tenebrosos y, por tanto, objeto de temor). Pero ese universo del más allá, del que sólo se conocen sus manifestaciones en la tierra, se contrapone también, en reiterada dualidad, al mundo en el que todo cambia y se destruye como las plumas del ave quetzal, *Tlalticpac*, "lo que está sobre la tierra".

Todo cuanto existe es dual en sí mismo. Así es la suprema realidad divina, *Ometéotl,* "el Dios dual", y así son sus hijos, los dioses de múltiples rostros cuyo ser también se desdobla y a veces se apropia de atributos ajenos, en la sucesión de las medidas y cargas de tiempo, que marcan teofanías, creaciones, enfrentamientos y destrucciones. *Tezcatlipoca,* "el espejo que ahuma" y *Tezcatlanextía,* "el espejo que hace brillar a las cosas", desdoblan luego su ser y dan lugar a los cuatro Tezcatlipocas, rojo, negro, blanco y azul. Y juntamente, el Tezcatlipoca primordial, el que se nombró Tetzáhuitl, "Portento", adorado ya por los mexicas en su patria original de Aztlan-Chicomóztoc, habría de confundir sus atributos con los del ser de quien había sido tal vez su sacerdote, para resurgir como el dios tutelar de los mexicas, con el nombre y la figura de Huitzilopochtli. Y éste —nueva forma de dualidad— al ser adorado en el Templo Mayor de Tenochtitlan, tendría su adoratorio junto con el de Tláloc, la deidad omnipresente y tan requerida en Mesoamérica, el señor de la lluvia, implorado en las fiestas a lo largo del calendario.

Huitzilopochtli había incorporado a su *tonalli,* "su destino", el de aquellos a quienes había vencido en su portentoso nacimiento en el Monte de la Serpiente, en Coatepec. *Tonalli* es concepto henchido de significaciones. Derivado este vocablo de *tona,* "hacer luz y calor", está en su raíz relacionado con lo que significa vida y energía por excelencia. *Tonalli* es así "duración de luz y calor", el día por sí mismo. Ahora bien, según el *tonal-pohualli,* "cómputo o cuenta de los *tonallis*", cada día es portador de una presencia divina, deidad patrona del día. Cada uno de tales dioses trae consigo cargas y significaciones, luminosas u oscuras, trae consigo, en resumen, destinos. Por otra parte, a Tláloc correspondía —como se cantaba en un himno en su honor— el ser *Aca-tónal,* "el del destino de la caña de maíz", ser fomentador de las sementeras y de aquello que es "Nuestra carne", *Tonacáyotl*, uno de los nombres del maíz.

Todo lo que existe tiene como ingrediente esencial un *tonalli*, "un destino". Éste puede ser bueno o malo. Dioses, hombres, animales, plantas y cuanto se mira en la tierra o se sabe que existe en *Topan*, "sobre nosotros" o en *Mictlan*, "en la región de los muertos", sólo pueden revelarnos algo de su secreto, si descubrimos su *tonalli*, destino. Por eso, pobres y ricos, niños y ancianos, todos han de consultar a los *tonal-pouhque*, "los que conocen las cuentas de los destinos", los cómputos de las unidades de tiempo, cada una de ellas portadora de un destino. Lo calendárico es saber matemático pero también es revelación de lo oculto, magia, salvación, necesidad inescapable, norma que todo lo rige. Lo social, económico, político, religioso, individual —del nacimiento a la muerte— se cumple y se comprende en función de sus destinos, los *tonalli*. Éstos tienen una cuenta, la del *tonalpohualli*, tal como se muestra en los *tonal-ámatl*, los "libros de los destinos".

LOS MERECIDOS Y LOS DE LINAJE

En un sentido todos los integrantes de la comunidad comparten un ser igual, el de *macehualtin*, "merecidos" por la penitencia de los dioses que con su sacrificio de sangre —autosacrificio y muerte en Teotihuacan al surgir el quinto sol—, hicieron de nuevo posible la vida en la tierra. Pero desde otro ángulo, no todos los hombres son iguales. Otra forma de dualidad hay también en lo social. La gran mayoría debe conformarse con su condición de *macehualtin*, "merecidos", obligados por tanto a hacer merecimiento *(tla-macehua)*, para pagar la propia deuda existencial, incluso con su sangre y su vida. Hay, en cambio, unos pocos que tienen un destino diferente. Conocen ellos algo más acerca de su propio origen. Éstos son los que tienen "un linaje", *píllotl*, y se nombran *pipiltin*, "los de linaje". El linaje verdaderamente importante, al que han de pertenecer los gobernantes, es el de *To-pil-tzin*, "El que es de nuestro linaje", "Nuestro príncipe o nuestro hijo", el sabio señor *Quetzalcóatl*.

Quetzalcóatl es uno de los nombres del dios dual y supremo. No sólo significa "Serpiente de plumas de quetzal" sino también "cuate" (mellizo) precioso como las plumas de quetzal. Es el de ser doble por excelencia; como tal ha creado realidades celestes y terrestres. Él es quien da vida y destino, desde el seno materno, a los que han de nacer en la tierra. El aspecto femenino de Quetzalcóatl se llama, *Cihuacóatl*, "La serpiente femenina", o tal vez mejor "El mellizo femenino".

A su vez también el gran sacerdote de los toltecas hizo suyo el nombre de Quetzalcóatl. De él provienen toda autoridad y toda investidura de mando. Quienes, de algún modo pueden vincularse a su *pillotl*, su linaje, el de *piltzin*, son los *pipiltin*, los llamados nobles o de linaje en la tierra. Consta por los libros de pinturas y por textos como el *Popol Vuh* que, aun los quichés y los cakchiqueles de Guatemala, afirmaban que sus gobernantes habían recibido de Quetzalcóatl la nobleza y la investidura del mando.

Atributo de los que tienen linaje es ser dueños de la sabiduría calendárica y de otras formas de conocimiento, clave para escudriñar los destinos, gobernar al pueblo y regir todo lo que concierne a las cosas divinas y humanas. De entre "los de linaje", los *pipiltin*, proceden los sacerdotes mexicas, los que saben acerca de los dioses y dirigen los ritos y todas las ceremonias en las fiestas. También son *pipiltin* los supremos gobernantes, los más altos jueces, los capitanes, los maestros, los sabios, los forjadores de cantos... El pueblo, los *macehualtin*, acatan el dictado de quienes son por todo esto señores. Los *macehualtin* son "la cola y el ala", cuyo destino es obedecer, acudir al llamado en paz o en guerra, cultivar lo que es "nuestro sustento", hacer entrega del tributo, estar prestos a pagar la gran deuda del hombre con el universo de los dioses.

En extremo desprendidos respecto de bienes materiales —como con insistencia lo repitieron los frailes— los *macehualtin*, proporcionaban ellos mismos, con su vida, su trabajo y su sangre, la fuerza requerida para mantener no sólo a aquellos que los guiaban y les revelaban su destino, los *pipiltin*, sino al universo entero, amenazado siempre de muerte. Imagen casi cotidiana era contemplar los sacrificios de hombres en todas las fiestas a lo largo del año.

De lo que es la muerte —al igual que acerca de los dioses— hablan los sacerdotes y los sabios. Ellos han heredado y enriquecido sin cesar un viejo legado. Pervive éste en sus libros henchidos de símbolos de colores; en sus monumentos, la mayoría de los cuales se destina al culto de los dioses; en sus templos, esculturas, pinturas, creaciones en barro o en metal precioso; en sus rituales y tradiciones comunicadas en las escuelas. Sabiduría es ésta, a veces con contrastes difíciles de comprender y aun de admitir desde fuera, que abarca temas como los de la guerra, inescapable medio de hacer cautivos y ofrecer sacrificios, y a la vez interrogantes como los de la posibilidad de decir palabras verdaderas en la tierra o de dar un rumbo al propio corazón.

Los *macehualtin*, sumisos, poseedores tan sólo de lo indispensable para subsistir, viven acostumbrados a estar al amparo de sus señores a quienes se dirigen siempre en voz baja y empleando las formas reverenciales tan frecuentes en su lenguaje. Los *pipiltin*, dueños de elocuente expresión, maestros de la palabra con flores y cantos, rico conjunto de símbolos, dicen lo que es recto y convincente, lo que ayuda a dar plenitud y contento a rostros y corazones o aquello que, por el contrario, puede trastornar a la gente. Los *macehualtin* cumplen con su oficio, aman la perfección del detalle. Conocen su propia condición, expuesta a sufrimientos, hambrunas, enfermedades y muerte. No olvidan que para morir han nacido y que sólo por breve tiempo se vive en la tierra.... Todo es como salir a tomar el sol, dos o tres días, para marcharse luego a la región del misterio. Saben, en resumen, que a otros compete hablar de los dioses, sacar las fiestas y señalar el camino que hay que seguir en la tierra.

No fueron los *macehualtin* los autores de las composiciones literarias que han llegado hasta nosotros. Los *cuicapicqueh*, "forjadores de cantos", los *tlamatinimeh*, "los que saben algo", eran *pipiltin*. Ellos elucubraron y se expresaron por los caminos del canto y la palabra, a partir de su visión de un mundo de realidades opuestas pero complementarias, aceptando una dualidad trascendente, un universo cambiante, amenazado de muerte. Su grandeza se derivó en alto grado de esto: saber que, en su destino y en el de su universo, ingrediente inescapable era la muerte, pero no desmayar nunca por ello, mantenerse siempre en acción, con la conciencia cierta de que, si no podían suprimir el acabamiento, en su mano estaba posponerlo, ensanchando así el ámbito del existir humano en la tierra, el ámbito de la historia.

Dueños de sus cómputos calendáricos, en posesión de un legado religioso, los *pipiltin* se consideraron a sí mismos predestinados para gobernar y señalar el rumbo a su pueblo. Duros y previsores, emprendieron conquistas y realizaron obras extraordinarias. Además de aquellas cuyos vestigios materiales descubren los arqueólogos, perduran otras que nos revelan también algo de su sensibilidad y pensamiento: sus libros de pinturas y signos, sus textos en náhuatl, legado de la antigua tradición. Allí se percibe su visión del mundo, ideales y valores, normas de acción, su *ethos*, lo más característico en su raíz de cultura.

En lo que hoy llamamos expresión literaria de tradición indígena anterior a la presencia española, surge y se nos muestra un mundo diferente, en ocasiones maravilloso y a veces también de muy dificultosa comprensión. Allí está, como en fragmentos, la imagen de una cultura de la que son parte estas creaciones literarias.

La dominación hispánica y luego el transcurrir del México independiente, han alterado en mucho el carácter, rostro, corazón y destino de quienes descienden de los antiguos mexicanos. Sin embargo, no desapareció por completo su herencia de cultura. Tampoco murió la sensibilidad indígena. Perduró en los macehuales la aceptación de su destino. Obediencia, trabajar para otros, escaso alimento y pertenencias casi nulas siguieron siendo su atributo. Necesario fue también hablar con sumisa reverencia al cacique o al patrón. Como refugio quedaron los ritos, las creencias y las fiestas, ahora ya cristianas, en apariencia o en realidad. También fue consuelo el amor a los hijos y las no siempre valoradas formas de creatividad de alfareros y otros artesanos. La expresión literaria, aunque existió, se mantuvo en buena parte oculta. Da vergüenza hablar ante otros en la propia lengua...

Lo que principalmente se imprimió en náhuatl en los tres siglos de dominio español fue un gran conjunto de doctrinas cristianas, confesionarios, artes gramaticales, sermonarios, así como algunos ordenamientos y bandos de virreyes. Mucho más fue lo que, con diversos propósitos, se escribió en esta lengua: rescate de antiguas tradiciones, solicitudes de comunidades nativas, cartas, alegatos en defensa de derechos, testamentos, títulos de tierras...

(Lockhart, 1992.) Producción en estricto sentido literario fueron algunos cantos y poemas, y varias crónicas y relatos.

El extremo abatimiento de algunos grupos nahuas a lo largo de los periodos novohispano e independiente de México, ha hecho pensar que llegaron ellos a perder por completo su inclinación y capacidades de creación literaria. La investigación etnológica y aun el acercamiento espontáneo pero directo a algunas comunidades muestra que esto no es siempre verdad. En tales grupos ha habido individuos que han conservado textos por tradición oral e incluso, entre ellos, algunos que han puesto a veces por escrito los frutos de su propia inspiración.

ORÍGENES Y FORMAS DE TRASMISIÓN DE LAS PRODUCCIONES LITERARIAS

Copiosas son las composiciones que se presentan como provenientes de la antigua tradición cultural textos de contenido religioso (himnos, cantares, discursos, plegarias...), o con carácter de recordaciones del pasado (mitos, leyendas, anales...), o concebidos para ser pronunciados o entonados en público en determinadas ocasiones. Los testimonios nos hablan de dos formas de trasmisión de estas composiciones. La primera, sistemática y si se quiere a veces sofisticada y aun esotérica, se llevaba a cabo sobre todo en los centros superiores de educación (los *calmécac*) y quizás también en recintos y situaciones en las que participaban diversos *pipiltin*, miembros de la clase noble. Las referencias de que disponemos (*Códice Florentino*, fol. 159 r.; *Coloquios de los doce*, fol. 34 v.; Diego Durán, 1867-1880, II, 229), destacan que, para facilitar tal forma de trasmisión sistemática, los sabios y sacerdotes se valían de sus *amoxtli*, libros, y *ámatl*, papeles. Lo que se ponía por

escrito en los que hoy conocemos como "códices indígenas" era el registro de lo que se quería recordar o funcionaba al menos como apoyo y complemento de la trasmisión oral sistemática. Sobre esto he tratado ya ampliamente en la primera parte de este libro.

Existía otra forma de trasmisión de algunas composiciones, como por ejemplo, himnos y cantares religiosos.
Se dirigía ella de manera mucho más amplia a los *macehualtin*, la gente del pueblo de los distintos *calpulli* o barrios. Probablemente esta trasmisión se iniciaba en los
telpuchcalli, "casas de jóvenes", a las que concurrían los hijos de los *macehualtin*. Sabemos también por otros testimonios (Códice *Matritense*, fol. 259 r.) que había sacerdotes cuyo oficio era "enseñar a las gentes los cantos divinos
en todos los barrios. Daban ellos voces para que se reunie-
ran los macehuales y así pudieran aprender bien los
cantos".

Respecto de la forma de composición y orígenes de las
producciones que han llegado hasta nosotros, hay que introducir asimismo distinciones. En las compilaciones se
incluyen algunos cantares que se atribuyen de manera determinada a un *cuicapicqui* o forjador de cantos. Conocemos así los nombres de un cierto numero de estos poetas que vivieron en los principales señoríos o reinos de la
región central de México durante los siglos XIV a XVI.
(Garibay, 1953-1954, II, 373-390, León-Portilla, 1994).

Sin embargo, debe reconocerse que la gran mayoría de
composiciones, tanto en verso como en prosa son, al menos para nosotros, de autor desconocido. Composiciones
del tipo de los himnos sagrados, relatos míticos y anales
históricos, deben ser atribuidas a los conjuntos de sacerdotes y sabios, custodios de la tradición y el arte de la
escritura jeroglífica.

El examen de la documentación al alcance nos convence además de que en muy elevado porcentaje las producciones literarias eran, de un modo o de otro, obra de individuos o grupos que formaban parte del estrato social de los *pipiltin*. De muy pocas excepciones tenemos noticia para poder afirmar que estamos frente a una composición debida a un *macehual*. Como en el caso de otras culturas de la antigüedad clásica, también en el ámbito náhuatl la producción literaria llevaba consigo una rica carga de significaciones y creencias, que constituían apoyo de la identidad y sentido de orientación del grupo, normas de vida y refuerzo de la propia organización social y política. Tales creaciones eran cuidadosamente preservadas y enriquecidas por miembros del estrato dominante en las diversas comunidades, señoríos o estados *(Códice Matritense*, fol. 158 v.-159 r.). Hasta donde podemos saberlo, esto ocurrió no sólo entre los mexicas sino también entre otros grupos contemporáneos suyos como los tezcocanos, chalcas, tlaxcaltecas, etcétera, y asimismo en ámbitos culturales más antiguos, como verosímilmente en las etapas de hegemonía tecpaneca, culhuacana y tolteca.

También muchas de las composiciones provenientes de los siglos de dominación española se deben a descendientes de los antiguos señores o caciques. Sin embargo, en el periodo colonial encontramos varias formas de producción escrita, como cartas, relatos históricos y otras, que son obra de individuos que no provenían del antiguo estrato dominante de los *pipiltin* (León-Portilla, 1977, 23-30 y 1980, 13-19, Lockhart, 1992).

Por lo que toca, finalmente, a las tradiciones y otros testimonios recogidos en la etapa moderna, incluyendo las composiciones de autores cuyos nombres nos son conocidos, la distinción del estrato social pierde en muchos casos importancia. Las composiciones modernas, expre-

sadas en distintas variantes de esta lengua, en tanto que
unas se deben a quienes siguen considerándose como
custodios de antiguas tradiciones, otras parecen provenir
de la inventiva particular de integrantes, sin rango especial, de la misma comunidad indígena.

PRESERVACIÓN, RESCATE, ESTUDIO Y DIFUSIÓN DE LAS
PRODUCCIONES LITERARIAS NAHUAS

Como se ha expuesto ya varias veces (Garibay, 1953-
1954, II, 21-88; León-Portilla, 1966, 8-22), debemos al esfuerzo de algunos sabios indígenas sobrevivientes y al
empeño paralelo de varios frailes humanistas del siglo XVI
el rescate de por lo menos una parte de la riqueza literaria
concebida y expresada en náhuatl. Conocido es que muy
pocos de los libros prehispánicos escaparon a la destrucción que siguió a la Conquista. Por lo que toca a la región
central, quedan como muestra los libros que integran el
conjunto que se conoce como "Códices del grupo Borgia". Continuó, a pesar de todo, la producción de otros
códices o manuscritos pictográficos, preservándose en
ellos, en mayor o menor grado de pureza, la tradición y el
estilo prehispánicos. Algunos ejemplos son el *Códice Borbónico, la Tira de la Peregrinación*, los *Mapas de Cuauhtinchan*, los códices *Xólotl, Tlotzin* y *Quinatzin*, etcétera.
Puede afirmarse que, en lo que se refiere a manuscritos
pictográficos, elaborados en la etapa colonial, con inscripciones jeroglíficas de interés directo para la historia del
México antiguo, y a veces acompañados de glosas en
náhuatl con alguna forma de valor literario, han llegado
hasta nosotros mas de doscientos. En su gran mayoría son
ellos portadores genuinos de elementos de la tradición
prehispánica. (Glass, 1977, 1-30.)

Pero además de todos esos libros indígenas el proceso de rescate del que ya hablé, llevado a cabo por sabios nativos y frailes humanistas abarcó muchos textos preservados por tradición oral. En la etapa prehispánica la educación en los *calmécac* (los centros donde se preparaban principalmente los *pipiltin*), incluía la memorización sistemática de una amplia gama de textos. Al ocurrir la Conquista, sacerdotes, sabios y otros *pipiltin* sobrevivientes hicieron posible, de un modo o de otro, que muchos de los textos que ellos conocían se transcribieran en la misma lengua náhuatl, valiéndose ya del alfabeto latino. En algunos casos tal tarea fue realizada por los mismos indígenas que recordaban esos textos (Garibay, 1953-1954, II, 222-266). En otros, como en las empresas que llevaron a cabo fray Andrés de Olmos y fray Bernardino de Sahagún, el rescate y transcripción fue resultado del esfuerzo combinado de los informantes nativos y de los religiosos españoles (Edmonson, 1974, 3-15). De este modo no pocas muestras de los varios géneros literarios que luego describiré quedaron incluidas en diversos manuscritos. En algunos de estos, por cierto, la representación alfabética del náhuatl estuvo acompañada de jeroglíficos y pinturas según la tradición indígena como, para citar un ejemplo, en la *Historia Tolteca-chichimeca*. (Güemes y Reyes, 1976.)

Sobre todo a partir del ultimo tercio del siglo XVI, aparecen otras formas de producción literaria, muchas de contenido histórico, debidas a indígenas en su mayoría descendientes de *pipiltin* que escriben por su cuenta y con diversos propósitos. En algunos casos, como en el del cronista nativo Cristóbal del Castillo, la intención puede haber sido preservar del olvido un conjunto de testimonios. En otros, los propósitos parecen ligados a conveniencias de índole económica o social. Tal es el caso de quie-

nes escriben para dar apoyo a determinadas demandas o
pretensiones dirigidas a las autoridades españolas. De
cualquier forma los que continuaron ocupándose en esto
en diversos momentos del periodo colonial dejaron un
caudal de producciones en las que antiguos testimonios,
copiados a veces literalmente, aparecen al lado de las
elucubraciones de quienes los recogieron y aprovecharon.

Ampliando al máximo el concepto de literatura, pueden
situarse al lado de las composiciones del tipo que se ha
mencionado, otras muchas procedentes también del periodo colonial. Abarcan éstas, entre otras cosas, distintas formas de comunicación epistolar, tanto de descendientes de
pipiltin como de *macehualtin*; una amplia gama de escritos
de contenido legal, testamentos, inventarios, donaciones,
compra-ventas, actas municipales, registro de gastos de
cofradías, peticiones, quejas, ordenanzas, así como otros
textos de contenido religioso tales como himnos, cantos,
composiciones dramáticas, comedias, autos sacramentales,
sermones, confesionarios, devocionarios, doctrinas cristianas, etcétera. Algunas producciones de estos últimos géneros fueron impresas tanto en la ciudad de México, como
en menor grado en la de Puebla. De esta misma etapa
provienen más de quince distintas *Artes* o gramáticas, a
partir de la de fray Andrés de Olmos, concluida en 1547
pero sólo publicada hasta el siglo pasado. En el conjunto
de aportaciones gramaticales y lexicográficas destacan las
de fray Alonso de Molina, autor de dos *Vocabularios* (Molina, 1555, 1571), de un *Arte de la lengua mexicana y castellana*
(Molina, 1576). Especial mención merecen también las
aportaciones que revelan un penetrante conocimiento del
náhuatl y de la correcta expresión en esta lengua, obra de
tres distinguidos jesuitas, el mestizo oriundo de Tezcoco,
Antonio del Rincón, cuyo *Arte* apareció en México en
1596; Horacio Carochi, *Arte de la lengua mexicana con la*

declaración de los adverbios della, México, 1645 e Ignacio de Paredes, *Compendio del arte de la lengua mexicana,* México, 1759.

Hasta fines del siglo XIX y sobre todo en la presente centuria, comenzó por fin a redescubrirse y estudiarse esa suma de testimonios que incluye los pocos códices prehispánicos que se conocen, los diversos manuscritos con jeroglíficos y pinturas preparados ya después de la Conquista, los textos de muchos géneros puestos en el alfabeto latino en lengua náhuatl y, en fin, la copiosa documentación que, con distintos propósitos siguió elaborándose a lo largo del periodo novohispano. Como pioneros en el estudio de estas producciones recordaremos aquí los nombres de Rémi Siméon, Daniel G. Brinton, Francisco del Paso y Troncoso y Eduard Seler. Entre quienes prosiguieron más tarde con criterio humanista este tipo de estudios destacan las figuras de Walter Lehmann, Charles E. Dibble, Arthur J. O. Anderson y, en el caso de México, Ángel María Garibay K. y Wigberto Jiménez Moreno, maestros que formaron nuevos grupos de investigadores.

LAS PRODUCCIONES NAHUAS EN LA ETAPA INDEPENDIENTE DE MÉXICO

Del periodo independiente de México hasta llegar a la época actual, provienen composiciones, publicadas o recogidas de diversas formas, bastante más copiosas de lo que pudiera suponerse. Comencemos por mencionar algunas proclamas, como la que expidió don Carlos María de Bustamante bajo el título de *La Malinche de la Constitución,* publicada en México, en la Oficina de don Alejandro Valdés, 1820 (Horcasitas, 1969, 271-278), o los manifiestos, asimismo en náhuatl que dirigió Emiliano Zapata a otros contingentes revolucionarios en abril de 1918, (León-Portilla, 1978). A las investigaciones llevadas a cabo por varios etnólogos y etnolingüistas se debe, por otra parte, el principal conjunto de textos que pueden describirse como muestras de la narrativa oral en náhuatl. La variedad de los textos obtenidos es grande. En su mayoría son muestras de la tradición oral que aun sobrevive entre las comunidades nahuas de Morelos, Veracruz, Puebla, Tlaxcala, Oaxaca, Tabasco, Guerrero, Estado de México, Hidalgo, Michoacán, San Luis Potosí, Durango y el Distrito Federal.

Los textos revelan en ocasiones antecedentes prehispánicos o del periodo colonial. Desde el punto de vista de su contenido pueden distribuirse en mitos, leyendas históricas, cuentos etiológicos, narraciones moralizantes y otras formas en las que es a veces perceptible, de manera clara, la influencia de creaciones literarias de ámbitos culturales muy alejados. (Horcasitas, 1978, 177-209.) Además de los testimonios de la narrativa oral, se ha logrado la transcripción, y en algunos casos la publicación, de varios conjuntos de *cuicatl* o cantos, algunos de autores conocidos y otros anónimos.

En épocas relativamente recientes han aparecido asimismo algunas publicaciones periódicas en náhuatl en cuyas páginas se han incluido narraciones, leyendas, cuentos, composiciones poéticas y diversos ensayos. Como muestra pueden recordarse aquí las siguientes: *Mexihkayotl*, publicada en los años cuarentas por la Sociedad Prolengua Náhuatl Mariano Jacobo Rojas; *Mexihkatl Itonalama*, del que conozco treinta y un números aparecidos todos en el año de 1950 gracias al esfuerzo de Miguel Barrios E.; *In amatl mexicatl tlatoani*, órgano de difusión del Centro Social y Cultural Ignacio Ramírez, aparecido en el pueblo de Santa Ana Tlacotenco, Milpa Alta, en el año de 1975.

A todas estas formas de producción deben añadirse las numerosas traducciones al náhuatl que se han publicado de una gran variedad de textos que van, desde el Nuevo Testamento en distintas variantes dialectales modernas, hasta mensajes como el que dirigió, siendo presidente, Lázaro Cardenas bajo el título de *Itlahtol in mexihcayo tlal-nantecuhtli tlacatecatl Lázaro Cardenas intechcopa in Mexih-cayoaltepeme*, aparecido en 1937. En este conjunto de obras traducidas y publicadas en náhuatl hay algunas que pue-den citarse como aportaciones que podrían tenerse como inesperadas. Cito estas muestras: *Lecciones espirituales para las tandas de ejercicios de San Ignacio, dadas a los indios en el idioma mexicano*, por un sacerdote del obispado de la Puebla de los Ángeles, Puebla, 1841. El otro ejemplo es el de la versión al náhuatl de la huaxteca potosina de la *Égloga* cuarta de Virgilio, aparecida en la ciudad de San Luis Potosí 1910 (Apolonio Martínez, 1910). Durante los últimos años, bajo el patrocinio de la Secretaría de Educa-ción Publica se ha logrado también la recopilación y en varios casos publicación de composiciones poéticas, cuen-tos y otras formas de narrativa en distintas variantes na-huas contemporáneas (León-Portilla, Ascensión, 1980, 419-432).

LAS COMUNIDADES NAHUAS CONTEMPORÁNEAS Y LAS CREACIONES LITERARIAS ANTIGUAS Y MODERNAS

En pocas palabras puede describirse la situación que prevalece en este punto. En lo que toca a producciones fruto de la tradición preservada hasta el presente o de la inventiva de algunos miembros de la comunidad, hay grupos entre los que una y otra forma de composiciones son escuchadas con agrado, bien sea en el seno de la familia o en algunas fiestas en las que participa todo el pueblo. A modo de ejemplo, pueden mencionarse algunas escenificaciones que, a través de muchos años se repiten ante la comunidad que para tal fin se congrega: las *Danzas de Coatetelco* (Horcasitas, 1978), los textos del llamado Ciclo *legendario del Tepoztécatl* (González Casanova, 1976, 209-266) y otras formas de danzas de la Conquista, o de evocaciones de hechos históricos como la batalla del Cinco de Mayo. Este tipo de representaciones confirma que, a pesar de todo, pervive en algunas comunidades la fuerza de la tradición que se manifiesta por medio de estas expresiones.

Sólo en los últimos años, principalmente a partir de la década de los ochenta, ha comenzado a florecer una Nueva Palabra: *Yancuic Tlahtolli*. Creadores de ella son varios maestros normalistas y otras personas de estirpe náhuatl: De sus producciones poéticas y del género narrativo me he ocupado en varias ocasiones (León-Portilla 1986, 123-170; 1989, 361-406; 1990, 311-370). Aquí sólo mencionaré a algunos de estos *cuicapicque*, forjadores de cantos y *tlahtolmatinime*, sabios de la palabra contemporáneos. Entre ellos están Librado Silva Galeana, Carlos López Ávila y Francisco Morales Baranda, de Santa Ana Tlacotenco (Milpa Alta, D. F.); Natalio Hernández Xocoyotzin y Delfino Hernández de Ixcatlán, Veracruz; Alfredo Ramírez, de Xalitla, Guerrero; Román Güemes Jiménez, de Platón Sánchez Veracruz; Eliseo Aguilar, de Tzinacapan (Cuetzalan, Puebla); e Ildefonso Maya, de Huexutla, Hidalgo.

A varios de ellos se debe el empeño de hacer accesible a los nahuas de diversas comunidades contemporáneas algunas muestras del antiguo legado literario en su propia lengua. Otro tanto debe decirse acerca de la tarea, promovida también por ellos, de difundir en antologías y otras publicaciones no pocas muestras de la narrativa y la poesía nahuas contemporáneas. De este modo, la que he llamado *Yancuic Tlahtolli*, Nueva Palabra, no sólo florece en varias regiones del país donde perdura el náhuatl, sino que cada día llega su mensaje y su belleza a mayor numero de personas ansiosas de conocerla y disfrutarla.

En esto han tenido también un importante papel las varias *Nechicoliztli*, reuniones de hablantes y escritores en esta lengua. Celebradas por lo menos una vez al año por los miembros del Seminario de Cultura Náhuatl de la UNAM, han tenido lugar en Santa Ana Tlacotenco, en la ciudad de México y en Zapopan, Jalisco. La presencia en ellas de maestros de la palabra en náhuatl, procedentes de varios estados de México y la concurrencia de cada vez más numerosos jóvenes, mujeres, hombres y ancianos, pone de manifiesto que, contra lo que algunos con pesimismo auguraban, sigue siendo verdad lo que anunció un cantor de los antiguos tiempos:

> Aic polihuiz noxochiuh, aic tlamiz nocuicauh
>
> No acabarán mis cantos, no acabarán mis flores.
> (*Cantares Mexicanos*)

A las volutas floridas que aparecen señalando la expresión de sacerdotes, sabios y aun dioses, han venido a sumarse las composiciones contemporáneas, en las que nuevas formas de inspiración se nutren en muy hondas raíces y a la vez se entrelazan con las ramas henchidas de vida de antigua herencia de cultura.

GÉNEROS LITERARIOS NAHUAS

Al estudiar y describir las distintas formas de expresión en náhuatl vamos a fijarnos en aquello que les es propio y característico. Abarca esto muchos elementos y atributos que van desde las que llamaré sus "unidades de expresión", sus elementos no-léxicos incluidos en ellas, su ritmo y rasgos estilísticos, hasta sus diversos géneros, de acuerdo con sus propias denominaciones. Justamente el acercamiento a todas estas características no en forma teórica sino acudiendo siempre a las composiciones en náhuatl, será otra piedra de toque en la valoración del origen que puede atribuirse a las producciones que han llegado hasta nosotros.

Es cierto que en el transvase de la oralidad y del contenido de los libros pictoglíficos a la escritura alfabética, la antigua forma de trasmisión se alteró y quedó desplazada por la de procedencia europea. Sin embargo, el cambio en la forma de trasmisión no implicó necesariamente una modificación sustancial en el contenido de la expresión. Es decir que, si por otras causas pudo haber alteraciones en la integridad o en las connotaciones de la expresión original, ellas no necesariamente se debieron al transvase a la escritura alfabética.

El análisis de diversos textos en náhuatl permite percibir en no pocos de ellos elementos y atributos que los diferencian de cualquier composición de origen europeo. La captación de esto en determinados casos viene así a corroborar que se está ante una producción de la tradición cultural prehispánica. A su vez, al identificar casos de "contaminación", bien sea en las características de las unidades de expresión o en los rasgos estilísticos en los varios géneros de composición, se tiene un doble argumento. Por una parte, se reconoce que se trata de una producción que no es ya netamente indígena. Por otra, pueden percibirse también mejor las diferencias que existen entre los textos "contaminados" y aquellos que preservan sus atributos originales como creación debida a la tradición anterior a los tiempos del encuentro. Estos son los motivos que me determinaron a incluir aquí este estudio sobre las formas de expresión en náhuatl, enmarcándolo ahora a la luz del enfoque crítico que es asunto central en este libro.

Atendiendo a un considerable número de composiciones que, como veremos, con fundamento pueden atribuirse a la tradición prehispánica (transcripciones de textos en náhuatl empleando ya el alfabeto latino después de la Conquista), cabe distinguir dos tipos principales de géneros literarios. Por una parte están los *cuicatl*, vocablo que se ha traducido como 'canto' 'himno', o 'poema'. Por otra se hallan los *tlahtolli*, término que significa 'palabra', 'palabras', 'discurso', 'relación'. Si se quisiera establecer, con toda las limitaciones del caso, una cierta comparación con las producciones literarias en lenguas indoeuropeas, diríamos que los *cuicatl* corresponderían a las creaciones poéticas, dotadas de ritmo y medida, en tanto que los *tlahtolli* serían comparables a las expresiones en prosa. Pero, como por encima de comparaciones, interesa precisar los principales rasgos característicos de los *cuicatl* y *tlahtolli*, a ellos atenderé a continuación. Después tratarémos de las diferentes especies de composiciones que integran la gama de variantes, tanto de *cuicatl* como de *tlahtolli*.

LOS CUICATL: ESTRUCTURA Y RASGOS PROPIOS

Poco es relativamente lo que se ha estudiado sobre las características y estructura del género literario de los *cuicatl*. Aquí tomaré en cuenta sobre todo lo expresado por Garibay (1953, I, 59-106) y por Frances Karttunen y James Lockhart (1980, 11-64). Son rasgos sobresalientes en el género de los *cuicatl* los que a continuación se enumeran:

a) Distribución de su texto en varios determinados conjuntos de palabras, a veces verdaderos párrafos. Hay en los manuscritos varias formas de señalamiento de dichos conjuntos. Karttunen y Lockhart (1980, 16) han identificado tales agrupamientos como "versos": "la unidad básica de la poesía náhuatl es lo que llamamos el verso". Aquí, al atender a la distribución de los *cuicatl* en los mencionados agrupamientos, los designaré simplemente como *unidades de expresión* de los *cuicatl*.

b) Existencia de varias formas de ritmo y metro. En relación con esto debe atenderse a varios posibles indicadores del ritmo propio de los distintos *cuicatl*. Papel importante parecen desempeñar en ello diferentes elementos no-léxicos que suelen acompañar al texto de los *cuicatl*.

c) Estilística de los *cuicatl*. Abarca ésta las formas de estructuración interna de las unidades de expresión, y externa respecto de otras unidades integrantes del mismo *cuicatl* igualmente lo que se refiere a procedimientos característicos de este género de composiciones nahuas, como los paralelismos, difrasismos, correlaciones de ciertas frases, etcétera.

Puesto que más adelante me ocuparé de la temática y diversos géneros de *cuicatl*, describiré cada una de estas características.

LAS DISTINTAS UNIDADES DE EXPRESIÓN DE LOS CUICATL

Son varios los manuscritos del siglo XVI que incluyen trascripciones de diversos *cuicatl*. Los principales son *Cantares Mexicanos* (Biblioteca Nacional de México, ms. 1628 bis); *Romances de los señores de Nueva España* (Colección latinoamericana de la Universidad de Texas, Austin, CDG, 980); *Historia Tolteca-chichimeca* (Biblioteca Nacional, París, ms. mexicano, 54-58); *Unos anales históricos de la nación mexicana* (Biblioteca Nacional, París, ms. mexicano, 22 y 22 bis); *Códice Florentino* (Biblioteca Médica Laurenziana, Colección Palatina ms. 218-220) y *Anales de Cuautitlán* (Biblioteca Nacional de Antropología e Historia). El examen de estos manuscritos muestra que, con la excepción de los *Anales históricos de la nación mexicana*; y los *Anales de Cuautitlán,* los *cuicatl* que en ellos se incluyen aparecen distribuidos en unidades o agrupamientos que se separan entre sí por medio de puntos y aparte, y a veces también por el signo que indica párrafo distinto, o por una sangría o indentación de las varias líneas que siguen a aquella que principia con mayúscula después del anterior punto y aparte.

Estas unidades de expresión varían considerablemente en su extensión. En pocos casos están constituidas por una sola línea; en otros, por dos, tres o aun por más líneas. Elemento distinto, que parece también importante para distinguir las diferentes unidades de expresión de los *cuicatl* es la presencia de varias sílabas que carecen de contenido léxico y que ostentan el carácter de exclamaciones o interjecciones. Silabas no-léxicas tales como *aya, iya, huiya, ohuaya* y otras se incluyen al final de no pocas de las que llamamos unidades de expresión. También hay *cuicatl* en los que las sílabas no-léxicas se hallan insertas dentro del texto y aun a veces fundidas con vocablos de la misma unidad de expresión. En el caso de *Unos anales históricos de la nación mexicana*, el único elemento existente para determinar hasta dónde llega una unidad de expresión de los *cuicatl* allí incluidos, es justamente éste de las silabas no-léxicas o exclamativas.

Teniendo a la vista los indicadores de las unidades de expresión de los *cuicatl*, debemos preguntarnos hasta qué punto ha sido adecuado presentar la traducción de estas composiciones fraccionando las unidades de expresión que aparecen en los manuscritos, convirtiéndolas en versos y estrofas al modo de los poemas en las distinta lenguas de la familia indoeuropea. Es cierto que el examen de los *cuicatl* permite muchas veces identificar el empleo de determinados procedimientos estilísticos como el paralelismo, o la repetición de un mismo pensamiento al final de las distintas partes de un mismo *cuicatl*, que pueden tenerse como base para distribuir en una determinada forma los componentes de su texto. Así se han dividido unidades de expresión en determinadas líneas o "versos" de contenido semántico paralelo o que parecen constituir una frase u oración unitaria que, a modo de coda o conclusión, se consideran cierre natural del poema. Precisamente con este tipo de apoyo varios de los traductores de los *cuicatl* —entre los que están Ángel Ma. Garibay y el autor de este trabajo— hemos dividido en "versos" y "estrofas" las que aquí se han descrito como unidades de expresión de los *cuicatl*.

Al elaborar el presente estudio quiero reconocer que, en la preparación de transcripciones paleográficas y

traducciones de los *cuicatl,* que se deseen llevar a cabo con
apego riguroso a lo que aportan los manuscritos, deberán
conservarse las unidades de expresión que registran. Esto,
aunque en algunos casos impedirá destacar los paralelismos y otros rasgos estilísticos propios de esta literatura,
implicará la máxima fidelidad a composiciones que provienen de un ámbito cultural muy distinto de aquel que
corresponde a las lenguas indoeuropeas.

Para mostrar las diferencias más obvias entre una y otra
forma de transcripción paleográfica y traducción, ofrezco
el texto de la primera unidad de expresión de un *cuicatl,*
incluido al comienzo de los *Romances de los señores de Nueva España,* presentándolo sin introducir cambio alguno en
su unidad de expresión y luego tal como lo incluyó Garibay en su edición de este manuscrito (Garibay, 1964, 1).

Tla oc tocuicaca tla oc tocuicatocan in xochitonalo
calite za ya atocnihuani catliq y ni quinamiqui can niquite-
mohua ya yo ca qon huehuetitlan ye nica non ohuaya
ohuaya.

Cantemos pues, sigamos el canto, en el interior de la
luz y el calor floridos, oh amigos. ¿Quiénes son? Yo los
encuentro, allá donde los busco, así, allá junto a los tambores, ya aquí están. Ohuaya, ohuaya.

Veamos ahora la presentación que de este texto hace
Garibay:

Tla oc toncuicacan,	Cantemos ahora,
tla oc toncuicatoacan	ahora digamos cantos
in xochitonalo calitec, aya	en medio de la florida luz del sol,
antocnihuan	oh amigos.
¿Catlique?	¿Quiénes son?
in niquic namique	Yo los encuentro
canin quintemohua	en dónde busco:
quen on huehuetitlan,	allá tal cual
Yenicanah Ohuaya ahuaya.	junto a los tambores.

Como puede verse, la distribución en "versos" introducida por Garibay en lo que constituye una unidad de expresión en el manuscrito original, está guiada por un criterio que, en este caso, es fácilmente perceptible. Para distribuir el texto en líneas o "versos" ha atendido al paralelismo que existe en varias de sus frases. Esto es visible en las líneas 1-2, 4-5, 6-7, 8-9 que de un modo o de otro expresan ideas paralelas o de complementación. Excepción sería la línea 3 que, al aparecer entre dos pares de frases paralelas, queda por sí misma diferenciada. Debe notarse, sin embargo, que no en todas las unidades de expresión de los *cuicatl* son tan abundantes los paralelismos. La posibilidad de apoyarse en criterios métricos para introducir tales divisiones es, por otra parte, problemática, como habremos de comprobarlo en seguida.

DOS TIPOS DE ANOTACIONES EN LOS CUICATL

En lo que toca a la existencia de una métrica en los *cuicatl*, si bien se han establecido algunas precisiones, subsisten muchas incertidumbres. En primer lugar debe destacarse que, al estudiar su ritmo y metro, no deben soslayarse dos formas de anotaciones que en repetidos casos aparecen en los manuscritos. Una ha sido ya mencionada: las sílabas no-léxicas, de carácter exclamativo. La otra, menos frecuente, se presenta antes de la primera unidad de expresión del *cuicatl* o intercalada entre las distintas unidades de que consta un mismo poema. Daré algunos ejemplos de este género de anotación. Veamos el siguiente, tomado de *Cantares Mexicanos*, fol. 39 v.:

Toco tocoti, auh ynic ontlantiuh cuicatl, toco toco tocoto ticoticotico ticoticoticoti toco toco tocoti.

Tocoto tocoti, y cuando va a terminar el canto, toco toco tocoto ticoticoticoti toco toco tocoti.

En los folios 40 r. y 40 v., algunas otras unidades de expresión van acompañadas de anotaciones del mismo tipo aunque diferentes. En todas ellas, sin embargo, entran en diversas formas de composición las siguientes cuatro sílabas *ti, to, co, qui.* En varios *cuicatl* se nos da información complementaria respecto de este tipo de anotaciones. En un canto que se atribuye a don Hernando de Guzmán y que, por consiguiente, procede ya de los tiempos que siguieron a la Conquista, a la descripción del género, *cacacuicatl,* "canto como de rana" acompañan las dos siguientes palabras, "el tono" (*Cantares Mexicanos,* fol. 50 r.). A continuación, como para explicar cuál es el tono que corresponde a este *cuicatl,* se incluyen las siguientes sílabas *cototiqui titi totocoto.* Más abajo, después de que se han transcrito ocho unidades de expresión, al comienzo del folio 50 v., se lee lo siguiente:

Yc ome huehuetl titoco titoco titocoto titiquiti titiquiti titiquiti.

La traducción de dicha inscripción es:

Con dos tambores, titoco titoco titocoto titiquiti tiquititi titiquiti.

La larguísima composición de don Hernando Guzmán que abarca sesenta unidades de expresión, hasta concluir con la inserción de la palabra latina *finis,* en el folio 52 v., incluye otras anotaciones semejantes en número de once. Todas, con excepción de la última, indican con cuántos tambores se subrayará el tono del *cuicatl,* de acuerdo con las anotaciones que son siempre combinaciones de las silabas *to, ti, co, qui.*

A otra anotación más amplia, en el folio 7 r., del mismo manuscrito, atenderemos ahora. El interés de la misma se deriva de que en ella se establecen varias precisiones respecto de las sílabas con que, según parece, se marcaba el tono:

> Aquí comienzan los cantos que se nombran genuinos huexotzincáyotl. Por medio de ellos se referían los hechos de los señores de Huexotzinco. Se distribuye en tres partes: cantos de señores o de águilas *(teuccuicatl, cuauhcuicatl)*, cantos floridos *(xochicuicatl)* y cantos de privación *(icnoculcatl)*. Y así se hace resonar al tambor (huehuetl): una palabra [¿o conjunto de palabras?] se van dejando y la otra palabra [¿o conjunto de palabras?] caen con tres *ti*, pero bien así se comienza con un solo *ti*. Y se vuelve a hacer lo mismo hasta que en su interior vuelva a resonar el toque del tambor. Se deja quieta la mano y cuando va a la mitad, una vez más en su labio se golpea de prisa al tambor. Ello se verá en la mano de aquel cantor que sabe cómo se hace resonar. Hace poco, una vez este canto se hizo resonar en la casa de don Diego de León, señor de Azcapotzalco. El que hizo resonar fue don Francisco Plácido en el año de 1551, en la Natividad de nuestro Señor Jesucristo.

Como lo ha notado ya Garibay (1965, XXXVIII-XL), "es evidente que se trata de indicaciones para medir el ritmo de la música". Admite él la posibilidad de que cada una de las mencionadas sílabas pudiera corresponder a una nota, dentro de una escala pentáfona aceptada por varios investigadores de la música indígena. Según esto, *ti* correspondería a *do* octava; *qui* a *la* natural; *to* equivaldría a *sol* natural; y *co* a *mi* natural. Al decir del mismo Garibay, "puede conjeturarse que la *do* inicial no se notaba". Ello completaría la escala pentáfona a que se ha hecho alusión.

Una interpretación distinta se debe a Karl A. Nowotny (1956, 186-198) que identifico en *Cantares Mexicanos* 758 arreglos diferentes de las mencionadas sílabas en las que entran las consonantes *t, c* (qu-) y las vocales *i, o*. Considera él que se trata de indicadores de tonos distintos, ascendentes y descendentes. Señala además que las combinaciones más complejas de dichas sílabas acompañan a algunos *cuicatl* cuya fecha de composición se sitúa ya en el periodo colonial.

Por mi parte recordaré que hay en la amplia obra poética de la célebre Sor Juana Inés de la Cruz (1648-1695) un villancico (canto de Navidad) en el que incluye una composición suya en náhuatl, descrita por ella misma como un *tocotin*:

> Los mexicanos alegres
> también a su usanza salen...
> y con las cláusulas tiernas
> del mexicano lenguaje,
> en un tocotin sonoro
> dicen con voces suaves...
> *(Sor Juana Inés de la Cruz, 1969, 187-188).*

Siguiendo a esta introducción, viene luego el cantar en veinticuatro líneas, de las que al menos copio las cuatro primeras:

Tla ya timohuica,	Si ya te vas,
totlazo Zuapilli	amada señora nuestra,
maca ammo, Tonantzin,	no, Madrecita nuestra,
titechmoilcahuiliz ...	de nosotros te olvides...

Al calificar de *tocotin* a esta composición suya, alude Sor Juana a las anotaciones con las sílabas *to, co, ti, qui,* que acompañaban a algunos de los *cuicatl* de la tradición prehispánica de la temprana época colonial. Al expresar además ella misma que se trata de "*un tocotin sonoro*", confirma lo que, por los textos indígenas, conocemos sobre el acompañamiento musical y el canto, expresión de estos poemas. No pudiendo adentrarnos aquí en una comparación de la métrica del *tocotin* de Sor Juana con la de algunos *cuicatl* que van precedidos de una anotación semejante, dejo al menos registrado este interesante testimonio de la gran poetisa del siglo XVII.

A modo de conclusión respecto de estas anotaciones, debe señalarse que éstas aparecen acompañando sobre todo a aquellos *cuicatl* que, entonados al son de la música de los *huehuetl*, tenían un carácter mímico o de representación dramática. Y conviene recordar que, además de emplearse distintas formas de *huehuetl*, como aquellos que por su gran tamaño se conocían como *tlalpanhuehuetl*, tambores no portátiles que permanecen sobre la tierra, se disponía de otros muchos instrumentos. Particular mención merece el *teponaztli*, invención mesoamericana que, lejos de constituir un tambor, ya que en él no hay piel alguna que se haga resonar, es una peculiar forma de xilófono. Tan grande aprecio tuvieron los antiguos mexicanos por el *teponaztli* y el *huehuetl* que se conserva un antiguo mito acerca de su origen. La esencia del relato es que determinó una vez Tezcatlipoca se pidiera al sol forjadores de cantos, músicos e instrumentos. Marchó el enviado al cielo del Sol. Éste, sin embargo, había prevenido a sus servidores que no atendieran tal petición. El que pronunciara palabra sería expulsado e iría a parar a la tierra. Huehuetl y Teponaztli, que estaban allí con el Sol, cayeron en la tentación de hablar. Consecuencia fue que vinieran a la tierra. Así pudieron los macehuales gozar de la música.

La temática de los *cuicatl* estaba relacionada, según parece, con las formas de acompañamiento musical. De los instrumentos que podían emplearse mencionaré las *tlapitzalli*, flautas; los *tecciztli*, caracoles, tan relacionados con Ehécatl-Quetzalcoatl; las *chicahuaztli*, sonajas y las *omichicahuaztli*, sonajas de hueso; las *ayotapalcatl*, conchas de tortuga, así como una gran variedad de *tzitzilli*, campanillas y *coyolli*, cascabeles. Como lo han mostrado varios estudiosos de la música prehispánica de Mesoamérica, los recursos de algunos de estos instrumentos eran muy grandes. Tal es el caso de las *tlapitzalli* o flautas que dan una escala pentáfona del género do-re-mi-sol-la. Ya hemos visto que Garibay señaló la posibilidad de que cada una de las sílabas o anotaciones *to co tin...*, pudiera corresponder a una nota dentro de esa escala pentáfona.

Volvamos ahora a los otros elementos, asimismo no-léxicos que, según vimos, se presentan afectando también la estructura de las unidades de expresión de los *cuicatl*. Ya dijimos que se encuentran a veces de manera intrusiva, incorporados a alguna de las palabras (la materia léxica) de los versos. En otros casos van al fin de una frase u oración o al término de una unidad de expresión del *cuicatl*, como poniéndole fin. Debe notarse además que hay composiciones en que las mismas palabras no-léxicas son compartidas por otras unidades de expresión o incluso por todas las que integran un mismo *cuicatl*.

Un elenco de estas sílabas no-léxicas comprende, entre las mas frecuentes éstas: *a, ah, ya, aya, iya, huiya, ohuaya, ahuaya, ohuaye, ahue, ohue, ohuia, ohuiya, lili, aylili, tanlalala, ayao, yehuaya* o, con distinta grafía *yeehuaya*.

Cuando estas sílabas no-léxicas aparecen como elementos independientes, bien sea dentro de una unidad de expresión o al término de la misma, su función puede interpretarse como de índole métrica pero asimismo en muchos casos como factor o elemento que imprime énfasis a la expresión que antecede. En los casos en que modifican intrusivamente algunos vocablos de la unidad de expresión, importa mucho identificar su presencia tanto en razón de la métrica como para evitar la posibilidad de lecturas o interpretaciones erróneas. Así, por ejemplo, la sílaba *ya*, adherida a alguna forma verbal, podría llevar a interpretar erróneamente el correspondiente tiempo del verbo. Otro ejemplo de posible equivocación la ofrece la *a* intrusiva que se adhiere a sustantivos como *xochitl* y que llevaría a suponer la presencia de un compuesto del tipo de *xochitla*, que no significa ya meramente 'flor' sino 'abundancia de flores'. Otros ejemplos de sílabas no-léxicas incrustadas en el texto de la composición los tenemos en estas unidades de expresión de los distintos *cuicatl*. Subrayo en cada caso las sílabas no-léxicas:

> Nicamana*ya* nicmana*ya* xochicacahuatl ma*ya* onihua*ya* yeichan nopiltzin Moteuczomatzi o *ancayome*.

> Ofrendo, ofrendo el agua florida del cacao; ¡que vaya yo a la casa de nuestro príncipe Moteuczomatzin!
> (*Cantares Mexicanos*, fol. 36 v.)

> Zan teoaxochioctl*a* yc yhuintic yeoncan totoatepan *aya* quaxo motl*aya*. . .

> Sólo con el floreciente divino licor, embriagado allí, en la orilla del agua de las aves, [el guerrero] Quaxomotl...
> (*Cantares Mexicanos*, fol. 55 v.)

RITMO Y MEDIDA

En forma de pregunta debe plantearse la existencia de una relación directa entre la métrica de los *cuicatl* y las sílabas no-léxicas del tipo *ohuaya*, *huiya*, *aya*, etcétera. Respecto de las otras anotaciones del tipo de *tiqui toco*, *toco tiquiti*, hemos visto que parecen indicar el modo como debía hacerse resonar a los *huehuetl*. El problema, sin embargo, subsiste ya que, además de que desconocemos a punto fijo el valor musical de dichas anotaciones, tampoco se ha podido establecer la relación que puedan acaso tener con el ritmo interno de los *cuicatl.*

En lo que toca a las sílabas no-léxicas de carácter exclamativo, ha habido hasta ahora dos principales intentos de correlación. Se debe el primero a Garibay (1953, I, 60-67). Según este autor, desempeñan ellas un papel importante en el ritmo propio de los distintos *cuicatl.* En múltiples casos, aunque al parecer no en todos, se introducen las sílabas no-léxicas como elemento complementario en el mantenimiento del ritmo adoptado. El propio Garibay ofrece ejemplos de cinco formas diferentes de frases en las que, con o sin sílabas no-léxicas, es perceptible la existencia de un ritmo. Éstos son los tipos de organización rítmica que se presentan como más frecuentes en los *cuicatl.*

Como la más antigua forma de organización métrica en náhuatl describe él en primer lugar la que se estructura con sílabas acentuadas e inacentuadas en orden de tres acentos. Ofrece un ejemplo tomado de los *Anales de Cuauhtitlan,* en el que se conserva un antiguo relato mítico. A continuación, transcribiré otro pasaje del mismo texto, presentándolo en tres líneas distintas para mostrar mejor esta su estructura métrica:

Ompa antlaminazque
noyuhqui in Mictlanpa teotlalli
yytyc antlaminazque

Hacia allá habréis de flechar,
también así hacia la región de los muertos, la amplia tierra,
hacia su interior habréis de flechar.

(Anales de *Cuauhtitlan,* p. 3.)

Otro modo de organización rítmica se estructura con sílabas acentuadas e inacentuadas en orden de dos acentos. Garibay le adjudica también "muy antigua procedencia". Este es el ejemplo que aduce:

> Oncan tonaz, oncan tlathuiz
> oncan yezque, ayamo nican

> Allá aparecerá el sol, allá habrá luz,
> allá estaremos, no más aquí.

Respecto del anterior ejemplo debe notarse que es muy probable que hubiera en él una asimilación entre la *e* de *yezque* (en la segunda línea) y la *a* de *ayamo*. Veamos otra muestra tomada del himno sacro de los *Totochtin*.

> Macaiui/ teutl/ macoc/ ye cho/ caia...

> Que no sea así, se hizo ofrenda al dios, ya llora...
>   (*Códice Florentino*, fol. 143 r.)

A continuación señalo únicamente las otras tres formas de ritmo percibidas por Garibay en los *cuicatl,* en las que las sílabas no-léxicas pueden funcionar asimismo como complemento rítmico: series de seis sílabas con sólo dos acentos. La sílaba acentuada va antecedida y seguida de una inacentuada; series de dos hemistiquios (similar al alejandrino de la literatura castellana), y combinación de hemistiquios en la que entran estructuras del tipo de las descritas en segundo y tercer lugar.

No obstante las anteriores precisiones, reconoce Garibay que "no siempre es posible ajustar el texto a la métrica" (Garibay, 1953, 1, 64). A su juicio la irregularidad que se percibe en el ritmo de un mismo *cuicatl* puede explicarse o como artificio introducido por el *cuicapicqui* o forjador de cantos, o también como consecuencia de una mala transcripción debida a la impericia de los escribanos.

Otra forma de acercamiento a la métrica de los *cuicatl* la ejemplifican los ya citados Frances Karttunen y James Lockhart. Consideran ellos que es necesario tomar en cuenta la longitud de las sílabas o, en su lugar, la longitud de los pies que integran los distintos vocablos y aun las exclamaciones (sílabas no-léxicas) que se incluyen en estas composiciones. Al hablar de pies se refieren, en sentido clásico a "cada parte de dos, tres o mas sílabas, de que se compone y con que se mide un verso en aquellas composiciones en que se atiende a la cantidad o longitud temporal en la pronunciación" (*Diccionario de la Real Academia Española*, 1970, 1020-1021). Tras analizar en su trabajo varios ejemplos tomados de las colecciones de *cuicatl* que se conservan, la conclusión a la que llegan es la siguiente:

> Es lo que ocurre repetidas veces: un verso en sus comienzos parece prometer mucho, y pronto sigue la decepción. A menudo se encuentra un par de frases iguales o hasta cuatro o cinco de ellas, al principio de un poema, como en nuestro ejemplo, y luego decae en gran irregularidad, por lo menos vista en los mismos términos. No cabe duda de que las frases iguales eran un recurso estilístico en la poesía náhuatl, pero no vemos todavía cómo puedan ser la base de la organización métrica dentro del verso. (Karttunen y Lockhart, 1980, 30-31.)

Por eso Karttunen y Lockhart concentran luego su atención en los pies que consideran identificables en los *cuicatl*. Presentando varios ejemplos, notan la existencia de los que, empleando la terminología de origen griego, pueden describirse como *pies dáctilos*, es decir dotados o compuestos de tres sílabas, la primera larga y las otras dos breves. Después de analizar los pies dáctilos presentes en varias composiciones, admiten que, en la secuencia de esos mismos *cuicatl*, lo que parecía constituir su propia medida se pierde a veces muy pronto:

Nos damos cuenta de que cada poema podría tener su esquema métrico propio y las instrucciones para los toques de tambor parecen implicar que podría ocurrir en el medio de un verso. (Karttunen y Lockhart, 1980, 33.)

Así, como en el caso citado de Garibay, admiten estos investigadores que queda aun mucho por esclarecer respecto de la estructuración métrica de las frases y unidades de expresión de los *cuicatl.*

ESTILÍSTICA DE LOS CUICATL

La descripción de los rasgos estilísticos más sobresalientes en estas composiciones puede hacerse desde dos perspectivas: atendiendo, por una parte, a los elementos que integran cada unidad de expresión de un *cuicatl,* y abarcando, por otra, al conjunto de unidades que se presentan en el texto, relacionadas entre sí en cuanto integrantes de un mismo poema. Comenzaré adoptando la perspectiva más amplia que ayude a identificar lo genéricamente característico de estos poemas en su estructura más completa.

LA ESTILÍSTICA EN EL CONJUNTO DE LAS UNIDADES QUE INTEGRAN UN CUICATL

Vimos ya que en los manuscritos hay varias formas de indicación que permiten distinguir con bastante claridad dónde comienza y acaba una unidad de expresión de un determinado *cuicatl.* Ahora debemos añadir que hay en los mismos textos otros señalamientos que muestran cuáles son las unidades que pertenecen a un mismo *cuicatl.* Con frecuencia un conjunto de unidades va precedido de una línea o líneas de texto escritas con un tipo diferente de letra, que expresan lo que puede tenerse como una descripción o título del *cuicatl*. En otros casos la separación se introduce con una sola palabra en castellano o en náhuatl. Así, por ejemplo, en *Cantares Mexicanos*, fol. 4 v., aparece entre dos rayas la palabra "otro". Con ella se señala que el *cuicatl* que a continuación se inserta pertenece, como el anterior, al conjunto de los *Chalcayotl*, "Cantos de las cosas de Chalco".

Otras formas de separación, tanto en *Cantares Mexicanos*, como en *Romances de los señores de la Nueva España*, se establecen por medio de un número. De hecho en el último de estos manuscritos, dividido en cuatro partes empleó el escribano los numerales del 1 al 14 (en la primera y segunda partes respectivamente) para distinguir así los que a su juicio eran veintiocho *cuicatl* diferentes. En lo que toca a las dos últimas partes, mucho más breves, las separaciones en una y otra se reducen a cuatro, indicadas por sus correspondientes guarismos. Tenemos así que en los *Romances* se registra la inclusión de 36 *cuicatl* diferentes.

Ahora bien, tanto en *Romances* como en *Cantares Mexicanos*, además de estas divisiones o separaciones más explícitas, hay otras que consisten simplemente en dejar en blanco un espacio mayor que el que existe entre las distintas líneas del texto. Este tipo de separación ocurre a veces dentro del conjunto de unidades que aparecen bajo un mismo título o bajo un mismo numero. En muchos casos puede afirmarse que se trata de *cuicatl* diferentes, que han sido agrupados por sus semejanzas bajo un título bastante general. En *Cantares Mexicanos*, por ejemplo, fol. 16 v.- 26 v., hay diecinueve de estas separaciones que parecen indicar que está allí reunida una veintena de *cuicatl*. El título que precede a todos ellos indica lo que tienen en común:

Aquí empieza los que se nombran cantos rectos que se elevaban en el palacio, en México, y también en la tierra firme de Acolhuacan. Con ellos se hacía que la tristeza dejara a los señores.

No obstante la presencia de estas varias formas de anotación, el estudioso de los *cuicatl* tendrá que precisar en algunos casos cuáles son realmente las unidades de expresión que han de tenerse como integrantes de un mismo poema. En el trabajo ya citado de Karttunen y Lockhart se establecen algunas precisiones a este respecto. Muestran ellos (1980, 17-22) que las agrupaciones de unidades de expresión:

... tienen una organización numérica muy fuerte. Ciertas agrupaciones numéricas, repetidas a cada paso vienen a constituir formas poéticas o tipos estructurales que definen la entidad más grande o poema.

La entidad más compacta, más fuerte y más frecuente, más allá del verso individual [de la unidad básica de expresión] es el par de versos [el par de unidades de expresión].

En general resulta fácil identificar las unidades de expresión que constituyen pares. El elemento estilístico de la repetición con variantes de un mismo tema, lleva justamente a la fácil percepción de los apareamientos en las unidades de expresión. La presentación de las unidades por pares se muestra como una tendencia predominante en la estructuración de los *cuicatl*. En algunos casos hay sólo un relativamente sencillo par de unidades. Sin embargo, como lo muestra el examen llevado a cabo por Karttunen y Lockhart en el manuscrito de los *Romances*, en las treinta y seis grandes divisiones que allí se registran, veintiocho dan cabida a composiciones integradas por conjuntos de ocho unidades de expresión o de múltiplos de ocho. Parece significar esto que las composiciones distribuidas en cuatro pares de unidades solían ser del agrado de los *cuicapicqueh*, forjadores de cantos.

Son pues los agrupamientos apareados, dentro del conjunto de unidades que integran un *cuicatl*, un primer rasgo característico. Ahora bien, el hecho de que el apareamiento se manifieste sobre todo a través de variantes de un mismo tema, lleva a reconocer que, más que un desarrollo lineal de ideas o argumentos, hay en los *cuicatl* procesos convergentes en el acercamiento, que se dirige a mostrar desde diversos ángulos lo que se tiene como asunto clave en la composición.

Como ejemplo doy aquí el análisis del contenido de las ocho unidades de expresión del *cuicatl* que, sobre la guerra de Chalco llevada a cabo por los mexicas, se incluye en *Cantares Mexicanos* (f. 18. r.-v.) Unas cuantas palabras de invitación a águilas y ocelotes, marcan el principio del *cuicatl*. En la misma primera unidad se expresa ya el asunto central del canto: "Hacen estrépito los escudos, es la reunión para hacer cautivos..."

La segunda unidad de expresión, además de incluir como estribillo la última de las frases citadas, enuncia, con una nueva forma de acercamiento, el tema de la guerra con Chalco: "Sobre nosotros se esparcen, sobre nosotros llueven las flores de la batalla, con ellas se alegra el dios."

La tercera y cuarta unidades de expresión, asimismo pareadas, son otras tantas descripciones, abundantes en metáforas, de lo que es la guerra. En la tercera se proclama: "Hierve allí, hace ondulaciones el fuego. Se adquiere la gloria, el renombre del escudo. Sobre los cascabeles el polvo se eleva." En la cuarta unidad leemos: "Nunca cesará la flor de la guerra, allá esta en la orilla del río, allí abren sus corolas la flor del ocelote, la flor del escudo..." Y el estribillo, que concuerda con la tercera unidad, reitera: "Sobre los cascabeles el polvo se eleva."

En la quinta y sexta unidades el acercamiento se prosigue ahondando en el tema de las flores de la guerra. Primeramente se nos dice: "La olorosa flor de ocelote: allí es donde cae, en el interior de la llanura, a nosotros viene a alegrar. ¿Quiénes la quieren? Aquí está el prestigio, la gloria." La sexta unidad se halla pareada con la anterior: "Las flores disformes no dan alegría; se han logrado las flores del corazón en la llanura, al lado de la guerra, allá han salido los nobles. Aquí esta el prestigio, la gloria."

Dos últimos agrupamientos, séptimo y octavo, dan término al *cuicatl*. En uno y otro la aproximación al tema central alcanza plenitud. Con viveza de imágenes, la guerra de Chalco y Amecameca se nos torna visible. En la séptima unidad de expresión oímos: "Con las rodelas de las águilas se entrelazan los estandartes de ocelote. Con los escudos de quetzal se confunden los estandartes de pluma de aves acuáticas; hacen ondulaciones, reverberan allí. Han venido a erguirse los de Chalco y Amecamecan. Se revuelve y hace estrépito la guerra." La última unidad de este *cuicatl* cierra el poema pareada con la anterior: "El dardo con estrépito se rompió, la obsidiana se hizo pedazos, el polvo de los escudos sobre nosotros se extiende. Se irguieron los de Chalco y Amecameca. Se revuelve y hace estrépito la guerra."

Aunque hay muchas diferencias estructurales en el conjunto de los *cuicatl* que se conservan, el análisis hecho de la interrelación de las varias unidades que integran el poema anterior, refleja algo muy característico en la organización de estos poemas y en la interrelación que guardan entre sí sus distintas unidades de expresión. Podría decirse que, en cl caso de estas composiciones nahuas, los sucesivos acercamientos pareados al asunto en el que se quiere fijar la atención llevan, paso a paso, con fuerza plástica de metáforas, a la contemplación final del objeto que es la clave: en nuestro ejemplo, la guerra, eso que se dijo antes "es el placer del dios", visto ahora como entrelazarse de banderas y escudos allí donde los dardos se rompen, las obsidianas se hacen pedazos, en medio del polvo que sobre todos se extiende, donde surge el enemigo, los de Chalco y Amecameca, contra quienes se revuelve y hace estrépito, furiosa, la guerra emprendida por los mexicas.

Pasaré ya a la consideración del otro aspecto enunciado de la estilística de los *cuicatl*. Se refiere éste a los elementos que se presentan dentro de cada una de sus unidades de expresión.

LA ESTILÍSTICA EN LA ESTRUCTURA INTERNA DE CADA UNIDAD DE EXPRESIÓN

Ya se atendió a una primera forma de paralelismo existente entre las distintas unidades de expresión que aparecen pareadas en un mismo poema. De nuevo emplearé el concepto de paralelismo para aplicarlo al caso, también muy frecuente, de frases de connotación afín que se hallan dentro de una misma unidad de expresión. Un examen del *cuicatl* analizado antes, nos permite encontrar también ejemplos de esto último. Así, en su segunda unidad de expresión hallamos: "sobre nosotros se esparcen,/ sobre nosotros llueven, las flores de la batalla/". En este caso el paralelismo es tan estrecho que una y otras oraciones tienen el mismo sujeto. Otra muestra nos la da la siguiente unidad de expresión del mismo *cuicatl:* /ya hierve,/ ya serpentea ondulante el fuego/. En este caso la segunda oración, que tiene también el mismo sujeto, amplifica la imagen del fuego que hierve encrespado. Explicitación de cómo se alcanza el prestigio en la guerra la proporciona la segunda oración de estas dos que son paralelas: /se adquiere la gloria/ el renombre del escudo/. Por vía de complemento, contraste, disminución o referencia a una tercera realidad, los paralelismos, tan frecuentes en el interior de la unidad de expresión, son elemento estilístico que, como atributo, comparten los *cuicatl* en náhuatl con los de otras literaturas del mundo clásico.

A otros dos elementos estilísticos debo hacer referencia. Uno es el que describe Garibay con el nombre de difrasismo. La definición que del mismo ofrece es esta:

> Consiste en aparear dos metáforas que, juntas, dan el simbólico medio de expresar un solo pensamiento (1953, I, 19.)

Para ilustrar lo anterior aduciré precisamente el difrasismo de que se servían los nahuas para expresar una idea afín a la nuestra de poesía: *in xochitl, in cuicatl,* "flor y canto." Precisamente en *Cantares Mexicanos* (fols. 9. v.- 11 v.) se transcribe una larga composición en la que aparecen diversos forjadores de cantos, invitados por el señor Tecayehuatzin de Huexotzinco, para discutir y dilucidar cuál era en última instancia el significado de *in xochitl, in cuicatl.*

Debemos notar que, aunque es frecuente en los *cuicatl* el empleo de difrasismos, tal vez lo sea más en algunas formas de *tlahtolli,* 'conjuntos de palabras, discursos, relatos'. Por eso nos limitaremos aquí a otros pocos ejemplos tomados de *Cantares Mexicanos* y de *Romances*. De este último procede el siguiente:

> Chalchihuitl on ohuaya in xihuitl on in motizayo in moihuiyo, in ipalnemohua ahuayya, oo ayye ohuaya ohuaya.
> Jades, turquesas: tu greda, tus plumas, Dador de la vida.
> *(Romances,* fol. 42 v.).

El interés de este ejemplo se desprende de que en él se entrelazan dos formas distintas de difrasismo. Por un lado tenemos las palabras chalchihuitl y xihuitl, 'jades, turquesas' que, juntas, evocan la idea de 'realidad preciosa'. Por otra parte, *mo-tiza-yo*, *mo-ihui-yo*, formas compuestas de *tiza-tl*, 'greda' e *ihui-tl*, 'pluma', son evocación del polvo de color blanco para el atavío de los guerreros, así como de las plumas, adorno de los mismos. Juntas, *tizatl*, *ihuitl*, evocan la guerra. El sentido de los dos difrasismos es reafirmar que la lucha, el enfrentamiento es, por excelencia, realidad preciosa.

De *Cantares Mexicanos* fol. 17 r., proviene este otro ejemplo en el que aparece el sabio Nezahualcóyotl reflexionando sobre lo único que puede ser raíz del poder en la tierra:

> Ma oc ye xiyocoya in Nezahualcoyotzin auhca huelichan aya ipalnemoa ni zan itlan conantinemi ynipetl ynicpalli zan co ya mahmatinemi in tlalticpac in ihuicatl ayahue.
> Medita, Nezahualcóyotl, allá sólo puede estar la casa del Dador de la vida, sólo a su lado se puede estar tomando la estera y el sitial, sólo así se lleva a cuestas el cielo en la tierra.

Los vocablos que integran aquí un difrasismo, bien conocido por cierto, son *petlatl*, 'estera' (petate) e *icpalli*, 'sitial' (equipal). Hallarse sobre la estera y el sitial era algo que correspondía a aquel que ejercía el mando.

Puesto que, al ocuparnos de los *tlahtolli*, ampliaremos lo dicho acerca del procedimiento estilístico del difrasismo, atenderemos ahora a otra característica, mucho más peculiar y frecuente en los *cuicatl*. Consiste ésta en el empleo de un conjunto de imágenes y metáforas que en realidad tornan inconfundible el origen de este tipo de producciones. No obstante que hay grandes diferencias en la temática de los *cuicatl*, muchas de estas imágenes aparecen y reaparecen en la gran mayoría de composiciones que integran el *corpus* de esta poesía. Las principales y más recurrentes son evocación del siguiente tipo de realidades: las flores y los atributos de las mismas, como sus corolas que se abren; un gran conjunto de aves; asimismo y de modo especial las mariposas; también dentro del reino animal, las águilas y ocelotes. Conjunto aparte lo integra la gama de los colores portadores de símbolos. Del reino vegetal aparecen con frecuencia, además de las ya mencionadas flores, diversos géneros de sementeras, la chía y el maíz como semilla, mazorca, planta y sustento del hombre. Se mencionan también el *teonanacatl*, 'la carne de los dioses', los hongos alucinantes y el *ololiuhqui*; así como el tabaco que se fuma en canutos y en pipas de barro, el agua espumante de cacao, endulzada con miel, que se sirve a los nobles.

Objetos preciosos son también símbolos. Entre ellos están toda suerte de piedras finas, los *chalchihuitl*, jades o jadeítas y *teoxíhuitl*, piedras color de turquesa. También los metales preciosos las genuinas, amarilla y blanca excrecencias (oro, plata), los collares, las ajorcas, y asimismo los distintos instrumentos musicales, el *huehuetl* o tambor, el *teponaztli*, resonador, las *tlapitzalli*, flautas, las *ayacachtli*, sonajas, los *oyohualli*, cascabeles. Una y otra vez se tornan presentes, como sitios de placer y sabiduría, las *xochicalli*, 'casas floridas', las *tlahcuilolcalli*, 'casas de pinturas', las *amoxcalli*, 'casas de libros'. Las metáforas de la guerra, algunas ya mencionadas y otras como 'el humo y la niebla', 'el agua y el fuego', la 'filosa obsidiana', encaminan al pensamiento a revivir en el canto el sentimiento vital del combate.

Respecto de cada uno de los conjuntos o categorías mencionadas podrían enumerarse de manera específica las muchas realidades que con sus propios vocablos se nombran. Así, para dar sólo un ejemplo, entre las aves que se evocan en los *cuicatl*, están el *xiuhtototl*, 'pájaro color turquesa', el *quecholli*, 'ave de plumas rojas', el *teocuitlacoyoltototl*, 'el pájaro cascabel amarillo como el oro', el *zacuan*, 'ave de pluma dorada y negra', el *elotototl*, 'pájaro de las sementeras', el *tzinizcan*, otra ave de plumas finas, el *huitzitzilin*, 'colibrí precioso', el *cocoxqui*, 'faisán de plumas de muchos colores', el *tlauhquechol*, identificado por algunos con la guacamaya y por otros con el flamenco...

En el ámbito de los colores el simbolismo es igualmente muy grande y variado. Por ejemplo, en el canto con el que se inicia el texto de los *Anales de Cuauhtitlan* se nos presentan variantes de gran interés en la interrelación de los colores y los rumbos cósmicos. El verde azulado connota allí el oriente; el blanco, la región de los muertos, es decir el norte; el amarillo, el rumbo de las mujeres, o sea el poniente, y el rojo, la tierra de las espinas, el sur. Los colores aparecen, además, calificando y enriqueciendo la significación de realidades que son ya de por sí portadoras de símbolos. De este modo, cuando se expresan los colores de flores, aves, atavíos y, en fin, de otros muchos objetos cuya presencia es símbolo, puede decirse que la imagen se torna doblemente semántica.

Con éstos, y en menor grado otros recursos estilísticos, los forjadores de cantos expresaron la gama de temas que constituía la esencia de su arte. Puesto que de esa temática nos ocuparemos al hablar de los distintos géneros en que se distribuyen los *cuicatl*, atenderé ya ahora a los *tlahtolli*.

LOS TLAHTOLLI: ESTRUCTURA Y ATRIBUTOS PROPIOS

Hemos visto que en el gran conjunto de composiciones en náhuatl atribuidas a la tradición prehispánica pueden distinguirse genéricamente dos formas literarias: los *cuicatl*, 'cantos', 'himnos', 'poemas' y los *tlahtolli*, 'palabra', 'palabras', 'discurso', 'relación'.

Como en el caso de los *cuicatl*, también en el de los *tlahtolli*, se incluyen dentro de esta segunda categoría diferentes especies de producciones. Entre ellas están los que hoy llamamos 'mitos', 'leyendas', 'anales', 'crónicas', 'historias' y 'relatos'. También son parte de este conjunto composiciones de carácter bastante distinto: los *huehuehtlahtolli*, muestras de la 'antigua palabra', discursos en los que se comunicaba lo más elevado de la antigua sabiduría, las normas morales y cuanto había de guiar a los hombres en su marcha sobre la tierra.

Decir que los *tlahtolli* se asemejan por su estructura a lo que llamamos prosa en otros contextos literarios, sería acercamiento bastante simplista, tanto como haberse limitado a afirmar de los *cuicatl* que pertenecen al género de la poesía. Importa, acudiendo incluso al contraste con los *cuicatl*, describir los atributos del género diferente de los *tlahtolli*. Con este fin me fijaré en los siguientes puntos:

a) La estructuración de unidades de significación en los *tlahtolli* y el tono narrativo de los mismos.

b) ¿Existencia de ritmo y metro en algunos *tlahtolli*?
c) Estilística de los *tlahtolli*.

LAS UNIDADES DE SIGNIFICACIÓN EN LOS TLAHTOLLI
Y EL TONO NARRATIVO DE LOS MISMOS

Al estudiar los atributos de los *cuicatl* vimos que en ellos, más que una forma de desarrollo lineal de un tema determinado, es frecuente hallar que sus varias unidades de expresión son otros tantos acercamientos convergentes que ahondan en un mismo asunto. Unas veces se trata de amplificaciones, otras de contrastes o de precisiones que iluminan determinados detalles pero generalmente hay recurrencia de la idea o imagen sobre la que parece estar clavada la atención. En cambio, en el caso de los *tlahtolli*, además de que es mucho más difícil y asimismo innecesario llevar el registro de sus varias unidades de expresión (en los manuscritos no hay indicaciones de ello), el tono narrativo implica un desarrollo lineal en el sentido de las palabras que se suceden.

También en los *tlahtolli* —como ocurre con los *cuicatl*— se manifiesta una inclinación que se complace en estructurar cuadros o escenas que parecen sobreponerse unas a otras. Sin embargo, la diferencia está en que, mientras en los *cuicatl* los acercamientos vuelven al mismo asunto enunciado en la primera unidad, en los *tlahtolli* la imaginación y el recuerdo se ponen en juego para introducir secuencias, alterando a veces espacios y tiempos. Como ejemplos de esta estructuración en los *tlahtolli* mencionaré los siguientes: el que se incluye en el *Códice Florentino* (Libro VII, fol. 3 r.- 7 r.), y que se describe como una *nenonotzalli*, 'narración' *in ye huecauh ic tlanonotzalia huehuetqueh in inpiel catcah*, 'una narración que en los tiempos antiguos relataban los ancianos que la guardaban'. Dicho relato versa sobre la reunión que hicieron los dioses, cuando aún era de noche, allá en Teotihuacan, para volver a poner en el cielo un sol y una luna. El segundo relato, incluido en los códices *Matritense* y *Florentino*, (Libro III fol. 9 r.- 23 r.), tiene por tema el de la *In ihtolloca in Quetzalcoatl*, 'la historia [lo que quedó dicho] acerca de Quetzalcoatl'. Un tercero lo ofrece *In itlahtolloh Nezahualcoyotzin*, 'el conjunto de palabras acerca de Nezahualcóyotl', el sabio señor de Tezcoco, incluido en los Anales de *Cuauhtitlan* (fol. 34-54).

Fijándonos en el primero de estos tres ejemplos, analizaré la superposición y secuencia de significaciones que en él se trasmiten.

Una primera escena, en la que se establecen referencias temporales y espaciales, introduce al tema del relato: una preocupación de los dioses que mucho iba a significar para los seres humanos:

> Se dice que, cuando aún era de noche, cuando aún no había luz, cuando aún no amanecía, se juntaron, se llamaron unos a otros los dioses allá en Teotihuacan. Dijeron, se dijeron entre sí: —¡Venid, oh dioses! ¿Quién tomará sobre sí, quién llevará cuestas, quién alumbrará, quién hará amanecer?

Los dioses, que desde un principio aparecen preocupados e interrogantes, son quienes mantendrán la secuencia y el sentido que dan unidad al relato. Aparte del conjunto de los dioses aquí aludidos, entre los que figuran Ehécatl, Quetzalcóatl, Xólotl, Tezcatlipoca, Tótec, Tiacapan, Teyco, Tlacoyehua y Xocóyotl, otros dos personajes, también divinos, aparecen como interlocutores y actores de extrema importancia. Tecuciztécatl y Nanahuatzin son los que habrán de ofrecerse para hacer posible que un nuevo Sol alumbre y haga el amanecer. En una segunda escena, superpuesta a la anterior, se oye el ofrecimiento de uno y otro, en tanto que el conjunto de dioses se mira y dialoga y se pregunta qué es lo que va a ocurrir. La tercera escena no implica cambio de lugar ni fisura en el tiempo: aún es de noche, allí en Teotihuacan. Los personajes son también los mismos pero hay una secuencia lineal del acontecer. El narrador se complace en los contrastes:

> En seguida empiezan a hacer penitencia. Cuatro días ayunan los dos, Nanahuatzin y Tecuciztécatl. Entonces es también cuando se enciende el fuego. Ya arde éste allá en el fogón divino . . .
>
> Todo aquello con que Tecuciztécatl hace penitencia es precioso: sus ramas de abeto son plumas de quetzal, sus bolas de grama son de oro, sus espinas de jade...
>
> Pero Nanahuatzin, sus ramas de abeto son todas solamente cañas verdes, cañas nuevas en manojos de tres, todas atadas en conjunto son nueve. Y sus bolas de grama sólo son genuinas barbas de ocote; y sus espinas también verdaderas espinas de maguey. Y lo que con ellas se sangra es realmente su sangre. Su copal es por cierto aquello que se raía...

En el mismo escenario de Teotihuacan adquiere luego forma otra secuencia de escenas. El texto recuerda lo que sucedió cuando han pasado ya cuatro días, durante los cuales ha estado ardiendo el fuego alrededor del cual han hecho penitencia Tecuciztécatl y Nanahuatzin. Los dioses vuelven a hablar incitando a Tecuciztécatl a arrojarse al fuego para salir de él convertido en Sol. El acontecer en el mismo espacio sagrado deja ver los intentos frustrados del dios arrogante Tecuciztécatl, incapaz de consumar el sacrificio del fuego. Muy diferente, como lo había sido su penitencia ritual, es la acción del buboso Nanahuatzin. Pronto "concluye él la cosa", arde en el fuego y en él se consume. Escena de transición es la que nos muestra al águila y al ocelote que también entran al fuego. Por eso el águila tiene negras sus plumas y por eso el ocelote, que sólo a medias se chamuscó, ostenta en su piel manchas negras.

De nuevo, quienes marcan el hilo y el destino del relato, el conjunto de dioses allí reunido, vuelve a protagonizar el acontecer en el tiempo sagrado. Los dioses aguardan y discuten acerca del rumbo por donde habrá de salir el Sol. Aquellos que se quedan mirando hacia el rumbo del color rojo, hacen verdadera su palabra. Por el rumbo del color rojo, el oriente, se mira el Sol. La escena se completa con la aparición de Tecuciztécatl que, transformado en la Luna, procedente también del rumbo del color rojo, viene siguiendo al Sol.

Imágenes superpuestas, siempre en el mismo espacio sagrado, son todas las que se van sucediendo hasta el final del relato. El Sol y la Luna alumbran con igual fuerza. Los dioses tienen que impedir tal situación:

> Entonces uno de esos señores, de los dioses, sale corriendo. Con un conejo va a herir el rostro de aquél, de Tecuciztécatl. Así oscureció su rostro, así le hirió el rostro, como hasta ahora se ve...

La escena siguiente nos muestra que la solución intentada no fue respuesta completa. Aunque la Luna iluminó ya menos, ella y el Sol continuaban juntos. De nuevo los dioses se preocupan:

> ¿Cómo habremos de vivir? No se mueve el Sol. ¿Acaso induciremos a una vida sin orden a los macehuales, a los seres humanos? ¡Que por nuestro medio se fortalezca el Sol, muramos todos!

El cuadro en el que aparece el sacrificio primordial de los dioses, que con su sangre hacen posible la vida y el movimiento del Sol, es destino cumplido y anticipo de lo que corresponderá realizar a los macehuales, los seres humanos. El señor Ehécatl da muerte a los dioses. En ese

contexto, y a modo de discrepancia que refleja una dia-
léctica interna en el mundo de los dioses, Xólotl, el doble
de Quetzalcóatl, se resiste a morir. Xólotl huye de Ehécatl
que va a darle muerte y una y otra vez se transforma, primero en caña doble de maíz, luego en maguey y finalmente en *ajolote*, hasta que al fin es también sacrificado.

Los dioses consuman su ofrenda de sangre. Ello y el esfuerzo de Ehécatl, deidad del viento, hacen posible el
movimiento del Sol. Cuando éste llega al lugar donde se
oculta, entonces la Luna comienza a moverse. Cada uno
seguirá su camino. El *tlahtolli* que, en secuencia de imágenes, evoca e ilumina el escenario sagrado de Teotihuacan, concluye recordando que es ésta una historia referida
desde tiempos antiguos por los ancianos que tenían a su
cargo conservarla.

Como éste, otros *tlahtolli* de la tradición prehispánica,
en una amplia gama de variantes pero con la presentación
insistente de los conceptos e imágenes que unifican y
mantienen el sentido, se estructuran también en escenas
que se superponen con sus cargas semánticas hasta alcanzar plenitud de significación.

¿EXISTENCIA DE RITMO Y METRO EN ALGUNOS TLAHTOLLI?

Estableciendo comparación con la forma en que aparecen los *cuicatl* en los manuscritos, encontramos en el
caso de los *tlahtolli* varias diferencias que importa tomar
en cuenta. Notamos ya que, en contraste con lo que
ocurre en los *cuicatl*, de ordinario no hay indicación precisa que permita distinguir las distintas unidades de
expresión de los *tlahtolli*. Tampoco encontramos en las
transcripciones de éstas anotaciones como las que tan
frecuentemente acompañan a los *cuicatl*. Me refiero a las

que parecen relacionadas con el ritmo y en las que entran diversas combinaciones de las sílabas *to, ti, co, qui,* que se incluyen en ocasiones con una nota sobre el empleo de los *huehuetl,* dando a entender que dichas composiciones se entonaban al son de la música. Tampoco hay en los textos de los *tlahtolli* inserciones de sílabas no-léxicas, tales como *ohuaya, ahue, ohuia...,* que, según vimos, suelen encontrarse en los *cuicatl.*

A la par que son patentes estas diferencias entre los *cuicatl* y los *tlahtolli,* la lectura de numerosas muestras de unos y otros confirma ampliamente que se trata de composiciones de géneros distintos. Entre otras cosas las frases dentro de las unidades de expresión de los *cuicatl* suelen ser más breves y de menor complejidad sintáctica que las que aparecen en los *tlahtolli.* Además, así como en los *cuicatl,* según vimos, pueden identificarse muchas veces una o varias estructuras métricas, esto es poco frecuente en los *tlahtolli.*

Como ejemplos de *tlahtolli* en los que es perceptible alguna manera de estructuración métrica pueden citarse algunos pasajes de los textos cuyo tema es la historia de Quetzalcoatl *(Códice Florentino,* libro III, fol. 9 r.- 23 r.), o aquellos otros que versan acerca de los más remotos orígenes étnicos y culturales de los mexicas, incluidos asimismo en la recopilación llevada a cabo por Sahagún *(Códice Florentino,* libro x, fol. 140 r.- 150 r.). Sin embargo, en casos como éstos es posible preguntarse si tales muestras de narrativa, más que pertenecer al género de los *tlahtolli,* constituyen una determinada forma de *cuicatl.*

En realidad, para precisar más adecuadamente las diferencias entre *cuicatl* y *tlahtolli,* debe atenderse a la estilística propia de unos y otros. Dado que hemos considerado ya la estilística de los *cuicatl,* veamos ahora lo más sobresaliente en la que es atributo de los *tlahtolli.*

RASGOS SOBRESALIENTES EN LA ESTILÍSTICA DE LOS TLAHTOLLI

Para mostrar algunos rasgos característicos en la estilística de los *tlahtolli* analizaré dos composiciones de contenido muy diferente entre sí. La primera forma parte de los *huehuehtlahtolli* recogidos por Sahagún e incluidos en el libro VI del *Códice Florentino*. La segunda procede de la narrativa cuyo tema es la *In ihtoloca in Quetzalcoatl*, 'la historia de Quetzalcoatl', según se conserva en el mismo manuscrito. Uno y otro ejemplos pertenecen a las que pueden considerarse como producciones clásicas de esta literatura.

En el *huehuehtlahtolli* que vamos a analizar *(Códice Florentino*, libro VI, fols. 63 v.- 67 r.), aparece hablando un *tecuhtlahto*, juez principal en el México antiguo. Se dirige éste al pueblo en general que habita en la ciudad, después que el *huey tlahtoani*, gobernante supremo, los ha amonestado ya en el primero de sus discursos, recién electo, señalándoles el camino que han de seguir. La secuencia, de las ideas que expresa el *tecuhtlahto*, es esta: exalta ante todo la importancia de lo que ha dicho el *huey tlahtoani;* exhorta al pueblo a reflexionar y a preguntarse quién es cada uno de los que integran la comunidad; insiste en que deben tomar conciencia de sus propias limitaciones; así podrán todos valorar mejor la significación y la importancia de los que gobiernan por designio de los dioses. El *huey tlahtoani* es padre y madre del pueblo; conoce él y revela algo de lo que los dioses le han comunicado; lleva a todos a cuestas. Si hay desgracias en la ciudad, hambre, carencias y amenazas del exterior, corresponderá al *huey tlahtoani* satisfacer los requerimientos públicos, disponer, si es necesario, la guerra, ver que haya abundancia de mantenimientos, tanto para los hombres como para los dioses que de este modo hacen posible la existencia en la tierra. De manera insistente concluye el discurso reiterando que es obligación del pueblo tomar en cuenta las palabras del *huey tlahtoani,* obedecerlo y acatarlo como a padre y madre que conceden todo lo que es bueno.

Analizando ahora la estilística de este *huehuetlahtolli* encontramos en primer lugar que en él se emplean con gran frecuencia muchos de los que se han descrito, al hablar de los *cuicatl* como *difrasismos.* Me refiero a las expresiones en las que la yuxtaposición de dos vocablos de contenido metafórico lleva a evocar un pensamiento que se desea destacar. Con el propósito de ver qué tipo de *difrasismos* suelen incluirse en este género de composiciones nos fijaremos en los principales indicando su significación particular:

ca yz tonoc in tiquauhtli, in tocelotl
tú que estás aquí, águila, tú, ocelote

Este difrasismo expresa la idea del hombre como guerrero. Como un complemento necesario, el *tecuhtlahto,* juez, que se dirige al pueblo, hace en seguida referencia a las mujeres, valiéndose de otro difrasismo:

Auh in ticueie in tihuipile
Y también tú, dueña de la camisa, tú, dueña de la falda.

La mención de las prendas que corresponden al sexo femenino, es obvio señalamiento de la mujer. De este modo se subraya que el discurso se dirige por igual a hombres y mujeres.

In mixpan quichaiaoa in chalchihuhtli, in teuxiuhtli
Delante de ti esparces jades, turquesas

Lo que ha esparcido el *huey tlahtoani* al hablar antes al pueblo es realidad preciosa, como los jades, las turquesas. Complemento paralelo del anterior difrasismo es el que en seguida se trasmite:

> *Ca otlapouh in toptli, in petlacalli*
> Porque ha abierto el cofre, la petaca

Al comunicar al pueblo lo que le han revelado los dioses, el supremo gobernante ha puesto de manifiesto lo oculto, lo secreto. Valiéndose luego de otros dos difrasismos que, en forma de paralelo aduce, se torna más explícito lo que quiere decir:

In tlatconi, in tlamamaloni, in inpial, in innelpil
Lo que se lleva a cuestas, lo que se carga, lo que se ata, (lo que se guarda).

La serie de paralelismos empleados en este *huehuehtlahtolli* es considerablemente rica. Es interesante mostrar que hay casos en que los mismos difrasismos reaparecen pero modificada su connotación ya que están compuestos con otros elementos morfológicos. Tal es el caso del siguiente ejemplo:

> *In titlatquitl, in titlamamalli*
> Tú eres la carga, tú lo que se lleva a cuestas

Así como el anterior difrasismo se dirige a describir la condición del pueblo que es gobernado, respecto del *huey tlahtoani* se dice que mucho importan:

> *In ihiio, in iten, in itlahtol*
> Su aliento, su labio, su palabra

Y para resumir lo que es el buen *tlahtoani* para el pueblo, se contraponen en seguida otros dos difrasismos:

Ye nelli monantzin, y, ie nelli motahtzin, in ticnoquauhtli, in ticnocelotl

En verdad [él es] tu reverenciada madre, en verdad [él] tu reverenciado padre [de ti, que eres] tú, una pobre águila, tú, un pobre ocelote.

Por el contrario, aquellos que no reverencian al que gobierna, al que es 'madre y padre' de todos, recibirán el castigo que viene de lo alto. El siguiente difrasismo expresa esta idea:

¿At ie iz huitz in iquauhtzin, in itetzin totecuyo?

¿Acaso no caerá [sobre ti] su palo, su piedra, del señor nuestro?

Otra consecuencia del castigo impuesto por los dioses será la miseria y el desamparo, evocados por otras dos metáforas, fundamento de un difrasismo:

¿At noço in icnoiotl in ayaçulli, in tatapatli tonmottaz?

Acaso la privación, la manta vieja, la manta remendada, habrás de conocer?

Con otros dos difrasismos se reitera también lo que corresponde y ha sido determinado respecto de los gobernados, es decir de quienes integran el pueblo:

¿Cuix oytla mopan mito in topan, in mictlan?

¿Acaso por razón de ti se dijo algo allá, encima de nosotros, en la región de los muertos?

El otro difrasismo, a modo casi de burla, insiste en la debilidad que caracteriza a los macehuales, la gente del pueblo:

¿Cuix te mopan teutl qualoz, cuix te mopan tlaloliniz?

¿Acaso por ti el dios (el Sol) es comido (entra en eclipse)?
¿Acaso por ti hay movimiento de tierra [hay un temblor]?

En realidad los macehualtin, débiles como son, están expuestos a numerosos peligros. Otro difrasismo hace referencia a esto:

¿Cuix ixpolihuiz in cuitlapilli, in atlapalli?

¿Acaso habrá de perecer la cola, el ala (el pueblo)?

Finalmente citaremos otra acumulación de difrasismos, referidos esta vez al *huey tlahtoani* que, para encaminar al pueblo, defenderlo y preservar su existencia, debe emprender muchas veces la guerra sagrada:

Ca teuatl, ca tlachinolli in quipitztoque, in quiyocuxtoque in totecuiioan, inic vel mani tlalli, ca teatlitia, ca tetlacualtia, ca tetlamaca in topan in mictlan.

Porque el agua divina, el fuego, [la guerra] han ido a fomentar, a disponer nuestros señores, para que así permanezca la tierra, se dé bebida, se proporcione comida, se les entregue, a aquellos [los dioses] que están encima de nosotros, en la región de los muertos.

Puede afirmarse que es en los *huehuehtlahtolli* donde los difrasismos son más abundantes. En el caso de la narrativa, si bien no faltan estos artificios estilísticos, debe reconocerse que son menos empleados. El análisis que hemos hecho muestra además que, al lado de los difrasismos, hay también numerosas formas de expresión paralela. Ello es asimismo muy frecuente en otro tipo de composiciones, como en la historia de Quetzalcoatl a la que haré ahora referencia.

De los varios capítulos en que se distribuye este relato, me fijaré en uno que trata de los portentos que ocurrieron en Tula por obra de los hechiceros que habían venido a tentar a Quetzalcóatl. El propósito es destacar algunas de las expresiones paralelas que se incluyen en este texto:

> *Quilmach iztac cuixi tlatzontechtica, mintinenca, patlantinenca, mocanauhtinenca, in inpan tulteca amo veca...*

> Se dice que un gavilán blanco iba atravesado en la cabeza por una flecha, se deslizaba volando, iba arriba, cerca de los toltecas, no lejos... (*Códice Florentino*, libro III, fol. 18 v.).

Si bien las frases paralelas explicitan lo que ocurría al gavilán cuya presencia era un presagio, es asimismo perceptible cómo por medio de un paralelismo se reitera que el ave estaba cerca, encima de los toltecas y no lejos de ellos cuando en su vuelo se acercaba a la tierra. Veamos otro ejemplo, tomado del mismo relato:

> *Quil centetl tepetl itoca çacatepetl tlataia, in ioaltica, veca necia, inic tlatlaia in tlecuecallotl, veca ieoaia...*

> Dizque un monte, llamado Zacatépetl, ardía por la noche, de lejos se veía, así ardía, las flamas se elevaban a lo lejos...

Al pasar a describir luego la reacción de los toltecas ante éste y otros portentos, la expresión paralela hace aun más vívida la descripción de lo que entonces ocurría:

> *Aoc tlatlacamamanca, aoc yvian ieloaia...*

> Ya no se estaba con tranquilidad, ya no se hallaba la gente en paz...

Los paralelismos en textos como éste y en otros muchos de la narrativa o de los *huehuehtlahtolli*, y en general de los muchos *tlahtolli* de la tradición prehispánica, son tan nu-

merosos que salen al encuentro en forma casi constante.
Debe decirse de ellos que son rasgo característico de este
género de composiciones.

A un último aspecto, digno de notarse en la estilística
propia de los *tlahtolli*, vamos a atender aquí. Aunque está
relacionado con los paralelismos, merece destacarse desde
otro punto de vista. Consiste éste en la frecuente atribución a un mismo sujeto u objeto gramaticales de varios
predicados que, en forma sucesiva, van siendo enun-
ciados. Con frecuencia dichos predicados están consti-
tuidos por diversas estructuras verbales. Cada una de ellas
puede a su vez describirse como una oración convergente
en la que se predica o expresa algo con referencia siempre al mismo sujeto. Esta forma de organizar lo que se
busca trasmitir es tan frecuente en los *tlahtolli* que debe
tenerse como uno de los atributos mas característicos de
su estilística. Veamos algunos ejemplos tomados del *huehuetlahtolli* antes citado y del texto de la historia de Nezahualcóyotl.

> *In tlacatl, in tlatoani, in mitznotza, in mitztzatzilia, in momatca in
> mitzmaca, in mixpan quitlalia, in mixpan quichaiaoa in chalchiuhtli, in
> teuhxiuhtli...*

> El señor, el que gobierna, el que te llama, el que levanta para ti la
> voz, el que por ti, a ti te entrega, el que delante de ti coloca, delan-
> te de ti esparce jades, turquesas...

Esta forma de estructuración, tan frecuente en la estilística de los *tlahtolli*, podrá valorarse mejor a través del análisis de otros ejemplos de orígenes y contenidos muy diferentes. Veamos en primer lugar el siguiente fragmento de
la historia de Nezahualcóyotl, según los *Anales de Cuauhtitlan*. El pasaje que analizaré describe el comportamiento de quienes fueron fieles a Nezahualcóyotl después

de que los tecpanecas de Azcapotzalco dieron muerte a su padre, el señor Ixtlilxóchitl de Tezcoco. He aquí el fragmento:

Auh yniquac onmic Yxtlilxochitzin, niman ye quinhualpehualtia [yn pipiltin] yn onyohuac yn temaquixtique yn tetlatique yn oncan quauhoztoc, yn yehuantin Huahuantzin, Xiconocatzin, Cuicuitzcatzin. Niman ye quinhuicatze yn Quamincan texcalco quimotlalico oc oncan cochque. Niman ye quinhualehuitia, quinquixtico Teponazco tlatzallan, çan quintlatlatitihuitze yn pipiltzitzinti yn Neçahualcoyotl, yn Tzontecochatzin, niman quimonaxtico yn Yztacalla Nextonquilpan.

Y cuando murió el señor Ixtlilxochitl, luego vinieron a acometerlo [los príncipes], cuando ya pasó la noche, lo rescataron [a Nezahualcóyotl], lo ocultaron, allá en la cueva del bosque, en Cuauhoztoc, ellos [los llamados] Huahuantzin, Xiconocatzin y Cuicuitzcatzin. Luego vinieron a salir a Tetzihuactla, se acercaron a Chiauhtzinco, se dirigieron al lugar pedregoso de Cuamincan, allí vinieron a ponerlo, todavía allí durmieron; en seguida vinieron a levantarse, vinieron a salir a Teponazco, allí en una hondonada fueron pronto a esconderlos, a los pequeños príncipes Nezahualcóyotl y Tzontecochatzin; luego fueron a acercarse allá a Iztacalla Nextonquilpan... *(Anales de Cuauhtitlan*, fol. 35.)

Para percibir mejor la estructura de este texto conviene destacar cuál es el único sujeto del que se expresan numerosas noticias a modo de predicados. El sujeto, que aparece implícito al principio, lo hemos indicado entre corchetes, los *pipiltin*, los príncipes tezcocanos que rescataron a Nezahualcóyotl después del asesinato de su padre. En el texto, líneas adelante, se dan los nombres de los tres *pipiltin* que llevaron a cabo esto: Huahuantzin, Xiconocatzin y Cuicuitzcatzin. Son estos tres personajes los que constituyen un sujeto plural acerca del cual se hacen muchas atribuciones.

Atendamos ahora a las atribuciones o predicados que, de manera progresiva, se van enunciando. Notemos antes que en dos lugares del texto se establecen referencias bastante precisas de connotación temporal. La primera sirve para situar el momento en que ocurre lo que va a referirse: "Cuando murió Ixtlilxochitl. Por otras fuentes sabemos que ello ocurrió en 4-Conejo, correspondiente a 1418, cuando Nezahualcóyotl tenía 16 años de edad. La otra referencia temporal se nos da en seguida. Lo que hicieron los príncipes sucedió "cuando ya pasó la noche", es decir al día siguiente de la muerte de Iztlilxochitl. Fuera de estas dos precisiones de carácter temporal, tan sólo encontramos el empleo repetido de las partículas *niman ye*, que significan "en seguida" para ligar entre sí las varias frases que expresan los distintos predicados que se van acumulando sobre el sujeto que son los mencionados príncipes.

Destacaremos también que, así como se introducen indicaciones de índole temporal, también se intercalan otras de carácter espacial. Por medio de ellas se indica en qué lugares van ocurriendo las acciones que se predican o atribuyen a los tres príncipes que han rescatado a Nezahualcóyotl.

A continuación vamos a enumerar las distintas frases-predicados (a veces oraciones) que tienen como sujeto en común a los príncipes que salvaron a Nezahualcóyotl. Al enlistarlas, podrá verse que la acumulación de estos predicados, con sus distintas connotaciones, implica una secuencia. Por pasos, en apuntamientos sucesivos, se nos relata lo que hicieron los príncipes:

> Vinieron a acometerlo [los príncipes]
> cuando ya pasó la noche lo rescatan [literalmente lo sacan
> de las manos de otros, a Nezahualcóyotl]
> los ocultaron allá en una cueva en el bosque, en Cuauhoztoc,
> luego los hacen salir a Tetzihuactla,
> allí vienen a colocarlos,

se acercaron a Chiauhtzinco,
luego los llevan a Cuamincan, en el lugar pedregoso,
allí vienen a colocarlos,
todavía allí durmieron,
en seguida vinieron a levantarse,
vinieron a salir a Teponazco,
en la hondonada los esconden [a los pequeños príncipes
                    Nezahualcóyotl y Tzontecochatzin],
luego vienen a acercarse a Iztacalla Nextonquilpan...

La serie de atribuciones o predicados está constituida básicamente por formas verbales cuya expresión se sucede en función de un orden temporal. Sin embargo, este rasgo de la estilística de los *tlahtolli*, es decir la acumulación de predicados que se atribuyen a un mismo sujeto no siempre se estructura teniendo a la vista una secuencia temporal. En otros textos encontramos la que podría describirse como una acumulación convergente de predicados. Un ejemplo nos lo da el siguiente fragmento del mismo capítulo que ya he citado de la historia de Quetzalcoatl. Después de haber descrito allí varios de los portentos que han ocurrido en Tula, se introduce el siguiente relato:

Auh çatepan onnenca illamato, papannamacaia, quitotinenca: ma amopatzin...

Y enseguida allí andaba una viejita, vendía banderas, andaba diciendo, '¡he aquí vuestras banderitas...!' (*Códice Florentino*, lib. III, fol. 19 r.).

En este caso la acumulación de predicados, más que implicar una secuencia temporal, tiene carácter convergente. Al sujeto *illamato*, la pequeña anciana, se le atribuyen tres predicados:

andaba allí [en las faldas del cerro de Chapultepec],
vendía banderas,
andaba diciendo: '¡he aquí vuestras banderitas!...'

Los predicados constituyen otras tantas explicitaciones respecto de la presencia allí de la pequeña anciana. Al principio tan sólo se dice que "Allí andaba". Un siguiente acercamiento permite precisar que "vendía allí banderas". El tercer predicado describe la forma en que hacía esto: "andaba diciendo, 'he aquí vuestras banderitas' ".

Esta forma de acumulación convergente (con o sin secuencia temporal) no sólo ocurre en casos como los citados, es decir, a través de un conjunto de predicados que se aplican, todos, al mismo sujeto. Hay en los textos múltiples ejemplos de acumulación de atribuciones o explicitación de circunstancias o rasgos, que se refieren a complementos, bien sea directos, indirectos o circunstanciales. He aquí algunas muestras de esto:

8-Acatl xihuitl yca. Inic quitlamaceuique yn imaltepeuh in chichimeca... yn tepetl Cotoncan, Petlazoltepec, Tzouac Xillotepec, Quauhtli ichan, Ocelotl ichan, yn ichimal in itlahuiz yn imauh yn itepeuh chichimeca, y tepilhuan yn tlatlauhqui tepexioztoc yntenyocan, inmachiyocan yn auixco yn tepeixco...

En el año 8-Caña [también sucedió]. Así merecieron tierras, su ciudad, los chichimecas... el monte Cotoncan, Petlazoltepec, Tzouac Xillotepec, la Casa del Águila, la Casa del Ocelote, [la obra] de su escudo, de sus armas, su agua, su monte [su ciudad], de los príncipes chichimecas, en la cueva de la barranca roja, el lugar de su renombre, de su dechado, junto al rostro del agua, en la superficie del monte... (*Historia Tolteca-chichimeca*, fol. 32 r.).

El análisis de este texto nos muestra que al sujeto los *chichimecas* se aplica el predicado verbal *merecieron tierras*.

En este predicado, el vocablo *tierras* es complemento o término de la acción del verbo *merecieron*. Ahora bien, en el texto hay una serie de atribuciones que se expresan para explicitar o enriquecer el concepto de *tierras,* o sea para decirnos gradualmente mucho más acerca de esas tierras merecidas por los chichimecas. La serie de atribuciones que se aplican a tierras es esta:

el monte Cotoncan, Petlalzoltepec, Tzouac, Xillotepec
[nombres de lugar]
de su escudo, de sus armas [la adquisición hecha así]
su agua, su monte,
la cueva de la barranca roja de los príncipes chichimecas,
el lugar de su renombre, de su dechado,
junto al rostro del agua, en la superficie del monte...

La acumulación de atribuciones con respecto al complemento directo *tierras* es bastante obvia. Como último ejemplo, veamos el siguiente, en que la acumulación ocurre a propósito de un complemento circunstancial de tiempo:

Auh zan no ypan ynin xihuitl [4-Acatl, 1431], ypan Izcalli,
in yquac huey ylhuitl quichihuaya...

Y sólo también entonces, en este año, 4-Caña, en el mes o veintena de Izcalli, cuando celebraban una gran fiesta... (*Anales de Cuauhtitlan,* fol. 47).

La explicitación de la circunstancia temporal también va por pasos. Parte de un señalamiento del año, en este caso 4-Acatl. En seguida se precisa más, "en la veintena de Izcalli". Y al final se añade "cuando celebraban una gran fiesta".

Aunque en otras literaturas ocurren también casos de acumulación de predicados respecto de un mismo sujeto, o de un complemento directo, indirecto o circunstancial, en la literatura náhuatl prehispánica esta forma de estructuración, con las características descritas, es rasgo bastante característico. Por otra parte, esta estructuración de predicados que se acumulan o convergen incluye muchas veces paralelismos y difrasismos. La coincidencia de estos elementos estilísticos en muchos de los *tlahtolli* los hace reconocibles de inmediato como producciones de los pueblos nahuas prehispánicos. Cuando en las traducciones a otras lenguas se trata de trasmitir hasta dónde es posible las características de la expresión de dichos *tlahtolli*, los paralelismos, reiteraciones, explicitaciones y en general la estructuración de las secuencias adquieren matices que pueden parecer extraños y aun exóticos. La realidad es que, por medio de tales formas de traducción, se hace el intento de comunicar al lector algo de lo que es característico en la sintaxis y la estilística de la antigua expresión en náhuatl.

DIFERENTES GÉNEROS DE CUICATL

En el conjunto de composiciones del tipo de los *cuicatl* puede distinguirse un número bastante grande de especies o subgéneros. Para precisar las características de éstos cabe seguir dos caminos diferentes.

Por una parte, el análisis de la temática de un *cuicatl* permite ya establecer a qué especie de composiciones pertenece. Así, puede reconocerse que se trata de un canto o poema guerrero, o de invocación a los dioses, o de recordación de héroes o personajes famosos, o de exaltación de la amistad, etcétera. Además varias de las indicaciones que, según vimos, acompañan a algunos *cuicatl,* ayudan también a precisar si eran éstos entonados con determinadas formas de acompañamiento musical. Hay asimismo en los manuscritos glosas y otras referencias que muestran que, en muchos casos, los *cuicatl* no sólo estaban acompañados por la música sino que también constituían el tema de determinadas danzas, bailetes y otras formas de actuación. De este modo, atendiendo al contenido de los cantos y a referencias como las citadas, se tiene un camino para distribuir al conjunto de los *cuicatl* en varias clases o subgéneros.

Por otra parte, se dispone de otras referencias y anotaciones en las que expresamente se nos dice, en términos del propio náhuatl, a qué clase de composiciones pertenece determinado *cuicatl.* Encontramos referencias con este tipo de información en textos como los que integran varios de los libros del *Códice Florentino*. Ello ocurre de modo especial al describirse en él las ceremonias de las fiestas que se celebraban cada veintena *(Códice Florentino,* libro II), o al hablar de los atributos y destinos que traía consigo el signo calendárico *Ce-Xóchitl,* 1-Flor *(Códice Florentino,* libro IV, fol. 18 r.), así como en otros lugares del mismo manuscrito. También hay referencias parecidas, aunque en mucho menor grado, al incluirse algún *cuicatl* en otros textos como los *Anales de Cuauhtitlan* o la *Historia Tolteca-chichimeca.* En paralelo con esas referencias están las ya citadas que acompañan a algunos *cuicatl* en *Cantares Mexicanos* o *Romances de los señores de Nueva España.* Dichas glosas, mucho mas abundantes en el primero de los dos manuscritos, conllevan valiosas apreciaciones sobre la naturaleza de la composición a la que acompañan.

En resumen, puede afirmarse que, gracias a referencias y glosas, es posible enterarse de las distinciones que el propio pensamiento prehispánico había establecido acerca de la naturaleza de sus diversas producciones poéticas. A continuación veremos cuáles eran las principales categorías en que se distribuían los *cuicatl,* empleando para ello la propia terminología adoptada por los antiguos *cuicapicqueh,* 'forjadores de cantos'. El hecho de que en su gran mayoría las varias clases de *cuicatl* estuvieran acompañadas de música y danza, obliga a tomar esto en cuenta para valorar la significación que tenían en su propio ámbito cultural y social todas estas composiciones.

Las diversas formas de cuicatl desde el punto de vista de su acompañamiento con música y danza

El análisis de la serie de capítulos que integran el libro II del *Códice Florentino* y asimismo las representaciones pictográficas incluidas en códices como el *Borbónico*, el *Magliabecchi*, el *Telleriano* y el *Matritense*, que registran las fiestas a lo largo de las dieciocho veintenas del año solar, pone de manifiesto la integración que existía entre el canto, la música y la danza, como acto ritual unitario y de suma importancia para todos los integrantes de la comunidad. Tan es esto verdad que encontramos en la terminología empleada al describir las fiestas y ceremonias, varias palabras en las que aparece compuesta la raíz de *cuicatl* con vocablos que connotan ideas relacionadas con la danza. Así, por ejemplo, al describirse en el *Códice Florentino* las celebraciones que tenían lugar en la fiesta de Tlacaxipehualiztli, se nos dice que:

Niman ic peoa in cuicanolo, mitotiaya in telpuchtequioaque...

En seguida comienzan, se hace la danza con canto, bailan los guerreros jóvenes... *(Códice Florentino*, libro II, fol. 24 r.).

Otros vocablos de estructuración afín son los siguientes: *cuicanocoa*, "bailar al son del canto", *cuicomana*, "hacer la ofrenda de un canto", *cuicoyanoa*, "concertar un canto con la danza", *cuecuechcuicatl*, descrito por Diego Durán como "baile conquilloso", cantos y danzas que, según el cronista, eran "bailes de mujeres deshonestas y hombres livianos" (Durán, 1867-1880, II, 230-231). Y acudiendo al mismo autor, cuando describe en general lo referente a las fiestas y celebraciones en las que la danza tenía un lugar principal, encontramos que reitera la estrecha relación existente entre bailes y cantos:

Preciábanse mucho los mozos de saber bien bailar y cantar, y de ser guías de los demás en los bailes. Preciábanse de llevar los pies a son y de acudir a su tiempo con el cuerpo a los meneos que ellos usan, y con la voz a su tiempo, porque el baile de éstos no solamente se rige por el son, empero también por los altos y bajos que el canto hace, cantando y bailando juntamente, para los cuales cantares había entre ellos poetas que los componían, dando a cada canto y baile diferente sonada, como nosotros lo usamos con nuestros cantos, dando al soneto y a la octava, rima, y al terceto, sus diferentes sonadas para cantallos y así de los demás. Así tenían estos diferencias en sus cantos y bailes pues cantaban unos muy reposados y graves, los cuales bailaban y cantaban los señores y en las solemnidades grandes y de mucha autoridad, cantábanlos con mucha mesura y sosiego. Otros había de menos gravedad más agudos que eran bailes y cantos de placer... (Durán, 1867-1880, II, 230).

Tales diferencias en el ritmo, con la estrecha relación que existía entre canto, música y danza, permitían, como lo nota Durán, establecer una serie de distinciones en el conjunto de esas formas de expresión. Por necesidad me limitaré aquí a las principales y mejor documentadas en las fuentes.

En opinión del cronista Motolinía debe tenerse presente que, atendiendo a la finalidad de cantos y danzas, éstas se distribuían en dos clases. En cada una existían a su vez subgéneros que él mismo reconoce y de los que hablan también otros autores:

En esta lengua de Anáhuac la danza o baile tiene dos nombres: el uno es *macehualiztli* y el otro *netotiliztli*. Este postrero quiere decir propiamente baile de regocijo con que se solazan y toman placer los indios en sus fiestas, ansí como los señores principales en sus casas y en sus casamientos, y cuando ansí bailan y danzan, dicen, *netotilo*, bailan o danzan; *netotiliztli*, baile o danza. El segundo y principal nombre de la danza se llama *macehualiztli*, que propiamente quiere decir merecimiento: *macehualo* quiere decir merecer; tenían este baile por obra meritoria, ansí como decimos merecer uno en las obras de caridad, de penitencia, y en las otras virtudes... Y estos bailes más solemnes eran hechos en las fiestas generales y también particulares de sus dioses y hacíanlas en las plazas. En éstas no sólo llamaban y honraban e alababan a sus dioses con cantares de la boca, más también con el corazón y con los sentidos del cuerpo, para lo cual bien hacer, tenían e usaban de muchas memorativas, ansí en los meneos de la cabeza, de los brazos y de los pies, como con todo el cuerpo trabajaban de llamar y servir a los dioses... (Motolinía, 1971, 386-387).

Aun cuando otros testimonios confirman lo dicho por Motolinía, cabe citar, por otra parte, fuentes en las que la distinción entre *macehualiztli* y *netotiliztli* parece tener en ocasiones menor importancia. Un ejemplo lo tenemos en un texto de los informantes de Sahagún en el que describen lo que era propio del día *Ce-Xóchitl*, 1-Flor, dentro del *tonalpohualli* o calendario astrológico de 260 días. Se habla allí de las celebraciones que disponía el *huey tlahtoani* y se nos dice que consistían en varias formas de baile y canto al son de la música. Aun cuando inicialmente se emplea el término *macehualiztli*, "danzas de merecimiento", más abajo se usa el verbo *onmitotiz*, "allí hará el baile", en el que entra la misma raíz del vocablo *netotiliztli*, descrito por Motolinía como baile "con que se solazan y toman placer los indios". Cabe así suponer que, más allá de la distinción notada por Motolinía, ni lo estrictamente religiosos faltaba en las danzas descritas como de regocijo y placer *(netotiliztli)*, ni tampoco dejaba de haber animación y contento en aquellas de más directa connotación sagrada, las danzas de merecimiento *(macehualiztli)*.

En las varias compilaciones de *cuicatl* hay ejemplos de las clases de cantos que se entonaban en celebraciones con *macehualiztli* o *netotiliztli*. Así, los llamados "Veinte himnos sacros", incluidos en un apéndice al libro II del *Códice Florentino*, constituyen muestras relacionadas con ceremonias en las que las *tlamacehualiztli* tenían lugar principal. Esto mismo se desprende del título que aparece antepuesto a los dichos himnos sacros:

Nican mitoa in incuic catca in tlatlacateculo inic
quinmauiztiliaya inin teupan ycan in çan quiiaoac.

La traducción de este título, debida a Sahagún es ésta:

Relación de los cantares que se decían a honra de los dioses: en los
templos y fuera de ellos *(Códice Florentino,* libro II, fol. 31 r.).

Estos himnos o *cuicatl,* dirigidos entre otros a Huitzilopochtli, Huitznahuac Yaoutl, "el Guerrero del sur", Tlaloc,
Teteuinnan, "la Madre de los dioses", Chimalpanécatl, "El
que nace sobre el escudo", Ixcozauhqui, "El de rostro amarillo", el Señor del fuego, Xochipilli, Ayopechtli, Cihua-
coatl, Xippe Totec y otras deidades, se hallaban esencialmente relacionados con las celebraciones que tenían
lugar en cada una de las dieciocho veintenas a lo largo del
año solar. Por consiguiente, estas composiciones eran
auténticos *teocuicatl,* "cantos divinos o de los dioses".

Diferentes designaciones encontramos, en cambio, para
hacer referencia a la conjunción de cantos y danzas como
las que, según refiere el *Códice Florentino,* disponía el *huey*
tlahtoani en fechas determinadas. Veamos lo tocante a un
día *Ce-Xochitl,* 1-Flor. Las designaciones registradas concuerdan con algunas de las que aparecen en otras fuentes,
sobre todo en *Cantares Mexicanos* y *Romances de los señores*
de Nueva España. Transcribo primero el testimonio del
Códice Florentino:

Entonces el *tlahtoani* determinaba, pedía qué clases de cantos
habían de entonarse [los que se conocían con los siguientes nom-
bres], tal vez *Cuextecayotl,* 'canto al modo y usanza de los cuextecas',
Tlaoancacuextecayotl, 'a la manera de los cuextecas embriagados',
Huexotzincayotl, 'al modo de los de Huexotzinco', *Anahuacayotl,* 'al
modo de los de Anáhuac, los de la costa', *Oztomecáyotl,* 'según la
usanza de los mercaderes oztomecas', *Nonoalcayotl,* 'como los nono-
hualcas', *Cozcatecayotl,* 'según los de Cozcatlan', *Metztitlancalcayotl,*

'a la usanza de los de Metztitlan', *Otoncuicatl*, 'canto otomí', *Cuatacuicatl*, 'como los cuacuatas', *Tochcuicatl*, 'cantos de conejos', *Teponazcuicatl*, 'al son del teponaztle', *Cioacuicatl*, 'cantos al modo de las mujeres', *Atzozocolcuicatl*, 'como cantan las muchachas que tienen sólo un mechón de pelo', o tal vez un *Ahuilcuicatl*, 'canto de placer', *Ixcuecuechcuicatl*, 'canto de cosquilleo', *Cococuicatl*, 'canto de tórtolas', *Cuappitzcuicatl*, 'cantos arrogantes', *Cuateçoquicuicatl*, 'cantos de sangramiento', *Ahuilcuicatl*, 'cantos de placer'... *(Códice Florentino*, libro IV, fol. 18 r.).

Atenderé ahora a las varias anotaciones y glosas en *Cantares Mexicanos* y en *Romances de los señores de Nueva España*. También se registran allí casi todas las designaciones que, según el citado testimonio del *Códice Florentino*, correspondían a los *cuicatl* de entre los que escogía el *tlahtoani* las composiciones que le parecían más adecuadas para cada celebración. En *Romances de los señores* hay anotaciones como éstas:

De *Atlixco* [anotación escrita así en castellano] *(Romances*, fol. 8 r.)
Chalcayotl tlahtocacuícatl, 'Canto de señores al modo de Chalco', (fol- 9 r.) *Huexotzincayotl tlahtocacuícatl*, 'Cantos de señores al modo de Huexotzinco" (fol. 10 r.).
Canto en alabanza de Axayacatzin, rey de México y de Nezahualpiltzintli de Tetzcuco y Chimalpopoca de Tlacopan [anotación en castellano] (fol. 12 v.).
Vevemotecuzomatzin cuando lo de los huexotzincas [así en castellano] (fol. 31 r.).

Mucho más abundantes son en *Cantares Mexicanos* las muestras de las varias clases de *cuicatl* que hemos visto mencionados en el texto del *Códice Florentino*. De los descritos como *Cuextecayotl*, 'al modo de los cuextecas', son dos las composiciones que se registran. La primera lleva el título de *Tlapapal Cuextecayotl*, 'a la usanza multicolor de los cuextecas' (fol. 36 r.-37 r.). La segunda se describe como un *Yaocuica Cuextecayotl*, 'un canto guerrero a la usanza cuexteca' (fol. 65 r.-66 r.).

Y más adelante, en otras de las que he llamado unidades de expresión de los *cuicatl*, se proclama que los que combaten son cuextecas embriagados con el licor de la guerra:

> El fuego, *aya* [la guerra] se agita con fuerza, está allí nuestra flor,
> *ah*, somos cuextecas, hemos venido gritando, en los escudos
> encuentra placer el dios...
> ...con licor florido se embriaga, *aya*, es allá el sitio donde bailan los
> cuexteca, *aya*, en Atlixco, *yyayaa*...

De los *Otoncuicatl*, 'cantos otomíes', hay asimismo varias muestras. Estas composiciones se designaban así, bien sea porque se tratara de cantos traducidos del otomí al náhuatl o porque se entonaban a la usanza de los otomíes o porque de algún modo estuvieron relacionados con el rango militar del *otómitl*. En *Cantares Mexicanos* se incluyen varios ejemplos. El primero va precedido de la siguiente anotación: *Xopan cuicatl otoncuicatl tlamelauhcayotl*, 'Canto de tiempo de verdor, canto otomí, a la manera recta' (fol. 2 r.-2 v.). Tema de este canto es la visita que dice realizar el que los entona, a Xochitlalpan, 'la tierra de las flores', donde se disipa la tristeza en la plenitud del día, la luz, el calor y los dones generosos de quien otorga la lluvia y cuanto hace posible la vida. Otra anotación, intercalada en el texto, indica que, a ese primer canto otomí, sigue otro de género semejante: *Oc ce*, al mismo tono, *tlamelauhcayotl*, 'Otro al mismo tono, a la manera recta' (fol. 2 v.-3 r.). Viene luego otro *cuicatl* que ostenta el título de *Mexica otoncuicatl, otomitl*, 'Otro canto otomí de tristeza' (fol. 4 v.-5 r.). La segunda anotación, redactada en castellano, se debe al parecer al indígena anónimo que transcribió estos cantos y va dirigida al fraile interesado en esta recopilación:

Cantares antiguos de los naturales otomís, que solían cantar en los combítes y casamientos, buelto en lengua mexicana siempre tomando el jugo y el alma del canto, imágenes metafóricas que ellas decían. Como V. [vuestra] r[reverencia] lo entenderá mejor que no yo por mi poco talento, y ban con razonable estilo y primor, para que V[uestra] Rª[reverencia] apueche [aproveche] y entremeta a sus tiempos que conuiniere como buen maestro que es vuestra revena[reverencia] (*Cantares Mexicanos*, fol. 6 r.).

Del contexto se desprende que esta anotación se refiere precisamente a los cantos que la anteceden y que se han descrito como *Otoncuicatl*. Garibay, en su *Historia de la literatura náhuatl*, dedica un capítulo a estudiar con detenimiento los que designa como "poemas otomíes" (Garibay, 1953-1954, I, 230-273).

Otro párrafo, esta vez en náhuatl, expresa que los cantos que luego se incluyen, tienen el carácter de *Huexotzincayotl*, 'composiciones al modo de Huexotzinco'. Traduciendo aquí la parte principal de esta nota, nos enteramos de lo que, en opinión del recopilador, constituía la naturaleza de estos cantos:

Aquí empiezan los cantos que se nombran auténticos *Huexotzincayotl*, 'a la manera de Huexotzinco'. Con ellos se decían los hechos de los señores huexotzincas que estuvieron gobernando. Se distribuyen en tres clases: *teuccuicatl*, 'cantos de señores' o *cuauhcuicatl*, 'cantos de águilas'; *xochicuicatl*, 'cantos de flores' e *icnocuicatl*, 'cantos de privación' (*Cantares Mexicanos*, fol. 7 r.).

Los cantos que en seguida se transcriben están distribuidos de hecho bajo los tres rubros indicados (fol. 7 r.-15 r.). Además de esta relativamente extensa compilación de cantos atribuibles al *Huexotzincayotl*, encontramos también otros en *Cantares Mexicanos* que van precedidos de la misma palabra *Huexotzincayotl*. Tal es el caso de los que aparecen en fol. 6 v., 28 r.-28 v., 79 r.-80 r. Como lo nota

Garibay (1965, CXII), los *cuicatl* comprendidos bajo este rubro tienen gran calidad poética y son portadores de elevadas formas de pensamiento. Entre otros tenemos en este conjunto al que he descrito como "diálogo de flor y canto", en el que participaron varios *cuicapicqueh,* forjadores de cantos, reunidos en casa de Tecayehuatzin, señor de Huexotzinco, hacia finales del siglo XV. Objeto de dicho diálogo fue precisamente esclarecer el sentido de *in xochitl, in cuicatl,* "flor, canto", la poesía y el simbolismo (León-Portilla, 1961, 126-137).

Las anotaciones que consignan la procedencia o forma de entonar propia de otros determinados cantos incluyen los siguientes rubros que, por limitaciones de espacio, únicamente enumeraré: *Chalcayotl,* con tres muestras: (3 v.-4 v., 31 v.-36 r. y 72 v.-74 r.), *Matlatzincayotl* (53 v.), *Tlaxcaltecayotl* (54 v. y 83 r.), *Chichimecayotl* (69 v.-72 v.), al igual que otros géneros cuyos nombres coinciden con los que se recogen en el texto del *Códice Florentino.* Entre ellos están los llamados *teponazcuicatl,* 'cantos al son del teponaztle' (26 r. y 31 r.-31 v.), los *teuccuiatl,* 'cantos señoriales' (73 r.-74 r.) y los *cococuicatl,* 'cantos de tórtolas' (74 v.).

De entre estas distintas formas de canto "determinaba y pedía el *tlahtoani* aquel que debía entonarse" *(Códice Florentino,* libro IV, fol. 18 r.). Como lo expresa ese mismo testimonio, los cantos de cualquiera de dichas clases no sólo se acompañaban con música sino que también suponían la actuación de la danza. En consecuencia la clasificación que he descrito, derivada de la tradición indígena, se nos muestra establecida no sólo atendiendo al origen de las composiciones sino también a los distintos modos de actualización de las mismas en las varias ceremonias, en su conjunción con música y baile.

Esto último implica que, para lograr una caracterización mucho más precisa de cada uno de los subgéneros

mencionados, sería necesario poseer un adecuado conocimiento de las varias formas de acompañamiento musical, así como de los distintos ritmos y actuaciones propias
de cada danza. Si bien existen algunos trabajos referentes
a música y danza en el México prehispánico, como los de
Vicente T. Mendoza (1956), Samuel Martí (1961), Robert
Stevenson (1965) y Haly (1986), muchas son las oscu-
ridades que subsisten en esta materia. Queda abierto el
campo para mayores precisiones, que podrán derivarse de
una investigación mucho más pormenorizada de la documentación al alcance (códices, textos en náhuatl, crónicas), donde se proporcionan noticias sobre los múltiples
cantos que se entonaban al son de la música y con el
acompañamiento de la danza. A otra forma de clasificación —derivada también de la tradición prehispánica—
atenderé ahora. En ella se toma en cuenta de manera
especial la temática de los distintos *cuicatl*.

LAS DISTINTAS CLASES DE CUICATL DESDE EL PUNTO
DE VISTA DE SU TEMÁTICA

Se ha hecho ya referencia a los *teocuicatl*, 'cantos divinos', citando la existencia de una colección de éstos, los
llamados "Veinte himnos sacros de los dioses", incluida
como apéndice al libro II del *Códice Florentino*. Añadiré que
hay en las fuentes otras muestras de este primer género de
composiciones, cuya temática, de sentido eminentemente
religioso, implicaba la exaltación de los atributos de los
dioses, así como diversas maneras de impetración o
súplica en busca de favores. Una significativa alusión a
estos *teocuicatl* la ofrece el mismo *Códice Florentino* al tratar
de las prácticas propias del *calmecac*, centros de educación
superior. Se dice allí que:

[los estudiantes] aprendían allí los cantos, los que llamaban *teocuicatl*, 'cantos divinos', siguiendo lo inscrito en sus libros [*amohxotoca*] (*Códice Florentino*, libro III, fol 39 r.).

A los trabajos de Eduard Seler (1904, II, 959-1107) y de Garibay (1958) remito a quienes se interesen en un estudio particular de los veinte *teocuicatl* mencionados. En las compilaciones de *Cantares* se incluyen otros muchos que, por su carácter de acercamiento a la divinidad, deben relacionarse con este primer subgénero.

Consideraré ahora otras clases o tipos de cantos desde el mismo punto de vista de su temática. Fijándonos en las anotaciones que hay en *Cantares Mexicanos* y *Romances de los señores,* puede decirse que es bastante amplia la variedad de asuntos sobre los que versan los cantos. Con base en las dichas anotaciones, y ciñéndome a los subgéneros mas definidos, enumero las siguientes clases o categorías:

Yaocuiatl, cuauhcuicatl, ocelocuicatl, 'cantos de guerra', 'cantos de águilas', 'cantos de ocelotes'.
Xopancuicatl, xochicuicatl, 'cantos de tiempo de verdor', 'cantos de flores'.
Icnocutcatl, 'cantos de orfandad' y también poemas de reflexión filosófica.
Cuecuechcuicatl, ahuilcuicatl, 'cantos de cosquilleo', 'cantos de placer'.

A continuación describiré el carácter de cada uno de estos tipos de *cuicatl,* haciendo referencia a los lugares en que se hallan muestras de los mismos.

Yaocuicatl, cuauhcuicatl y ocelocuicatl, 'cantos de guerra'

Con estos tres nombres distintos se mencionaban las producciones en las que se recordaban las conquistas y luchas con otros pueblos. En ellas se enaltecían también los hechos de capitanes famosos o en general las victorias mexicas. También estos *cuicatl* estaban acompañados con frecuencia de actuación, música y danza en las conmemoraciones y fiestas. De ellos hay muestras no sólo en *Cantares Mexicanos* y *Romances de los señores*, sino también en otros manuscritos como *Unos anales históricos de la nación mexicana* y *Anales de Cuauhtitlan*. En *Unos anales históricos* se incluye, entre otros, un canto en el que se recuerda la guerra que sostuvieron tenochcas y tlatelolcas *(Unos anales,* fol. 25 r.). En *Anales de Cuauhtitlan* se evoca, en otro *yaocuicatl,* esta vez no una victoria de los mexicas, sino la derrota de éstos a manos de los tecpanecas en Chapultepec *(Anales de Cuauhtitlan,* fol. 17).

De los muchos *yaocuicatl* reunidos en *Cantares Mexicanos,* aludiré tan sólo a unos cuantos: el *melahuac yaocuicatl,* 'genuino canto de guerra', incluido entre las composiciones entonadas a la manera de Chalco (fol. 31 v.-33 v.); el *Cuauhcayotl,* 'al modo de las águilas', en el que es figura central el ya mencionado joven príncipe Tlacahuepan que perdió la vida en la guerra (fol. 36 v.-37 r.); el conjunto de cantos que se incluye a partir del fol. 64 r. hasta el 66 v., entre ellos un *Yaoxochicuicatl,* 'Canto florido de guerra', así como otro *Yaocuicacuextecayotl,* 'Canto de guerra al modo cuexteca'. Recordaré, como particularmente interesante, la composición atribuida a Aquiauhtzin, un forjador de cantos de Ayapanco, en las inmediaciones de Amecameca, intitulada *Chalcayaocihuacuicatl,* 'Canto guerrero de las mujeres de Chalco'. Esta producción, en la que se compara a la guerra con un asedio de tono sexual, será comentada con algún detenimiento al tratar de los *cuicatl,* obra de autores cuyo nombre y biografía nos son conocidos.

Xopancuicatl, xochicuicatl, 'cantos de tiempos de verdor',
'cantos de flores'

Como lo ha notado Garibay (1953-1954, i, 87), los dos
términos que aquí se enuncian pueden considerarse equi-
valentes. Prueba de ello la tenemos en *Cantares Mexicanos.*
En dos lugares distintos de este manuscrito aparece el mismo canto precedido una vez de la glosa *xopancuicatl* (fol.
68 r.) y la otra con la indicación de que es un *xochicuicatl*
(fol. 64 v.). De manera general es posible describir la
temática de estas composiciones, comparándola con la de
las creaciones líricas de otras literaturas. Unas veces se
canta lo bueno que hay en la tierra, la amistad y el amor,
la belleza de las flores, el deleite mismo que cabe derivar
de la poesía. En otras ocasiones los cantos de flores
adquieren un tono triste, evocan amargura y aun la muerte. Tal vez más que en otras producciones, son aquí frecuentes las metáforas a las que nos hemos referido tratan-
do genéricamente de los *cuicatl.* Encontramos así un frecuente empleo de vocablos que evocan realidades como
las de las flores y sus atributos, las aves y mariposas, los
colores portadores también de símbolos, aquello que pro-
duce placer como el tabaco, el agua espumante de cacao,
endulzada con miel, o los objetos preciosos que son también símbolos, jades y turquesas, ajorcas y collares, plumas
de quetzal, pinturas e instrumentos musicales.

Numerosas son las muestras de *xochicuicatl* o *xopancui-*
catl en *Cantares Mexicanos, Romances de los señores,* y en otros
manuscritos. Al género de *xopancuicatl* pertenecen varios
de los *otoncuicatl,* cantos otomíes, a los que he hecho referencia, y que se hallan en *Cantares Mexicanos* (fol. 2 r.-4 v.)
De las numerosas composiciones a cuyo texto se antepone
uno de los vocablos *xopancuicatl* o *xochicuicatl* en el mismo
manuscrito de *Cantares Mexicanos,* mencionaré algunas: el

xopancuicatl, descrito como canto admonitorio o con el
que se hace llamamiento por razón de aquellos que no se
distinguieron en la guerra (fol. 6 r.); el *xochicuicatl* que
abarca múltiples unidades de expresión y que bien puede
considerarse como un conjunto de poemas (fol. 9 v.-12
r.), un *toto-cuic,* 'canto de pájaros' que habla de Totoqui-
huatzin, señor de Tlacopan, y que en realidad constituye
otro *xochicuicatl* (fol. 30 v.); así como el conjunto de cantares, unas veces precedidos del término *xopancuicatl* y
otros de *xochicuicatl* en fols. 52 v.-53 r., 60 r., 64 v., y 68 r.-
69 r.) Hay otros *cuicatl* en el mismo manuscrito que,
aunque no van precedidos de uno u otro de los vocablos
mencionados, pertenecen por su contenido a este subgénero de producciones. De *Romances de los señores,* citaré
tan sólo la composición que ostenta el título siguiente: *De
Nezahualcoyotzin, xopancuicatl* (fol. 38 r.-38 v.), dirigida al
sabio señor de Tezcoco de quien, entre otras cosas, se dice
allí:

> *Amoxtlacuilol yn moyollo, tocuicaticaco ic tictzotzona in mohuehueuh, in
> ticuicanitl Xopan cala itec, in tonteyahultiya, yao, yli yaha ilili lili iliya
> ohama hayya ohuaya ohuaya.*

> Libro de cantos tu corazón, has venido a cantar, tañes tu atabal, tú
> eres cantor en el interior de la casa del verdor, allí alegras a la
> gente... *(Romances,* fol. 38 r.-38 v.)

Cantos en gran parte de tono lírico son estos que, en
número relativamente grande, aparecen en los manuscritos. Y cabe añadir que entre las producciones que se
conocen de las épocas colonial y moderna hay también
algunas que merecen los calificativos de *xochicuicatl* o
xopancuicatl.

Icnocuicatl, '*cantos de privación*' (*meditación y búsqueda a la manera filosófica*)

Los cantos que pueden situarse bajo este rubro son tal vez el mejor de los testimonios sobre el desarrollo intelectual alcanzado en el ámbito del México antiguo. Debidos muchas veces a *cuicapicqueh,* 'forjadores de cantos' o *tlamatinimeh,* 'sabios', algunos de nombre conocido, dan cabida en su temática a muchas de las cuestiones que han preocupado a quienes, en otros tiempos y lugares, fueron tenidos como filósofos. En los *icnocuicatl* que se conservan encontramos la expresión de preguntas acerca de la fugacidad de lo que existe, los enigmas del destino humano, la rectitud o maldad en el obrar del hombre en la tierra, la inestabilidad de la vida, la muerte, el más allá, la posibilidad de acercarse, conocer y dialogar con la divinidad, el Dador de la vida, el Dueño del cerca y del junto, el que es como la noche y el viento.

De las relativamente numerosas composiciones portadoras de este tipo de inquietudes, atenderé a algunas que considero representativas. En varios casos los manuscritos nos han conservado los nombres de sus autores. La lista de éstos incluye a Tlaltecatzin de Cuauhchinanco, Tochihuitzin Coyolchiuhqui, Nezahualcóyotl, Cuacuauhtzin de Tepechpan, Nezahualpilli, Ayocuan Cuetzpaltzin, Aquiauhtzin de Ayapanco, Xayacamachan de Tlaxcala y Cacamatzin de Tezcoco. Puesto que más adelante me referiré, aun cuando sea de manera sumaria, a las biografías de la mayor parte de ellos, me limito aquí a considerar la temática de algunos icnocuicatl que se les atribuyen.

A Tlaltecatzin de Cuauhchinanco se debe un *icnocuicatl,* probablemente tan bien conocido que aparece tanto en *Cantares Mexicanos,* fol. 30 r.-30 v., como en *Romances de los señores,* fol. 7 r.-8 r. El asunto sobre el que clava allí su mirada Tlaltecatzin es la contrastante realidad de cuanto le es grato en la tierra y aquello que con certeza conoce: un día para siempre tendrá que marcharse a la región de los muertos. El deseo de que al menos ello ocurra sin violencia, pone término a la meditación. Ofrezco, ajustándome a las varias unidades de expresión que consigna el manuscrito, la versión castellana que he preparado de este texto:

Yo sólo me aflijo, digo, que no vaya yo, allá al lugar de los descarnados. Mi corazón es cosa preciosa, yo, yo sólo soy un cantor, de oro son las flores que tengo, *ye oo o iya iya.* Ya tengo, ya, tengo que abandonarla ya, contemplo mi casa, en hilera quedan las flores. ¿Tal vez grandes jades, extendidos plumajes, son acaso mi precio? *o o.* Con esto tendré que marcharme, alguna vez será, allá solo iré, habré de perderme. *Ay yoo ahuiya.*

A mí mi mismo me abandono, mi dios, Dador de la vida, digo, ¡váyame, yo!, como los muertos sea envuelto, yo cantor, sea así. ¿Podrá alguien adueñarse de mi corazón? *Ayo.*

Sólo así habré de irme, con flores cubierto mi corazón, quedarán revueltos unos con otros los jades, las ajorcas preciosas, que fueron trabajadas con arte. En ninguna parte está su modelo sobre la tierra. Que sea así y que sea sin violencia. *(Cantares Mexicanos,* fol. 7 v.)

A la par que afloran en los *icnocuicatl,* las inquietudes y preguntas en torno a lo inevitable de la muerte, hay en ellos también muestras de honda inquisición acerca del misterio de la divinidad. En *Romances de los señores* (fol. 19 v.-20 r.) se incluyen varios *cuicatl* que pueden atribuirse a Nezahualcóyotl, y que tienen como tema central la duda y la angustia que no alcanzan a disipar el misterio de lo divino. En la versión que ofrezco me ciño también a las varias unidades de expresión que consigna el manuscrito.

¿Eres tú, eres tú verdadero? Alguno acaso desvaría. Dador de la
vida. ¿Es esto verdad? ¿Acaso no lo es, como dicen? ¡Que nuestros
corazones no tengan tormento! *yehua, ohuaya, ohuaya.*

Todo lo que es verdadero, dicen que no es verdadero. Sólo se
muestra arbitrario el Dador de la vida. ¡Que nuestros corazones no
tengan tormento! *yehua, ohuaya, ohuaya.*

Solamente él, el Dador de la vida. Yo me afligía, ¿acaso nunca?,
ohuaya, ¿acaso nunca? *ohuaya, ya.* ¿Acaso conozco la alegría al lado
de la gente? *ohuaya, ohuaya.* (*Romances*, fol. 19 v.)

Con base en *icnocuicatl* como éstos, y aprovechando
asimismo referencias incluidas en otros manuscritos, pude
preparar un estudio acerca del pensamiento prehispánico
expresado en lengua náhuatl (León-Portilla, 1956, y
1993). El análisis de algunas de estas formas de pensamiento, en las que hay planteamiento de problemas acerca del origen y destino del mundo y del hombre, así como
sobre los misterios del más allá y de las realidades divinas,
parece justificar la aplicación del concepto de filosofía a
las elucubraciones de los *tlamatinimeh,* sabios del México
antiguo.

Ahuilcuicatl, cuecuexcuicatl, 'cantos de placer',
'cantos de cosquilleo'

De la existencia de este género de composiciones dan
testimonio, entre otras fuentes, el ya citado texto del *Códi-*
ce Florentino que menciona expresamente los *ahuilcuicatl,*
'cantos de placer' y los *cococuicatl,* 'cantos de tórtolas', así
como el bien enterado fray Diego Durán que alude al
cuecuechcuiatl como baile cosquilloso y propio de "mujeres
deshonestas y hombres livianos" (Durán, 1867-1880, II,
231). Además, en *Cantares Mexicanos* se transcriben algunas producciones que ostentan títulos que concuerdan o
se relacionan con estas designaciones.

Hay un ejemplo de *cococuicatl,* 'canto de tórtolas', en los fols, 74 v.-77 r. del manuscrito de *Cantares.* Por el contexto cabe inferir que las tórtolas son allí mujeres de placer, o como se les conocía también, *ahuianimeh,* 'las alegres'. Rasgo importante es que, al lado de expresiones cuyo sentido puede calificarse de erótico, aparecen también reflexiones en torno a temas de frecuente recurrencia en los *icnocuicatl,* 'cantos de privación'. Así, por ejemplo, en el *cococuícatl* que nos ocupa, hay expresiones contrastantes como éstas:

> Aya noquich in acaxochitl o ypan nomati, ymac non cuetlahuix nech ya cahuaz.
> Xochicuahuitl cueponi a, on quetzalli xelihui a, ca ye conittotia nicnihuia, ca ca ye nopilohua, ho ho ma ye ic ayao ohuaya ninocaya.

Mi hombre como flor silvestre roja me considera. En su mano habré de marchitarme, él me abandonará.
Abre sus corolas el árbol florido, se esparcen las plumas de quetzal. Yo solamente hago bailar a mis amigos, a mis sobrinos, ho ho ma ye ic ayao ohuaya ninocaya.(*Cantares Mexicanos,* fol. 76 r.)

Dignos de mayor estudio son estos *cococuicatl* y otros cantares afines, en los que, como Garibay lo ha notado (1968, 64-70), aparecen varias *ahuianimeh* dialogando de sus placeres y desgracias. Atenderé a otra muestra, en este caso una composición de autor de nombre conocido. Se trata del canto que ostenta el título de *Inchalca cihuacuicatl,* 'Canto de las mujeres de Chalco' que, en *Cantares Mexicanos* (fol. 72 r.-73v.) aparece acompañado de la siguiente anotación en náhuatl:

> In tlatlalil chalca in quimopapaquiltilico in tlatoani in Axayacatzin, çan oc o yehuatzin oquimmopehuili in çan cihuatzintin.

Composición de los chalcas con la que vinieron a alegrar al señor Axayacatzin, sólo a él, que los conquistó, pero no a las mujercitas.

La noticia de quién fue el *cuicapicqui* forjador de este canto, la debemos al cronista Chimalpahin en su *Séptima Relación* (fol. 174 v.). Narra éste que quienes se presentaron ante el gobernante de Tenochtitlan fueron a entonar en su honor un canto compuesto por Aquiauhtzin de Ayapanco, vecino de Amecameca, nacido hacia 1430 y muerto después de 1490. Asunto de este canto es un reto dirigido a Axayacatzin que se ufanaba de sus proezas militares. Las mujeres guerreras de Chalco lo desafían en su canto para que muestre su hombría ante ellas que lo provocan al amor y al placer. Según el relato de Chimalpahin, los chalcas que entonaron esta composición en el palacio de Axayácatl alcanzaron la victoria, esta vez sin escudos ni flechas. Al decir de Chimalpahin, se regocijó tanto Axayácatl que:

> ... mucho deseó, se alegró con el canto de las mujeres de Chalco. Así una vez más hizo venir a los chalcas, a todos los nobles, les pidió que le dieran el canto...
> Así lo ordenó Axayacatzin y así le entregaron el canto... En el año que ya se dijo [13-Caña, 1469] hizo propiedad suya este canto el señor Axayácatl... porque en verdad era muy maravilloso el canto de las mujeres guerreras de Chalco, y gracias a él tuvo renombre la ciudad de Amecameca que ahora sólo se muestra como un pequeño poblado. (Chimalpahin, *Séptima Relación,* fol. 176 r.).

En las varias unidades de expresión que integran este poema se percibe claramente una secuencia de pensamiento. Primero aparece la invitación que hace una mujer de Chalco a otras compañeras suyas. Las exhorta a buscar y cortar flores, pero precisamente "del agua y del fuego", evocación de la guerra. Asedio erótico será esta vez la guerra. He aquí el reto: "Acompañante pequeño, tú, señor Axayácatl, si en verdad eres hombre, aquí tienes donde afanarte..." La mujer de Chalco emplea sus armas:

"¿Acaso ya no seguirás, seguirás con fuerza? Haz que se yerga lo que me hace mujer..." "El asedio continúa, "¿Acaso no eres un águila, un ocelote...?" Por fin Axayacatzin estará deseoso de lograr su placer. Con metáforas frecuentes en otros cantos, se expresa que el asedio se transforma en victoria, entrega, sueño y reposo. Las imágenes eróticas son expresivas por sí mismas.

> ...He venido a dar placer a mi vulva florida, mi boca pequeña, *Yya cohuia.*
> Deseo al señor, al pequeño Axayácatl. Mira mi pintura florida, mira mi pintura florida: mis pechos, *oohuia.*
> ¿Acaso caerá en vano tu corazón, pequeño Axayácatl? He aquí tus manitas, ya con tus manos tómame a mí. Tengamos placer, *aayyaha.*
> En tu estera de flores, en donde tú existes, compañero pequeño, poco a poco entrégate al sueño, queda tranquilo niñito mío, tú, señor Axayácatl, *yao, ohuaya.*

Muestras como las citadas confirman la verdad de lo dicho por autores como fray Diego Durán que habló de la existencia de cantares, a su juicio deshonestos, como cosa de "baile cosquilloso".

LOS AUTORES DE LOS CUICATL

En la mayoría de los casos es imposible identificar al autor de un *cuicatl* determinado. Por otra parte, sobre todo en el caso de los *teocuicatl,* los cantos o himnos sagrados, parece cierto que se debieron éstos a los sacerdotes y sabios que los habían ido trasmitiendo y enriqueciendo de una a otra generación. En este sentido puede afirmarse que, como en el caso de otras literaturas antiguas, el afán por encontrar autores determinados cuyas biografías puedan reconstruirse, carece también de fundamento por lo menos respecto de muchas de las producciones que en lengua náhuatl han llegado hasta nosotros.

Hay una sección en el *Códice Matritense del Palacio Real* en la que, al describirse las funciones de los diversos sacerdotes, encontramos dos importantes referencias acerca de los *cuicatl*. Por una parte se nos dice que había sacerdotes en los calpulli, 'barrios', que tenían por oficio enseñar al pueblo los *teocuicatl*, cuidando con esmero de que no sufrieran alteración. Dichos sacerdotes llevaban el título de *tlapixcatzin*, vocablo que puede entenderse como "el que guarda, conserva" *(Códice Matritense del Real Palacio,* fol. 259 r.) La otra referencia menciona al sacerdote que se conocía como *Epcohua tepictoton*, 'Serpiente de Nácar', uno de los títulos de Tláloc, y de los *Tepictoton,* o figurillas pequeñas relacionadas asimismo con las deidades de la lluvia. Su oficio implicaba examinar y aprobar los diversos cantos que se componían:

> El sacerdote tonsurado de *Epcohua Tepictoton.* Su oficio era el siguiente: disponía lo referente a los cantos. Cuando alguien componía cantos, se lo decía a él para que presentara, diera orden a los cantores, de modo que fueran a cantar a su casa. Si alguien componía cantos él daba su fallo acerca de ellos *(Códice Matritense del Palacio Real,* fol. 260 r.).

A modo de complemento de esta información, recordaré el testimonio ya citado de fray Diego Durán que reitera que "para los cuales cantares había entre ellos poetas que los componían, dando a cada canto y baile diferente tonada, como nosotros los usamos en nuestros cantos . . . " (Durán, 1867-1880, LI, 230) .

Ahora bien de entre esos "poetas que los componían", hay algunos cuyas biografías hasta cierto punto nos son conocidas. Esto sucede, como sería previsible, tratándose de *pipiltin,* varios muy famosos, que fueron asimismo forjadores de cantos. En dos trabajos distintos ofreció Garibay breve noticia sobre algunos de ellos, en su *Historia de la literatura náhuatl* (1953-1954, II, 373-390) y en un Apéndice a su edición de *Romances de los señores* (1964, 220-239). En uno y otro recoge los nombres de aquellos mencionados en los manuscritos como forjadores de cantos, con expresa atribución, en algunos casos, de una o varias composiciones. Por mi parte en *Quince poetas del mundo náhuatl* (1994) he elaborado las biografías y reunido las obras que se conservan de otros tantos personajes del México prehispánico.

Cinco de ellos pertenecen a la región tezcocana: Tlaltecatzin de Cuauhchinanco, cantor del placer, la mujer y la muerte, que vivió durante el siglo XVI; Nezahualcóyotl, del que se conservan más de treinta *cuicatl*, nacido en 1-Conejo (1402) y muerto en 6-Pedernal (1472); Cuacuauhtzin de Tepechpan, cantor de la amistad traicionada, que murió a mediados del siglo XV; Nezahualpilli, el sabio gobernante, sucesor de Nezahualcóyotl, nacido en 11-Pedernal (1464) y muerto en 10-Caña (1515) y Cacamatzin a quien tocó ya la venida de los españoles, nacido hacia 2-Conejo (1494) y muerto en 2-Pedernal (1520) .

Cuatro son oriundos de México-Tenochtitlan: Tochihuitzin Coyolchiuhqui, hijo de Itzcóatl, señor de Teotlatzinco, muerto a mediados del siglo XV; Axayácatl el *huey tlahtoani* de Tenochtitlan, fallecido en 2-Casa (1481); Macuilxochitzin, poetisa, hija del famoso Tlacaélel, que vivió asimismo en el siglo XV, y Temilotzin, capitán, defensor de Tenochtitlan y cantor de la amistad, cuya vida terminó ya después de la Conquista, en 1525.

Cuatro, *cuicapicqueh* florecieron en la que ahora describimos como región poblano-tlaxcalteca: Tecayehuatzin de Huexotzinco, que organizó el conocido diálogo sobre el sentido de flor y canto, nacido en la segunda mitad del siglo xv y muerto a principios del siglo XVI; Ayocuan Cuetzpaltzin, famoso sabio oriundo de Tecamachalco, contemporáneo de Tecayehuatzin; Xicoténcatl de Tlaxcala, gobernante de una de las cuatro cabeceras que, siendo ya muy anciano, conoció la presencia de los españoles y Xayacámachtzin de Tizatlan (siglo xv), que cantó acerca de sí mismo. Finalmente hay dos poetas de Chalco: Chichicuepon, litigante desafortunado que perdió la vida en la defensa de sus tierras, y del cual se conserva un solo *cuicatl,* así como Aquiauhtzin de Ayapanco, del que ya he hablado al mencionar su Canto de las mujeres guerreras de Chalco.

En el libro que acerca de estos forjadores de cantos he escrito, valoro críticamente las fuentes que permiten hablar acerca de ellos y sus composiciones (León Portilla-1994).

DIFERENTES GÉNEROS DE TLAHTOLLI

Como hemos visto, los *tlahtolli* poseen características que los distinguen de los *cuicatl*. Tales características son visibles en la estructuración de sus unidades de significación y de manera especial en muchos de los atributos de su estilística. Ahora consideraré las principales variantes o subgéneros que existen en el conjunto de los *tlahtolli*. Como en el caso de los *cuicatl*, tomaré en cuenta la terminología derivada de la misma tradición indígena.

Desde un punto de vista general cabe establecer una primera forma de distinción dentro del gran conjunto de los *tlahtolli*. De un lado están todos aquellos que, valiéndonos de un término empleado en varias lenguas indoeuropeas, se sitúan en el campo de la *narrativa*. De otro lado, nos encontramos con una variedad de subgéneros que incluye, entre otros, a los *huehuehtlahtolli*, 'antiguas palabras', muchas veces de contenido didáctico o exhortatorio, exposición de antiguas doctrinas religiosas, morales o referentes al modo de comportarse en distintas circunstancias. Alejados asimismo de la narrativa hay también otros *tlahtolli* en los que se describen, con propósitos normativos o de mera información, distintas instituciones culturales, como la organización del comercio y los mercados, las responsabilidades de quienes ejercían determinadas profesiones, conocimientos acerca de los animales, las plantas, la farmacología, la medicina, el calendario y los destinos, etcétera. Aceptando esta distinción como válida,

ya que está derivada de la temática misma de los *tlahtolli*
de tradición prehispánica que han llegado hasta nosotros,
describiré los subgéneros existentes en una y otra clase de
tlahtolli.

TLAQUETZALLI, 'RELATO, NARRACIÓN'

Hay en el *Códice Matritense de la Real Academia* (fol. 122
r.) un breve texto en el que precisamente se describe la
figura ideal de quienes se ocupaban en repetir antiguas
tradiciones o diversas formas de relato o narración. El
nombre que recibían quienes practicaban este arte era el
de *tlaquetzqui*. Dicho vocablo se deriva de la misma raíz
que el verbo *quetza*, que connota la idea de 'levantarse,
erguirse', o, con sentido transitivo, 'poner un objeto en
alto, erguirlo, ponerlo de manifiesto'. Así, el *tlaquetzqui*,
siendo el que narra y repite tradiciones es, en cierto sentido, el que pone en alto, hace que se manifiesten los
objetos y sujetos sobre los que habla. Otro derivado verbal
de la misma raíz es *tlaquetzalli*, que Alonso de Molina
traduce como 'fabula o conseja', y que en un sentido más
amplio, podemos entender como 'relato, narración'.

El texto en que se conserva la descripción del *tlaquetzqui* deja entrever el aprecio que se tenía por lo que constituía su ocupación: trasmitir leyendas, historias y toda
suerte de consejas.

Tlaquetzqui, el narrador, tiene gracia, dice las cosas con gracia, es
como un tolteca del labio y la boca. El buen *tlaquetzqui*, de palabras
gustosas, de palabras alegres. Flores tiene en sus labios. En sus
palabras las consejas abundan, de palabra correcta, brotan flores
de su boca. Su *tlahtolli* es gustoso y alegre como las flores. De él es
el *tecpillahtolli*, 'el lenguaje noble' y la expresión cuidadosa. (*Códice
Matritense de la Real Academia*, fol. 122 r.).

Los *tlaquetzqueh*, narradores del México antiguo, atraían la atención de la gente, poniendo en alto, tornando visibles por medio de sus narraciones, toda clase de historias, tanto acerca del actuar de los dioses como sobre las proezas de los antepasados, los guerreros, los sabios, los *pipiltin* y los supremos gobernantes. Interesante es notar que el vocablo *tlaquetza*, con el sentido de narrar o poner de manifiesto un recuerdo, mantiene su vigencia en varias de las formas dialectales habladas hasta hoy en distintas regiones de México.

En lo que toca específicamente al contenido de las *tlaquetzalli*, narraciones, pueden precisarse varios subgéneros. En primer lugar están los *teotlahtolli*, 'palabras divinas', en las que se recuerdan las acciones de los dioses, los orígenes del mundo y de los seres humanos. Por otra parte están los *in ye huecauh tlahtolli*, 'palabras acerca de las cosas antiguas', o también *ihtoloca*, 'lo que se dice de algo o de alguien', es decir los discursos o relatos de tema unas veces legendario y otras más plenamente histórico. Mencionaré finalmente las que con un largo vocablo compuesto se conocían como *tlamachiliz-tlahtol-zazanilli*, que literalmente significa 'relaciones orales de lo que se sabe', es decir evocaciones de sucesos reales o imaginarios, trasmitidas de boca en boca y que cabe comparar con las fábulas, consejas y aun con ciertas maneras de cuentos. De hecho en las variantes modernas del náhuatl el vocablo *zazanilli* suele tener una connotación afín a la de 'cuento'. A continuación atenderé a cada uno de estos subgéneros que tienen en común situarse en el campo de las *tlaquetzalli*, diversas formas de narración.

Los teotlahtolli, 'palabras divinas'

Numerosos son los textos en náhuatl ejemplo de *teotlahtolli*, comparables en cierto grado con los relatos épicos, o las narraciones acerca de la génesis de cuanto existe y que encontramos como libros sagrados en otras culturas de la antigüedad clásica. Teniendo presente que los diversos pueblos mesoamericanos participaban de una herencia en común, no será extraño encontrar en los *teotlahtolli*, narraciones parecidas a textos redactados en otras lenguas. Así, por ejemplo, tanto entre los mayas como entre los nahuas, existen relatos semejantes sobre las edades cósmicas, el héroe cultural Quetzalcóatl, Kukulcán, las regiones a donde van los que mueren y sobre otros varios temas.

Ciñéndome al caso del náhuatl, diré que los *teotlahtolli* versan principalmente sobre los siguientes asuntos: orígenes divinos y cósmicos; héroes culturales; el quehacer de los dioses y otros personajes.

Teotlahtolli referentes a los orígenes cósmicos y divinos

En los *Códices Matritenses* y *Florentino,* en los *Anales de Cuauhtitlan* y en el manuscrito conocido como *Leyenda de los Soles,* se conservan narraciones que tienen esta temática. Algunas hablan de cada una de las edades o soles que han existido (por ejemplo *Anales de Cuauhtitlan,* fol. 2), en tanto que otras tratan de episodios relacionados ya con la edad en que vivimos. Tal es el caso de los *teotlahtolli* incluidos en el *Códice Matritense del Palacio Real,* fol. 161 v. 103 r. De esta última fuente proceden los relatos sobre la creación del quinto sol en Teotihuacan, el viaje de Quetzalcóatl a la región de los muertos en busca de los huesos de hombres de generaciones anteriores, y el nuevo hallazgo del maíz en el *Tonacatépetl,* el Monte de Nuestro Sustento.

De gran interés son los *teotlahtolli* acerca del sabio sacerdote Quetzalcóatl que, considerado algunas veces como un dios, advocación de la suprema divinidad, y otras como un héroe cultural, aparece desempeñando siempre un papel fundamental en el desarrollo de la *toltecáyotl,* 'el conjunto de creaciones de la cultura tolteca'. Entre los varios relatos que se conservan acerca de Quetzalcóatl mencionaré los incluidos en el *Códice Florentino* (libro III, fol. 9 r. 23 r.) y en *Anales de Cuauhtitlan* (fol. 3-7). Estos *teotlahtolli* cuentan entre las más expresivas y hermosas muestras de la narrativa de los pueblos nahuas.

Otro subgénero lo integran las leyendas y relatos acerca de otros dioses y otros personajes de actuación legendaria. Bajo este rubro se incluyen muchos textos que hablan de los dioses de la lluvia, el viento, las sementeras, la guerra, etcétera. En el manuscrito ya mencionado de la *Leyenda de los Soles,* se recogen varios de estos relatos, como el que describe el juego de pelota que sostuvieron los *tlaloqueh,* 'dioses de la lluvia', con Huémac, el último señor de Tula. Personajes de actuación legendaria son, por ejemplo, Mixcóatl, tenido a veces como padre del sacerdote Quetzalcóatl, o el ya mencionado Huémac, de cuyas extravagancias habla, entre otras fuentes, la *Historia Tolteca-chichimeca,* fols. 4-7.

En el aspecto estilístico, rasgo común de todas estas formas de *teotlahtolli* es el sentido del pormenor al que se deben múltiples descripciones para expresar un hecho o idea desde muy variados puntos de vista. Por otra parte, la narrativa indígena alcanza a veces sutiles abstracciones, expresadas a través de elementos metafóricos, flores y cantos, rostro y corazón, plumajes de quetzal, jades y piedras preciosas. Mucho de lo expuesto, al hablar en general de la estilística de los *tlahtolli*, tiene aplicación en el caso específico de los *teotlahtolli*.

Pertenecen asimismo a este subgénero otros textos relacionados, aunque de manera distinta, con el universo de los dioses, el culto religioso y los destinos humanos. De las varias fuentes en que se incluyen producciones de esta índole destacan los "Primeros Memoriales" del *Códice Matritense del Palacio Real*. Allí se hallan descripciones, aprendidas de memoria probablemente en los *calmécac* o escuelas sacerdotales, acerca de las fiestas, el ritual sagrado, los atributos de los varios sacerdotes de acuerdo con su jerarquía, los atavíos característicos de las principales deidades, la indumentaria de los señores, sus manjares y bebidas, formas de pasatiempos, y otros aspectos siempre en relación con el mundo de los dioses o con el de los nobles, o *pipiltin*, que se ostentan como representantes de aquéllos en la tierra.

El estudio de las diversas formas de *teotlahtolli* ayuda a comprender, entre otras cosas, la conciencia que tenían los nahuas de su vinculación con el universo de los dioses. Así como en los *icnocuicatl* se presentan las reflexiones e inquietudes propias de algunos *tlamatinimeh*, sabios, en los *teotlahtolli* se halla el sustrato de ideas sobre las que los antiguos mexicanos habían cimentado y desarrollado su visión del mundo, creencias religiosas y principios que normaban su organización social, religiosa y política.

IN YE HUECAUH TLAHTOLLI, 'RELATOS ACERCA DE LAS COSAS ANTIGUAS'

Además de esta designación se empleaban otros vocablos para connotar las narraciones que pueden considerarse de contenido histórico. Entre otros están los siguientes: *ihtoloca*, 'lo que se dice de algo o de alguien'; *tlahtollotl*, 'suma y esencia de la palabra', entendida como conjunto de discursos dedicados a rememorar al pasado. Relativamente abundantes son los textos en náhuatl de contenido histórico según la tradición prehispánica. De ellos puede decirse que muchas veces son la 'lectura' de lo que consignaban los viejos códices puesta por escrito, con el alfabeto latino, después de la conquista. En otros casos se trata de tradiciones orales, sistemáticamente memorizadas, que fueron comunicadas a escribanos indígenas, con o sin la participación de algunos frailes interesados en las antigüedades prehispánicas.

Para valorar mejor cómo se desarrolló el proceso que culminó en el transvase al alfabeto del contenido de los *xiuhamatl* 'papeles de los años', me referiré a varios de los códices de contenido histórico, procedentes de la región central. Por tratarse de códices confeccionados en los años que siguieron a la Conquista en ellos puede verse cómo, poco a poco, el empleo de las letras se fue imponiendo sobre el de los jeroglíficos y las pinturas. Un primer conjunto de manuscritos está formado por aquellos que, al lado de pinturas, registran fechas, nombres y otros elementos básicamente por medio de glifos. Ejemplos son la *Tira de la Peregrinación*, el *Códice en Cruz* y los tres primeros *Mapas de Cuauhtinchan*. Los códices que incluyen ya glosas en náhuatl —desde palabras aisladas hasta textos más amplios— son más numerosos. Entre ellos están el llamado *Mapa de Sigüenza*, el *Lienzo de Tlaxcala*, los *Anales de Tula*, los códices *Moctezuma, Azcatitlan* y *Mexicanus*, así como los que integran el grupo tezcocano, los códices *Xólotl, Tlotzin, Quinatzin* y de *Tepechpan*. Tampoco faltan códices que ostentan glosas en español. Muestras de ello las tenemos en el *Telleriano-Remensis* asi como en el *Mendocino*.

Recordaré también los manuscritos que, como el llamado *Códice Aubin*, la *Historia Tolteca-chichimeca*, el *Códice Cozcatzin* y el *Manuscrito Mexicano* número 40, conservados en la Biblioteca Nacional de París, registran los distintos años con sus correspondientes glifos e incluyen además pinturas, todo ello acompañado de amplio texto en náhuatl, escrito con el alfabeto latino. De hecho en estos cuatro documentos el texto en náhuatl constituye la porción principal de los mismos, extremadamente rica en contenido histórico.

Finalmente, hay otros testimonios que pueden describirse como "lecturas", hechas y transcritas en náhuatl, del contenido de códices, de los que ni sus pinturas ni sus glifos (o sólo una mínima parte de ellos), se han preservado. Ejemplos de esta suerte de lecturas de códices, transcritas en náhuatl, son *Unos anales históricos de la nación mexicana;* el manuscrito de 1558, que ostenta el título de *Leyenda de los Soles;* buena parte del contenido de los *Anales de Cuauhtitlan*, así como varias secciones de los textos incluidos en los códices *Matritenses* y *Florentino*. Algo semejante puede afirmarse respecto de por lo menos algunas partes de las obras que escribieron en náhuatl los cronistas Fernando Alvarado Tezozómoc (*Crónica Mexicáyotl*, 1975), Cristóbal del Castillo (*Historia de los mexicanos*, 1908), y Chimalpahin Cuauhtlehuanitzin (*Relaciones*, 1889 y 1965). Cabe añadir que hubo también traducciones al castellano de algunas de esas "lecturas en náhuatl" del contenido de códices indígenas, preparadas en fechas muy tempranas. Un ejemplo lo ofrece el texto que se conoce como *Historia de los mexicanos por sus pinturas*, (García Icazbalceta, 1941, 209-239). De estas "lecturas" me he ocupado ya en la primera parte de este libro.

En realidad la secuencia de cambios que afectó las formas de trasmisión de los relatos históricos, tenía ya un antecedente en la etapa de autonomía prehispánica. En los centros de educación anexos a los templos donde se estudiaba la *ihtoloca*, 'lo que se dice acerca de algo o de alguien', las pinturas e inscripciones jeroglíficas de los códices eran el apoyo, con los puntos básicos de referencia, para la elaboración de 'comentarios', también especie de 'lecturas', que debían memorizarse sistemáticamente. Así desde mucho antes de la Conquista, la trasmisión de la historia se llevaba a cabo de doble manera: a través de los códices y de la tradición oral sistemática.

Las noticias de la *ihtoloca* versan, sobre todo, acerca de los siguientes temas: narraciones acerca del origen, esplendor y ruina de los toltecas; formas de vida de los distintos grupos chichimecas; establecimiento de señoríos en diversos regiones de la altiplanicie central, como en Cholula, Culhuacan, Chalco-Amecameca, Aculhuacan, Tlaxcala, Tecamachalco, Cuauhtinchan y otros en la zona poblana, y, por supuesto, en el Valle de México. Lugar especial ocupan la peregrinación de los mexicas, los enfrentamientos que tuvieron a lo largo de ella, su llegada a Tenochtitlan, la etapa de sujeción a Azcapotzalco, la victoria que alcanzaron sobre sus antiguos dominadores, la alianza con Tezcoco y Tlacopan, así como el desarrollo y esplendor de Tenochtitlan y sus conquistas en regiones muy apartadas.

Paralelamente existen otras *ihtoloca* propias de algunos de los reinos o señoríos que se han mencionado, como en el caso de Culhuacan, del que recogió Chimalpahin su *Memorial breve*, o los *Anales Tecpanecas de Azcapotzalco*, o acerca del reino de Tezcoco, sobre el cual dan noticias los códices y otros manuscritos que tuvieron allí su origen. Haré también referencia a un conjunto de manuscritos en náhuatl, conservados en el Archivo del Museo Nacional de Antropología de México: los *Anales antiguos de México y*

sus contornos (Colección antigua, 273-274). Estos textos y
otros, como los *Anales de México y Tlatelolco*, también preservados allí, si bien fueron redactados después de la conquista, constituyen en varios casos y en partes de su contenido, otras muestras de "lecturas en náhuatl" de algunos
códices.

Los nahuas que, como otros pueblos mesoamericanos
estuvieron preocupados por conocer las medidas del
tiempo y sus destinos, tuvieron a su modo una honda
conciencia histórica. Prueba de ella son los textos que,
por los caminos que he descrito, escaparon a la destrucción y que permiten conocer los puntos de vista indígenas
acerca de su pasado.

Zazanilli, otras formas de consejas, narraciones y cuentos

He mencionado que el término *zazanilli* sigue empleán-
dose en las variantes del náhuatl moderno con el sentido
de 'cuento o relato'. En función de esta acepción, me fijaré
en varios *tlahtolli* que son muestras de prosa imaginativa.
Algunos de éstos aparecen insertos en otros géneros de
composiciones. Como ejemplo pueden citarse varios relatos breves incluidos con propósitos didácticos en algunos
huehuehtlahtolli. Otros aparecen incluso en el contexto de
los *teotlahtolli*, a modo de complemento o ilustración de lo que
en ellos se expone. Más frecuente es encontrar este género de composiciones en textos que pertenecen a la *ihtoloca*, es decir a la historia. Muy probable es que tales *zazanilli* fueran preservados por el camino de la tradición oral.

Fernando Alvarado Tezozómoc, que "leyó" en náhuatl y
transcribió en esta misma lengua el contenido de algunos
códices —varios de carácter genealógico— para com-

poner su *Crónica Mexicáyotl*, incluyó algunos de esos relatos. Aunque relacionados con sucesos históricos o legendarios, los *zazanilli* se presentan como consejas o narraciones más adornadas, que evocan con vivos colores, y a veces de modo fantasioso, determinados sucesos. Como muestra, citaré el relato que se incluye en la *Crónica Mexicáyotl* sobre cómo el señor Huitzilihuitl pudo hacer esposa suya a la princesa Miahuaxochitl, hija del señor Ozomatzintecuhtli, gobernante de Cuauhnahuac (Alvarado Tezozómoc, 1975, 90-95).

También en el caudal de textos que trasmitieron a Sahagún sus informantes hay ejemplos de *zazanilli*. Tan solo a tres aludiré. El primero es el relato sobre un coyote que agradeció a un hombre lo librara de una serpiente *cincóatl*, que estaba a punto de matarlo (*Códice Florentino*, libro XI, fol. 8 r.-8 v.) En otro se describen los atributos y peculiar comportamiento del animal llamado *ahuitzotl*, que habitaba cerca del agua y atrapaba a cuantos podía, ahogándolos, en una especie de sacrificio relacionado con los dioses de la lluvia (*Códice Florentino*, libro XI, fol. 33 v.-34 r.) Finalmente, aludiré al *zazanilli* que nos pinta cómo hacían una cacería de *ozomatin*, es decir de monos (*Códice florentino*, libro XI, fol. 15 r. 16 v.)

Relatos como estos pueden tenerse como antecedente prehispánico de los cuentos, abundantes en la narrativa de los nahuas contemporáneos. En unos y otros la percepción de los detalles y la forma de hilar la trama, dan buen testimonio de la imaginación nativa, creadora de tan ricas formas de expresión.

LOS HUEHUEHTLAHTOLLI, TESTIMONIOS DE LA 'ANTIGUA PALABRA'

De entre las varias formas de composición literaria que integran el gran conjunto de los *tlahtolli*, son probable-

mente los *huehuehtlahtolli* el subgénero en el que puede
percibirse mayor afán de preciosismo en la expresión.
Con abundancia de metáforas y paralelismos, característica de los *huehuehtlahtolli*, se comunicaban variados
asuntos, tocantes todos a la sabiduría enraizada en la más
antigua tradición. Por su preciosismo los *huehuehtlahtolli*
sólo son comparables con algunos de los *icnocuicatl*, entre
ellos varios de los atribuidos a Nezahualcóyotl y a otros
tlamatinimeh o sabios.

Una explicación de la elegancia como atributo del lenguaje propio de estos textos pude encontrarse hurgando
en sus orígenes y en los fines a que se destinaban. Sahagún, a quien debemos la recopilación más copiosa de
huehuehtlahtolli, antepuso a la transcripción de los mismos
en el *Códice Florentino* un prólogo muy esclarecedor a este
respecto. Comienza en él por afirmar que todas las naciones "han puesto los ojos en los sabios y poderosos para
persuadir, y en los hombres eminentes en las virtudes
morales..." De ello, nos dice, hay ejemplos "entre los
griegos y latinos, españoles, franceses e italianos...". Ahora
bien, gracias a su propia investigación, se siente además
autorizado a manifestar que:

> Esto mismo se usaba en esta nación indiana, y más principalmente
> entre los mexicanos, entre los cuales los sabios, retóricos y
> virtuosos y esforzados eran tenidos en mucho: y de estos elegían
> para pontífices, para señores y principales y capitanes, por de baja
> suerte que fuesen. Éstos regían la república y guiaban los ejércitos
> y presidían los templos... *(Códice Florentino*, libro VI, prólogo).

Obra de sabios, retóricos, virtuosos y esforzados, tenidos
en mucho eran los textos que reunió Sahagún en este
libro VI del *Códice Florentino*. Por ello mismo lo intituló con
las siguientes palabras: "De la retórica y filosofía moral y
teología de la gente mexicana, donde hay cosas muy

curiosas, tocantes a los primores de su lengua, y cosas muy delicadas, tocantes a las virtudes morales".

En los *calmecac* y en los templos era donde esta forma de retórica, tan apreciada en el ámbito no sólo de los pueblos nahuas sino en general en Mesoamérica, se perfeccionaba y se trasmitía a los jóvenes estudiantes. La regla trece de las que se observaban en el *calmecac* se refiere precisamente a esto:

Cenca vel nemachtiloia in qualli tlahtolli

Se les enseñaba cuidadosamente el buen lenguaje, los buenos discursos (*Códice Florentino*, Libro III, fol. 39 r.).

El aprendizaje en el *calmecac* de las formas cuidadosas de expresión, el *tecpillahtolli*, 'el lenguaje noble', así como la memorización sistemática de los *huehuehtlahtolli*, transformaban a los estudiantes en el género de hombres descritos por Sahagún como "sabios, retóricos y virtuosos y esforzados". De este modo, sobre todo entre los miembros del estrato superior de los *pipiltin*, era cosa ordinaria encontrar personas que, además de expresarse con elegancia y precisión, pudieran pronunciar, cuando la ocasión lo requería, el *huehuehtlahtolli* más adecuado para tal circunstancia. Quienes trasmitieron a Sahagún los *huehuehtlahtolli* que transcribió, eran personas, algunos ya ancianos, que los habían memorizado en los *calmecac*, antes de la Conquista. Gracias a una anotación, añadida al final del libro VI del *Códice Florentino*, en el que se incluyen estos textos, conocemos el año en que se llevó a término la tarea de su compilación. La nota dice así:

Fue traducido en lengua española por el dicho padre fray Bernardino de Sahagún, después de treynta años que se escrivió en la lengua mexicana, este año de mil y quinientos y setenta y siete (*Códice Florentino*, libro VI, fol. 215 v.).

Si en 1577 hacía treinta años que los *huehuehtlahtolli* se transcribieron, debemos concluir que ello ocurrió en 1547, o sea sólo veintiséis años después de la toma de México-Tenochtitlan. Otros *huehuehtlahtolli* se habían recogido antes, entre 1533 y 1536, gracias al trabajo de fray Andrés de Olmos. Dichos *huehuehtlahtolli* han llegado también hasta nosotros, si bien con algunas interpolaciones para adaptarlos a los propósitos de evangelización de quienes no dudaron en emplearlos en la educación de los indígenas como textos de elevado contenido moral (Bautista, 1600, facsímil 1988). Quizás por esto último —las adaptaciones o interpolaciones introducidas por algunos frailes— no faltó en el mismo siglo XVI quien pusiera en duda la autenticidad de estas composiciones como derivadas de la antigua sabiduría indígena. Sahagún, en el prólogo que ya hemos citado, reaccionó con cierta indignación frente a tal crítica y reafirmó el origen prehispánico de los *huehuehtlahtolli* (Códice Florentino, libro VI, prólogo).

Los *huehuehtlahtolli* incluidos por Sahagún en dicho libro suman treintainueve. A ellos hay que añadir otra veintena dispersa en varios lugares de los libros III, IV, V, IX y XII del mismo códice. Otros dos *huehuehtlahtolli*, que nunca se transcribieron en el *Códice Florentino*, se conservan en los "Primeros Memoriales" *(Códice Matritense del Palacio Real,* fol. 61 v.-65 v.) Por lo que toca a los *huehuehtlahtolli* recogidos por fray Andrés de Olmos, fray Juan Bautista Viseo publicó, hacia 1600, la transcripción ya citada de los mismos en náhuatl con versión resumida en castellano. Allí un incluyó veintinueve composiciones.

A diferencia de los *huehuehtlahtolli* que dio a conocer Sahagún, en los que no hay indicios de interpolación u otro tipo de modificaciones, en el volumen editado por fray Juan Bautista las alteraciones son bastante frecuentes.

De las veintinueve composiciones hay por lo menos cinco que pueden considerarse como elaboraciones posteriores, destinadas expresamente a la evangelización de los indígenas. No obstante esto, es indudable, por lo que toca a las otras, que se trata de textos procedentes básicamente de la tradición prehispánica. Como lo señala fray Juan Bautista al final de su edición, los dichos *huehuhtlahtolli* confirman que:

> Casi universalmente todas las gentes de estas Indias tienen natural elocuencia y así les es fácil orar y representar sus bienes y sus males, como sí todas las reglas y colores de la retórica hubiesen aprendido y embebido en sí toda su vida, conforme al arte, mayormente los mexicanos... (Juan Bautista, 1600, 92 r.).

Además de estas dos colecciones de *huehuehtlahtolli*, recogidas por Sahagún y Olmos, se conoce un tercer conjunto de composiciones publicado por Garibay bajo el titulo de "Huehuehtlahtolli, documento A" (Garibay, 1943, 31-53 y 81-107 y Karttunen y Lockhart, 1987). Debe notarse, sin embargo, que estos textos, cuyo tema es en su mayor parte la expresión de diversas formas de saludo, despedida y diálogo, dejan entrever que se trata de producciones del periodo colonial, si se quiere inspiradas en ejemplos de la 'antigua palabra'. En opinión de Garibay la recopilación de las mismas se debió al jesuita Horacio Carochi, autor de un excelente *Arte de la lengua mexicana*, publicado en México, en 1645. Hasta donde sabemos, otros textos del *huehuehtlahtolli*, entre ellos uno descrito como "desconocido", preservado en la Biblioteca Nacional de México (Georges Baudot, 1978, 68-87), son tan sólo copias, con variantes, de los recogidos por Olmos o Sahagún.

La temática de los *huehuehtlahtolli* guarda relación estrecha con la condición o status de las personas a las que correspondía pronunciar una u otra de estas composiciones. Si bien Sahagún reconoce que incluso individuos "de baja suerte" llegaban a prepararse en el arte del hablar, el análisis de los *huehuehtlahtolli* muestra que estos discursos, tan ricos en formas reverenciales, eran pronunciados por miembros del estrato de los *pipiltin* o por personas que disfrutaban de algún modo de especial prestigio en la comunidad. Así encontramos *huehuehtlahtolli* que eran expresados por el *huey tlahtoani*, o por funcionarios reales, sacerdotes, jueces, capitanes y otros, o por algunos de los jefes de los *pochtecas* o mercaderes, grupo que había alcanzado un rango muy importante en la sociedad de los pueblos nahuas. Es frecuente hallar en muchos de los *huehuehtlahtolli* ideas dirigidas a inculcar en el pueblo que es destino de los *pipiltin* guardar y comunicar la antigua sabiduría, llevar sobre sus hombros a los *macehualtin* (el pueblo), así como alimentar a los dioses con la sangre de los cautivos obtenidos en la guerra sagrada. Ideas como éstas, que con frecuencia aparecen en los *huehuehtlahtolli*, además de confirmar que se trata de discursos pronunciados por *pipiltin*, muestran que entre las finalidades de estos discursos se hallaba la de fortalecer el status de quienes integraban ese mismo grupo dominante.

En función del rango de las personas que pronunciaban los *huehuehtlahtolli*, puede establecerse la siguiente clasificación:

Discursos dirigidos al pueblo por el *huey tlahtoani*, supremo gobernante, y las respuestas al mismo por parte de funcionarios reales.

Discursos, a modo de interpelaciones a los dioses o a un determinado dios, dichos por el *huey tlahtoani* o por otro funcionario real o por un sacerdote de alto rango.

Discursos pronunciados por funcionarios de alto rango, dirigidos al *huey tlahtoani* en diversas circunstancias, y respuestas en tales casos del propio *huey tlahtoani*.

Palabras del padre o la madre a su hijo o hija y las consiguientes respuestas de estos últimos.

Otros discursos de los padres a sus hijos en circunstancias tales como las de su matrimonio, el nacimiento de un hijo, etcétera, y las consiguientes respuestas.

Discursos de las *ticitl*, médicas o parteras, al recién nacido, a los padres y parientes del mismo.

Discursos de los embajadores en determinados casos.

Palabras o alocuciones de los jefes de los *pochtecas* y de otros diversos mercaderes en varias ocasiones, y las consiguientes respuestas.

Discursos de los padres, sacerdotes y maestros, en relación con el ingreso de los niños a las escuelas, y las consiguientes respuestas.

Palabras que se pronunciaban cuando alguien moría, bien fuera el supremo gobernante, otros nobles, o personas de menor importancia.

Esta primera clasificación, atendiendo al carácter de quienes pronunciaban el *huehuehtlahtolli*, muestra ya la gran variedad de circunstancias en que, como acto en cierta manera ritual, se escuchaba la antigua palabra. Atendiendo ahora al contenido semántico de estos discursos, adopto aquí la distribución propuesta por Josefina García Quintana en su estudio acerca de "El huehuehtlahtolli —la antigua palabra— como fuente para la historia sociocultural de los nahuas" (García Quintana, 1976, 61-71):

Religiosos, pronunciados por los sacerdotes y dirigidos a los dioses.

Rituales, expresados por sacerdotes o por otros dignatarios al participar en una amplia gama de ceremonias religiosas.

Palaciegos o de nobles, cuya expresión podría estar a cargo del *huey tlahtoani*, funcionarios reales, sacerdotes, emba-

jadores y otros principales. Su temática estaba esencialmente relacionada con la vida social y política, las normas
jurídicas y la visión del mundo de los pueblos nahuas.

De trabajo especializado, como son los *huehuehtlahtolli* que
pronunciaban las parteras, los médicos, los comerciantes y
otro profesionales.

Familiares, todos aquellos que correspondían a padres y
madres, dirigidos a sus hijos en una variedad de situaciones. García Quintana sitúa bajo este rubro "los que
eran de uso cotidiano, tanto entre la nobleza como entre
artesanos y macehuales, que incluían fórmulas de cor-
tesía, palabras de consuelo, consejos, amonestaciones,
etcétera" (García Quintana, 1976, 66).

Literarios, haciendo especial referencia al lenguaje noble y cuidadoso. Se trata de textos que de modo especial
servían de modelos en la enseñanza.

Populares, los tocantes a la sabiduría popular, incluyendo augurios, abusiones y aun refranes.

Cristianos, producidos ya en la época colonial por los
frailes, inspirados a veces en las antiguas composiciones,
pero concebidos para la evangelización.

Como puede verse, es muy variada la temática de estas
producciones literarias. La estimación en que los mismos
nahuas tenían a 'la antigua palabra' se percibe en el empeño que pusieron en su preservación. Es interesante
notar que fueron algunos *huehuehtlahtolli* los únicos textos
de la tradición prehispánica que, al menos en parte y con
las interpolaciones ya mencionadas, se publicaron en la
edición que, hacia 1600, se debió a fray Juan Bautista. En
algunos de los *huehuehtlahtolli* se insiste en el gran valor de
los mismos como legado que son de los antepasados. Un
ejemplo nos lo ofrece el siguiente párrafo que alude a lo
que es 'la antigua palabra'. En este caso habla el padre
exhortando a su hijo a llevar una vida moral:

Tú que eres mi hijo, tú que eres mi muchacho, oye estas palabras, colócalas en el interior de tu corazón, inscribe allí esta palabra, estas dos palabras que nos dejaron dichas nuestros antepasados, los ancianos, las ancianas, los reverenciados, los admirados, los que eran prudentes en la tierra. He aquí lo que ellos nos dieron, lo que nos encomendaron, 'la antigua palabra', *in huehuehtlahtolli,* lo que está atado, lo que se guarda, lo que está en la petaca de esteras... *(Códice Florentino,* libro IV, fol. 93 r.-93 v.).

Y así como se hace aquí estimación de 'la antigua palabra' en cuanto herencia de sabiduría, en otros casos aparece en el discurso el afán por justificar el destino de mando propio de los *pipiltin.* Consideremos, por ejemplo este párrafo en el que un *huehuehteuctlahto,* anciano funcionario real, se dirige al *huey tlahtoani.* Los *pipiltin* descienden de Quetzalcóatl. Por ello está determinado, es su destino, que sean ellos los señores, los que han de gobernar:

Oh señor, oh tú que gobiernas, señor nuestro. Aquí está la cola, el ala [el pueblo] que aquí toma, que aquí se apropia, que en verdad aquí se enriquece, se regocija, con lo que proviene, lo que cual centella se recibe, de tu preciosa palabra...

Aquí también se apropian de tu aliento, preciosa palabra, los nobles hijos de nuestros señores, los que son de su linaje, realidades preciosas, jades, ajorcas, los nobles hijos de él, sus hechuras, los descendientes de nuestro príncipe Quetzalcóatl, los que poseen su arte, su encantamiento. Por esto han venido a vivir, por esto nacieron. Lo que les corresponde, lo que es su merecimiento, es la estera, la silla del mando [el poder]. Son ellos los que llevan a cuestas, los que llevan la carga del mundo. Así luego vinieron a la vida, nacieron, fueron creados, cuando aun era el amanecer, se dispuso, se determinó que ellos fueran señores, que ellos gobernaran... *(Códice Florentino,* libro VI, fol. 67 v.)

Evocando la vinculación de los *pipiltin* con Quetzalcóatl, *To-pil-tzin,* 'nuestro hijo, nuestro príncipe', es decir el que es de nuestro linaje, la expresión del *huehuehtlahtolli*, con su simbolismo y refinamiento, reafirma que el destino de los herederos de la sabiduría del señor de los toltecas, es ejercer asimismo el gobierno. Como lo notó Sahagún, nada mejor que la lectura y el estudio de los *huehuehtlahtolli* para valorar cómo los antiguos mexicanos eran:

> devotísimos para con sus dioses, celosísimos de sus repúblicas, entre si muy urbanos; para con sus enemigos muy crueles; para con los suyos humanos y severos... y pienso que por estas virtudes alcanzaron el imperio... (Sahagún, 1956, II, 53).

Digno de mención es el hecho de que expresiones muy semejantes a algunas incluidas en las *huehuehtlahtolli* han perdurado hasta hoy. Haré referencia a una compilación que he publicado con textos de este género procedentes de varios lugares (León-Portilla, 1988).

OTRAS FORMAS DE TLAHTOLLI

Mencioné al tratar en general de los *tlahtolli* que no se sitúan en el campo de la narrativa, que existieron otras clases de expresión, conservadas en algunas de las fuentes que han llegado hasta nosotros. Lugar especial ocupan entre esos subgéneros los *in tonalli in tlatlahtollo*, 'conjuntos de palabras acerca de los destinos', pronunciadas a modo de diagnósticos con base en la interpretación del *tonalamatl*, 'libro de los destinos'. Otro subgénero es el de los *nahuallahtolli* (de *nahualli*, 'brujo, curandero, adivino', y *tlahtolli*, 'palabra, discurso'), el lenguaje esotérico empleado por hechiceros y magos para expresar sus conjuros o exorcismos.

Tanto el *nahuallahtolli* como los *in tonalli in tlatlahtollo*, estaban muy lejos de ser composiciones concebidas con un criterio de algún modo relacionable con lo que hoy calificamos de creación literaria. Al igual que la gran mayoría, si no es que la totalidad de las expresiones que hemos estudiado, también estas formas de *tlahtolli* respondían a requerimientos sociales y culturales hondamente enraizados en la visión del mundo y las creencias de los pueblos nahuas. Al hacer alusión aquí a estos subgéneros de *tlahtolli,* las palabras reveladoras de los destinos, y los conjuros y exorcismos, consideré que es importante no pasarlos por alto, con base en dos razones que parecen válidas. La primera es que, de cualquier manera que se los vea unos y otros constituyen formas de expresión, con estructuras y otras características que tuvieron vigencia en el ámbito cultural de los antiguos mexicanos. La segunda es que en tales expresiones cabe percibir, al menos desde nuestro punto de vista moderno, elaboraciones henchidas de símbolos y metáforas que, por su misma naturaleza, y aun haciendo abstracción de lo que buscaban sus autores, merecen hoy ser descritas como otros subgéneros literarios en el conjunto de los *tlahtolli.*

No siendo posible adentrarnos aquí en un análisis de una y otra forma de composiciones, refiero a los interesados a las fuentes y a algunos estudios acerca de ellas. Por lo que toca a los *in tonalli in tlatlahtollo,* 'conjuntos de palabras acerca de los destinos', en el libro IV del *Códice Florentino* se encuentra la más amplia compilación obtenida por Sahagún de sus informantes. Aunque parezca extraño, poco es lo que se ha investigado en relación con esos textos que pueden tenerse como el diagnóstico hecho en base del *tonalámatl.* En lo que se refiere al *tonalpohualli,* 'cuenta de los destinos', incluida en los *tonalámatl* de la época cercana a la conquista, deben citarse como muestras de tales códices, el *Borbónico* y el que se conoce como

354 CUICATL Y TLAHTOLLI

Tonalámatl de Aubin. Tal vez uno de los mejores comentarios acerca de los *tonalli* que correspondían a cada fecha a lo largo de la cuenta de 260 días *(tonalpohualli),* se encuentra en el *Manual de ministros de indios para el conocimiento de sus idolatrías y extirpación de ellas,* compuesto por el doctor Jacinto de la Serna durante las primeras décadas del siglo XVII (Jacinto de la Serna, 1900, 328-398).

Respecto del *nahuallahtolli,* fuente muy importante es el *Tratado de las supersticiones de los naturales de esta Nueva España,* por Hernando Ruiz de Alarcón, hermano del célebre dramaturgo, cura beneficiado de Atenco, que pudo reunir numerosos conjuros y exorcismos en una amplia región de lo que hoy es el noreste del estado de Guerrero. Como él mismo lo hace constar en su escrito, concluido en la ciudad de México en 1629, no fue su intento:

Hacer una exquisita pesquisa de las costumbres de los naturales desta tierra, que requeriría una obra muy larga y muchas divisiones, y no sé para qué fuesse hoy provechosso semejante trabajo. Sólo pretendo abrir senda a los ministros de indios, para que entrambos fueros puedan fácilmente venir en conocimiento de esta corruptela, para que a sí puedan mejor tratar de su corrección, si no del remedio... (Ruiz de Alarcón, 1900, 129).

Un estudio sobre este género de *tlahtolli,* portadores de conjuros, exorcismos, invocaciones y encantamientos, ha sido preparado por Alfredo López Austin, "Términos del nahuallatolli" (López Austin, 1967, 1-36). Remitir a las fuentes, como en otros de los *tlahtolli* estudiados, es la mejor recomendación a quienes se interesen en las palabras tocantes a los destinos o a las preocupaciones de hechiceros y magos.

Otros subgéneros de *tlahtolli,* alejados también de la narrativa, podrían ser aquí objeto de consideración. Son los que versan sobre los conocimientos propios de profe-

sionales en diferentes especialidades. Ejemplos de él los
son los textos acerca de la medicina *(Códice Florentino,*
libros X y XI y *Códice Badiano)* o los que tratan de la *pochte-*
cáyotl, o el conjunto de actividades de los *pochtecas* o
mercaderes *(Códice Florentino,* libro IX). En ambos casos se
trata de composiciones de carácter expositivo, que ostentan muchos de los rasgos —como la acumulación convergente de predicados o atributos— ya descritos al tratar en
general de la estilística de los *tlahtolli.* Cabe pensar que
estos textos —al igual que otros sobre conocimientos
jurídicos, doctrinas religiosas, etcétera— eran memoriza-
dos en las correspondientes escuelas.

CONCLUSIONES

Las varias formas de *cuicatl* y *tlahtolli* aquí consideradas constituyen producciones de la tradición prehispánica. En algunos casos sabemos, acerca de determinados cantares o relatos, que fueron compuestos en el siglo xv o a principios del xvi, es decir durante la época inmediatamente anterior a la Conquista. En el campo de los *cuicatl* cuando se trata de obras de autores conocidos, puede precisarse más la fecha de su composición. Además de los cantares debidos a los *cuicapicqueh* que vivieron a lo largo del siglo xv, encontramos, por ejemplo, el caso de Tlaltecatzin de Cuauhchinanco cuya existencia, como ya se dijo, transcurrió en el siglo xiv.

Respecto de otras producciones, como algunos *teocuicatl*, es verosímil que, entre los llamados "Veinte himnos sacros", haya algunos de considerable antigüedad, compuestos tal vez desde los días de la hegemonía de Culhuacan si no es que antes, en la etapa tolteca. Otro tanto puede pensarse acerca de algunos *huehuehtlahtolli* que, modificados si se quiere durante el periodo mexica para adaptarlos a los intereses de México-Tenochtitlan, pueden haberse originado desde varios siglos antes de que se entronizara el primer *huey tlahtoani* del pueblo de Huitzilopochtli.

Por otra parte, es cierto que en el rescate de casi todas estas composiciones participaron indígenas supervivientes durante los años que siguieron a la Conquista. En este sentido puede afirmarse que, entre los más tempranos empeños llevados a término en la etapa colonial, en relación con lo que hoy llamamos literatura náhuatl, destacan las recopilaciones, transcripciones y en algunos casos traducciones al castellano, fruto de los esfuerzos de los mencionados indígenas, entre ellos antiguos sacerdotes, sabios ancianos y jóvenes estudiantes como los que asistían al colegio de Santa Cruz de Tlatelolco. Esos indígenas, unas veces solos y otras conjuntamente con algunos frailes, se preocuparon por diversas razones de salvar del olvido estos testimonios de su cultura espiritual.

En diversas formas, además de esta tarea de rescate, el hombre nativo continuaría concibiendo y expresando otros *cuicatl* y *tlahtolli*. Sin embargo, la temática de unos y otros iba a ser ya distinta. Primeramente vendría el testimonio de su asombro ante los hechos nunca antes contemplados que les tocó presenciar. De ello hablan los cantos tristes de la conquista y los textos de la 'Visión de los vencidos'. Más tarde algunos cronistas como Alvarado Tezozómoc, Chimalpahin y otros, iban a escribir en náhuatl obras acerca del pasado de su pueblo con apoyo en cuantos documentos y tradiciones pudieron reunir. Otros, trabajando al lado de los frailes, serían autores de cantos religiosos, obras para ser representadas e historias de tono piadoso en relación con los propósitos de evangelizar a los naturales de la tierra.

La expresión escrita en lengua náhuatl habría de continuarse luego por motivos muy diversos. En muchos casos serían ya sólo producciones en torno a asuntos de índole jurídica, social o económica. Sin embargo, incluso en algunos de tales documentos, el antiguo estilo, la conocida forma de retórica, el nativo arte del bien decir, afloran de manera espontánea. Creaciones, que hoy se nos presentan con un valor en cierto modo literario, se produjeron casi por instinto, muchas veces para hacer defensa de agravios y contra toda suerte de violaciones de los propios derechos.

Lo expuesto sobre la producción que por su contenido y atributos puede tenerse como anterior al contacto, cuando se habló el náhuatl en su forma clásica, y como *lingua franca* en una amplia extensión de Mesoamérica, deja ya entrever la riqueza de esta literatura en la variedad de sus géneros, descritos aquí en función de la propia terminología de antigua tradición. Si mucho de esta literatura se perdió, las muestras que tenemos —afortunadamente no escasas— permiten acercarnos a las preocupaciones y quehaceres, visión del mundo y cultura de uno de los pueblos cuya huella es más perceptible en el ámbito de la civilización de Mesoamérica. Entre otras cosas esto explica por qué, tanto en México, como en otras naciones del Nuevo y Viejo Mundo, va en aumento el interés por conocer, estudiar y apreciar mejor estas producciones, diferentes, pero por humanas, de significación universal.

UNA CONSIDERACIÓN FINAL

Lo aquí expuesto trata desde varias perspectivas acerca de los orígenes y significación de los textos en náhuatl que se conservan, escritos ya con el alfabeto en los años que siguieron al choque con los hombres de Castilla. Generalmente se ha pensado que muchos de esos himnos sacros, cantos, plegarias, poemas, discursos, anales... provenían de la tradición oral relacionada estrechamente con el contenido de los libros pictoglíficos. Sin embargo, cuestionamientos derivados de estudios sobre textos literarios griegos y hebreos y otros de crítica interna, pusieron en tela de juicio lo que antes se tenía por cierto en el caso de no pocas composiciones en náhuatl.

No es este el lugar para repetir los dichos cuestionamientos, ya expuestos y analizados en la primera parte de este libro. En ella, aplicando un enfoque crítico, a la vez que histórico y filológico, pude mostrar —aceptando que en determinados casos hubo diversas formas de ingerencia eurocristiana— que hay asimismo otros en que el transvase al alfabeto de antiguas expresiones se llevó a cabo con particular esmero y conciencia de lo importante que era su fiel preservación. Como cosa obvia reconocí que en el proceso del transvase se perdieron elementos que acompañaron antes a la elocución o entonación de textos como cantares, plegarias y discursos. Hoy no es dado escuchar la música que los acompañaba ni contemplar las ceremonias y bailes en que se cantaban o pronunciaban, ni menos aún sentir la presencia de hombres y mujeres indígenas, sabios, sacerdotes, guerreros y otros dignatarios inmersos todavía en el universo de la fiesta prehispánica.

A pesar de esto, haciendo nuestra la feliz expresión de Ángel María Garibay, reconocimos que la antigua palabra no se perdió del todo. Gracias a la labor de sabios indígenas sobrevivientes y de algunos frailes humanistas perduró "en la luminosa prisión del alfabeto".

En la segunda parte pudimos acercarnos a unos cuantos ejemplos de "lectura" o evocación del contenido de algunas páginas de varios libros pictoglíficos. Las trasmisiones "siguiendo el camino del códice", se llevaron a cabo en su tiempo a través de la oralidad. Fueron entonces oídas. Más tarde, consumada ya la Conquista, por obra de los mencionados sabios y humanistas, esa oralidad se transvasó a escritura alfabética.

Los textos nahuas que allí he citado en estrecha relación con lo registrado en varios códices prehispánicos sobre temas de primordial importancia en la antigua cultura, dejan ver con alto grado de evidencia cuál es su origen. Es posible afirmar de ellos que ejemplifican aquello que poéticamente expresó un antiguo maestro de la palabra: "Yo canto las pinturas del libro, lo voy desplegando. Soy cual florido papagayo, mucho es lo que hablo en el interior de la casa de las pinturas" (Cantares mexicanos, fol. 51 v.).

El estudio llevado a cabo en la tercera parte sobre los testimonios tocantes a las creencias y prácticas religiosas, así como las formas de organización social y otros aspectos de la cultura de los pipiles-nicaraos, nos ha mostrado su gran semejanza y a veces identidad con los correspondientes de los nahuas del centro de México. Encontrar en tales testimonios las mismas conceptuaciones respecto de la dualidad divina, los cómputos calendáricos, los atributos de los principales dioses, los destinos de los que mueren..., viene a ser una autentificación de lo que expresan sobre dichos temas los textos transvasados al alfabeto a casi dos mil kilómetros de distancia en el corazón de México.

Finalmente, el acercamiento, en la cuarta y última parte de este libro, a la estilística y otros elementos característicos de los varios géneros de expresión en náhuatl —incluyendo las antiguas designaciones con que se conocían— ha resultado de considerable interés. Por una parte, nos ha permitido captar los rasgos que aparecen como más peculiares en la gama de producciones que se conservan en náhuatl. Por otra, nos ha mostrado cómo esa rica gama de *cuicatl* y *tlahtolli* fue ya objeto para los mismos nahuas de diversas formas de valoración y categorización. Ello es patente en la terminología que acuñaron para referirse a sus distintos géneros de producciones y asimismo en las apreciaciones que nos dejaron acerca de algunas de ellas.

Estudiar las formas de expresión en náhuatl —la rica variedad de los *cuicatl* y *tlahtolli*— nos lleva a una postrera reflexión. Es un hecho que estamos ante un conjunto de producciones dotadas de una estilística y otros atributos que las vuelven inconfundibles. Se nos muestran portadoras de creencias, símbolos, valores, tradiciones, leyendas e historias que muestran ser parte del mismo tejido cultural que ha descubierto la arqueología. Guardan además estrecha semejanza y aun a veces identidad con expresiones de gentes que vivieron en otras regiones y aun hablaron otras lenguas en el amplio ámbito cultural de Mesoamérica.

¿Cabe pensar, a la luz de todo esto, que esas composiciones pudieron ser forjadas en unas cuantas décadas después de la Conquista, en una especie de confabulación o engaño, consciente o no, por indígenas conversos en

asociación con algunos frailes o por otros que quisieron malguiarlos? ¿Pudo haber nacido así esta literatura
que, de tantas formas, atrae y se muestra rica en significaciones?

Desde luego que las evidencias acumuladas aquí acerca
del que fue destino de la palabra en el mundo náhuatl y
en general en Mesoamérica, en modo alguno llevan a
minusvaluar la necesidad de la crítica textual en sus aspectos lingüístico, filológico e histórico, al estudiar estas producciones. Cuando la antigua oralidad —que estuvo
entretejida con las pinturas y los glifos de los códices— se
transvasó al alfabeto, pudo haber, y las hubo a veces,
mutilaciones, interpolaciones y otras alteraciones. Ello no
invalida que han llegado hasta nosotros testimonios de esa
antigua y bella palabra, de la que podemos repetir lo que
un *cuicapicqui* dejó dicho:

> No acabarán mis flores,
> no cesarán mis cantos,
> yo cantor los elevo,
> se reparten se esparcen.
> Aun cuando las flores
> se marchitan y amarillecen,
> serán llevadas allá,
> al interior de la casa
> del ave de plumas de oro…
>
> (*Cantares Mexicanos,* Fol. 16V.)

Bien lo sintió el cantor: perdurar fue el destino de la
palabra que se forjó en Anáhuac. Hoy podemos disfrutar,
un poco al menos, de su belleza y su verdad.

BIBLIOGRAFÍA

Acuña, René, *Relaciones geográficas de México,* 10 v. México, Universidad
1985   Nacional Autónoma de México.

Ajactle, Margarito, "Tlajtoli Tonameyotzintli ipampa kampa se kito-
1982   kayotia xochitlachipanka", *Uejkavit Navavevejtlajtoli.*
México, Conafe.

Alva Ixtlilxóchitl, Fernando, *Obras Históricas,* 2 v., México.
1891-1892

Anales de Cuauhtitlán en *Códice Chimalpopoca,* ed. fototípica y tra-
1945   ducción del Lic. Primo F. Velazquez, Imprenta Universitaria, México.

Anales de Tlatelolco, editado por Ernst Mengin en *Codicum America-*
1945   *norum Medii Evii,* Copenhagen.

Anglería, Pedro Mártir de, *Epistolario,* editado por José López de
1964   Toro, Madrid.

———, *Décadas del Nuevo Mundo,* traducción de Agustín Millares Carlo,
1964   2 v., México, Editorial Robredo.

"Archeology of Lower Central America", *Handbook of Middle American*
1966   *Indians,* Austin, University of Texas Press, v. IV, p. 180-
208.

Baptista, Juan, *Huehuehtlahtolli, que contiene las pláticas que los padres y*
1988   *madres hicieron a sus hijos y los señores a sus vasallos, todas*
llenas de doctrina moral y política, edición facsimilar de la
de 1600, con introducción de Miguel León-Portilla y
traducción del náhuatl al español por Librado Silva
Galeana, México, Comisión Nacional para el V Cente-
nario del Encuentro de dos Mundos.

Barlow, Robert H., *The Extent of the Empire of the Culhua Mexica*,
1949   Iberoamericana 28, Berkeley and Los Angeles, University of California Press.

Barrera Vásquez, Alfredo, *El libro de los libros de Chilam Balam*, México,
1948   Fondo de Cultura Económica.

Barrios, Miguel y Roberto Barlow, "Textos de Xaltocan, Estado de
1950   México", *Mesoamerican Notes*, México, Mexico City College, I, p. 1-25.

Bataillon, Marcel, "Les premieres mexicains envoyés en Espagne por
1959   Cortés", *Journal de la Societé des Americanistes de Paris*, París, 1959, V. XLVIII, 149.

Baudot, Georges, *Las letras precolombinas*, México, Siglo XXI editores.
1979

Bautista, fray Juan (véase Baptista, fray Juan).

Benavente Motolinía, fray Toribio de, *Memoriales*, edición de Luis
1903   García Pimentel, México.

———, *Memoriales o libro de las cosas de la Nueva España y de los naturales
1971   de ella*, edición de Edmundo O'Gorman, México, Instituto de Investigaciones Históricas, UNAM.

———, *Historia de los indios de la Nueva España*, México, Editorial S.
s. f.   Chávez Hayhue.

Berlin, Heinrich, *Signos y significaciones en las inscripciones mayas*,
1977   Guatemala, Ministerio de Educación.

Bobadilla, fray Francisco de, "Información que, por mandado del
1945   gobernador Pedrarías Dávila, tomó un padre reverendo de la orden de la Merced acerca de las creencias e ritos e cerimonias destos indios de Nicaragua...", en: Gonzalo Fernández de Oviedo, *Historia general y natural de las Indias*, 14 v., Asunción del Paraguay, Editorial Guaranía, t. XI, p. 63-108.

Bricker, Victoria R., "The Last Gasp of Maya Hieroglyphic Writing in
1989   the Books of Chilam Balam of Chumayel and Chan Kan", en *Word and Image in Maya Culture: Explorations*

in Language, Writing and Representation, editado por William F. Hanks y Don S. Rice, Salt Lake, University of Utah Press, 39-50.

Burckhart, Louise M., *The Slippery Earth: Nahua-Christian Moral*
1989 *Dialogue in Sixteenth Century Mexico,* Tucson, The University of Arizona Press.

Burgoa, Francisco de, *Palestra Historial,* México, Editorial Porrúa.
1989

Calnek, Edward, "The Analysis of pre-Hispanic Central Mexican
1976 Historical Texts", *Estudios de Cultura Náhuatl,* México, Universidad Nacional Autónoma de México, Instituto de Investigaciones Históricas, v. 13, 1976, p. 239-66.

Cantares mexicanos (ms. Romances de los Señores de la Nueva España)
1964 Colección Latinoamericana de la Biblioteca de la Universidad de Texas. Editado en *Poesía Náhuatl,* I, Paleografía, versión y notas de A. M. Garibay K., Instituto de Investigaciones Históricas, Universidad Nacional, México.

Cantares mexicanos, ms. de la Biblioteca Nacional de México. Edición
1904 facsimilar del manuscrito publicado por Antonio Peñafiel: *Cantares mexicanos,* México, Secretaría de Fomento.

"Carta que escribió el capitán Gil Gonzalez Davila a S. M. el Empe-
1883 rador Carlos V sobre su expedición a Nicaragua, año de 1524", en: Manuel M. de Peralta, *Costa Rica, Nicaragua y Panamá en el siglo XVI,* Madrid, Librería de M. Murillo, p. 3-26.

"Carta del capitán Gil Gonzalez de Ávila a Su Majestad, dándole
1954 cuenta del descubrimiento de Nicaragua, Isla Espa-ñola, 6 de marzo de 1524" [Archivo General de Indias, Sevilla. Patronato 26, 17], *Documentos para la historia de Nicaragua, Colección Somoza,* 17 v., Madrid, t. I, p, 89-107.

"Carta de Pedrarias Davila al Emperador, 15 de enero de 1529", *Do-*
1954 *cumentos para la historia de Nicaragua, Colección Somoza,* 17 v., Madrid, 1954, t. I, p. 455-456.

——, *Los calendarios prehispánicos,* México, Instituto de Investigaciones
1967 Históricas, Universidad Nacional de México, México.

Caso, Alfonso, *Reyes y Reinos de la Mixteca,* 2 v., México, Fondo de Cul-
1977   tura Económica. Véanse: *Códices Bodley, Colombino,
Gómez de Orozco y Selden.*

Cea Cuadra, Luis, "Anotaciones al libro IV, dedicado a Nicaragua, por
1953   el capitán Gonzálo Fernández de Oviedo y Valdés",
Revista de la Academia de Geografía e Historia, Managua.

Códice Azcatitlán, comentado por Robert H. Barlow, 2 v., París, Societé
1949   des Americanistes.

Códices Becker I-II, editados por Karl Anton Novotny, Graz, Akade-
1961   mische Druck- und Verlaganstalt.

Códice Bodley, interpretación de Alfonso Caso, México, Sociedad
1960   Mexicana de Antropología.

Códice Borgia, comentado por Eduard Seler, 3 v., México, Fondo de
1963   Cultura Económica.

Códice Colombino, interpretación de Alfonso Caso, México, Sociedad
1966   Mexicana de Antropología.

Códice Cospi, introducción de Karl Anton Nowotny, Graz, Akade-
1968   mische Druck- und Verlaganstalt.

Códice Chimalpopoca, traducido por Primo Feliciano Velázquez,
1993   México, Universidad Nacional Autónoma de México,
Instituto de Investigaciones Históricas.

Códice Dresden, introducción de Ferdinand Anders y H. Deckert, Graz,
1965   Akademische Druck- und Verlaganstalt.

Códice Gómez de Orozco, interpretación de Alfonso Caso, México,
1954   Talleres de Estampillas y Valores.

Códice Fejérváry-Mayer (Tonalámatl de los Pochtecas), comentado por
1985   Miguel León-Portilla, México, Celanese.

Códice Florentino (textos nahuas de Sahagún), edición facsimilar
1979   publicada por el Gobierno Mexicano 3v. Archivo
General de la Nación, México.

Códice Laud, introducción de C. A. Burland, Graz, Akademische
1966   Druck- und Verlaganstalt.

Códice Mexicano 23-24, comentado por Ernst Mengin, 2 v., París,
1952   Societé de Americanistes.

Códice Matritense del Real Palacio (textos en náhuatl de los indígenas
1906   informantes de Sahagún), ed. facs. de Paso y Troncoso,
     V. VI (2a. parte) y VII, Madrid, fototipia de Hauser y
     Menet.

Códice Matritense de la Real Academia de la Historia (textos en náhuatl de
1907   los indígenas informantes de Sahagún), ed. facs. de
     Paso y Troncoso, v. VIII, Madrid, fototipia de Hauser y
     Menet.

Códices Matritenses, Serie de Fuentes Indígenas de la Cultura Náhuatl.
1958   Textos de los informantes indígenas de Sahagún; v. I,
     Ritos, sacerdotes y atavíos de los dioses, Introducción,
     paleografía, versión y notas de Miguel León-Portilla,
     Seminario de Cultura Náhuatl, Instituto de Historia,
     Universidad Nacional de México.

Códice Nuttal, introducción de Nancy Troike, Graz, Akademische
1988   Druck- und Verlaganstalt.

Códice París (Peresianus), introducción de Ferdinand Anders, Graz,
1968   Akademische Druck-und Verlaganstalt.

Códice Selden 3135, interpretación de Alfonso Caso, México, Sociedad
1964   Mexicana de Antropología.

Códice Telleriano-Remensis, introducción y paleografía del texto de E. T.
1899   Hamy, París.

Códice Tro-Cortesiano, introducción de Ferdinand Anders, Graz,
1967   Akademische Druck- und Verlaganstalt.

Códice Vaticano A, introducción de Ferdinand Anders, Graz,
1979   Akademische Druck- und Verlaganstalt.

Códice Vaticano A (Ríos). Il manoscritto messicano Vaticano 3738,
1900   detto il códice Ríos. Riprodotto in fotocromografía a
     spece di S.E. il duca di Loubat a cura della Bibl. Vati-
     cana, Roma.

Códice Vaticano B. 3373, introducción de Ferdinand Anders, Graz,
1972   Akademische Druck- und Verlaganstalt.

Códice Vaticano 3773 (B). Il manoscritto messicano 3773, Riprodotto
1896   in fotocromografía a spece di S.E. il duca di Loubat a
     cura della Bibl. Vaticana, Roma.

Códice Vindobonense Mexicano I, introducción de O. Adelhofer, Graz,
1974   Akademische Druck- und Verlaganstalt.

Chapman, Anne M., *Los nicarao y los chorotega según las fuentes históricas,*
1968   publicaciones de la Universidad de Costa Rica, San
              José, Ciudad Universitaria.

Chimalpahin Cuauhtlehuanitzin, Domingo, *Octava Relación,* editada y
1983   traducida al español por José Rubén Romero Galván,
              México, Universidad Nacional Autónoma de México,
              Instituto de Investigaciones Históricas.

Dahlgren, Barbro, *La Mixteca, su cultura e historia prehispánicas,* México,
1954   Imprenta Universitaria.

Díaz del Castillo, Bernal, *Historia verdadera de la conquista de la Nueva*
1955   *España,* 2 v., México, Editorial Porrúa.

Dibble, Charles E., "Writing in Central Mexico", *Handbook of Middle*
1971   *American Indians,* Austin, The University of Texas Press,
              v. 10, p. 322-32.

Durán, Diego, *Historia de las Indias de Nueva España e Islas de Tierra*
1867-1880   *Firme,* 2 v., México.

Edmonson, Munro, *The Book of Councel: The Popol Vuh of the Quiché*
1971   *Maya de Guatemala,* New Orleans, Tulane University.

———, *The Ancient Future of the Itza: The Book of Chilam Balam of Tizimin,*
1982   Austin, The University of Texas Press.

——— "Ethnohistory: Lower Central America", *Handbook of Middle*
1966   *American Indians,* Austin, University of Texas Press, v.
              VI, p. 209-233.

Fernández, Justino, *Coatlicue,* México, Universidad Nacional Autó-
1959   noma de México.

Fernández de Enciso, Martín, *Summa de Geografía,* editado por M.
1987   Cuesta Domingo, Madrid, Museo Naval.

Fernández de Oviedo, Gonzalo, *Historia general y natural de las Indias,*
1945   14 v., Asunción del Paraguay, Editorial Guaranía.

Florentine Codex, editado y traducido por J. O. Arthur Anderson y
1950-1983   Charles E. Dibble, 12 v., Salt Lake City, University of
              Utah Press.

Fowler, William R., *The Cultural Evolution of ancient Nahua Traditions.*
1989   *The Pipil Nicarao of Central America,* Norman, University of Oklahoma Press.

Galarza, Joaquín, *Lienzos de Chiepetlan,* México.
1953-1954

Garibay K., Ángel Ma., *Historia de la Literatura Náhuatl,* 2 v., México,
1953-1954   Editorial Porrúa.

——, Paleografía y versión castellana de dos partes del manuscrito:
1965-1968   *Poesía Náhuatl,* II-III, Instituto de Investigaciones Históricas, México.

——, *Veinte himnos sacros de los nahuas,* Fuentes indígenas de la cultura
1958   náhuatl, Instituto de Investigaciones Históricas, Universidad Nacional, México.

Garza, Mercedes de la, *Relaciones Geográficas de Yucatán,* 2 v., México,
1983   Universidad Nacional Autónoma de México.

Gockel, Wolfgang, *Die Geschichte einer Maya Dinastie. Entzifferung*
1988   *Klassischer Maya-Hieroglyphen am Beispel der Inschriften von Palenque,* Mainz, Verlag Philip von Zabern.

Goody, Jack, *The Domestication of the Savage Mind,* Cambridge,
1977   Cambridge University Press.

Grusinsky, Serge, *La Colonisation de l'imaginaire: Societés Indigenes et*
1988   *Occidentalisation dans le Mexique espagnol XVI-XVIII siecles,* París, Gallimard.

Haly, Richard, "Poetics of the Aztecs", *New Scholar,* Santa Barbara
1986   University of California, vol. 10, p. 85-133.

Havelock, Eric A., *The Muse Learns to Write: Reflections on Orality and*
1986   *Literacy from Antiquity to the Present,* Cambridge, Harvard University Press.

Herrera y Tordesillas, Antonio de, *Historia general de los hechos de los*
1945   *castellanos en las islas y tierra firme del Mar Océano,* 10 v., Asunción del Paraguay, Editorial Guaranía.

Historia de las Indias de la Nueva España, estudio crítico, apéndice y
1969   notas de Edmundo O'Gorman, México, Editorial Porrúa.

Historia de los mexicanos por sus pinturas, atribuido a fray Andrés de
1985   Olmos, en *Literaturas indígenas,* editado por Miguel
            León-Portilla, México, Promexa.

Historia Tolteca-Chichimeca (Anales de Cuauhtinchan), edición facsi-
1942   milar en *Corpus Codicum Americanorum Medii Aevi,* v. I,
            Copenhagen.

Historia Tolteca-Chichimeca, editado y traducido por Luis Reyes y Odena
1976   Güemes, México, Instituto Nacional de Antropología.

Holland, William R., *Medicina Maya en los Altos de Chiapas,* México,
1980   Instituto Nacional Indigenista.

Huehuehtlahtolli véase: Bautista, fray Juan.

Ibach, Thomas J., "Mixtec Origin Myth", en *Tlalocan,* México, Univer-
1980   sidad Nacional Autónoma de México, 1980, v. VIII, p.
            243-247.

Jiménez Moreno, Wigberto, "Historia precolonial del Valle de Méxi-
1954-1955   co". *Revista Mexicana de Estudios Antropológicos,* México.

Karttunen Frances y James Lockhart, "La estructura de la poesía
1983   náhuatl vista por sus variantes". *Estudios de Cultura
            Náhuatl,* México, UNAM, v.14, p. 15-64.

——*Nahuatl in the Middle Years: Language Contact Phenomena in Texts of*
1976   *the Colonial Period.* Berkeley, University of California
            Press.

Katz, Friederich, *Situación social y económica de los aztecas durante los*
1966   *siglos XV y XVI,* México, Instituto de Investigaciones
            Históricas.

Kelley, David H., *Deciphering Maya Script,* Austin, University of Texas
1976   Press.

Klor de Alva, Jorge, "Sahagún and the Birth of Modern Ethnogra-
1988   phy", en *The Work of Bernardino de Sahagún,* editado por
            Jorge Klor de Alva *et alii,* Albany, State University of
            New York.

Landa, Diego de, *Relación de las Cosas de Yucatán,* editado por Ángel
1959   Ma. Garibay K., México, Editorial Porrúa.

León-Portilla, Ascensión Hernández de, *Tepuztlahcuilolli: impresos*
1982   *nahuas, Historia y bibliografía*, 2 vols., México, Universidad Nacional Autónoma de México, Instituto de Investigaciones Históricas.

León-Portilla, Miguel, *Aztec Thought and Culture, Study of the Ancient*
1985   *Nahuatl Mind*, Norman, University of Oklahoma Press.

———, *La filosofía náhuatl estudiada en sus fuentes*, 7a. edición, México,
1993   Universidad Nacional Autónoma de México, Instituto de Investigaciones Históricas.

———,"Cuicatl y Tlahtolli, Las Formas de Expresión en Náhuatl",
1983   *Estudios de Cultura Náhuatl*, México, Universidad Nacional Autónoma de México, v. XVI, p. 13-108.

——— ed., *Literaturas indígenas*, México, Editorial Promexa.
1985

———, *Time and Reality in the Though of the Maya*, segunda edición
1988   aumentada, Norman, University of Oklahoma Press.

——— *Trece poetas del mundo azteca*, México, Universidad Nacional
1967   Autónoma de México.

———*Quince poetas del mundo náhuatl*, México, Editorial Diana.
1991

Lehmann, Walter, *Zentral-Amerika*, 2 v., Berlín.
1920

Libro de los Coloquios, Los diálogos de 1524 según el texto de Bernardino de
1986   *Sahagún*, editado por Miguel León-Portilla, México, Universidad Nacional Autónoma de México, Instituto de Investigaciones Históricas.

Lincoln, J. Steward, *The Maya-Calendar of the Ixil of Guatemala*,
1942   Washington, Carnegie Institution of Washington, Contribution 528.

Lockhart, James, "Postconquest Nahua Society and concepts viewed
1990   through Nahua Reactions to Spanish Culture", *Estudios de Cultura Náhuatl*, México, UNAM, vol. 20, p. 117-140.

——— *Nahuas and Spaniards: Postconquest Central Mexican History and*
1991   *Philology*, Standford, Standford University Press.

—— *The Nahuas after the Conquest. A Social and Cultural History of*
1992   *Central Mexico, Sixteenth through Eighteen Centuries,*
            Standford, Standford University Press.

López Austin, Alfredo, "Los caminos de los muertos", *Estudios de*
1960   *Cultura Náhuatl,* México, Instituto de Investigaciones
            Históricas. v. II, p. 141-148.

López de Gómara, Francisco, *Historia general de las Indias,* Editorial
1941   Espasa Calpe, Madrid.

Lothrop, Samuel K., *Pottery of Costa Rica and Nicaragua,* 2 v., New York,
1926   Museum of the American Indians, Heye Foundation.

Mathews, Peter y John S. Justeson, "Patterns of Sign Substitution in
1984   Maya Hieroglyphic Writing: The Affix Cluster", en
            Phoneticism in Maya Hieroglyphic Writing, editado por J.
            S. Justeson y Lyle L. Campbell, Albany, State University
            of New York at Albany, p. 185-234.

McArthur, Henry y Lucille, *Notas sobre el calendario ceremonial de*
1965   *Aguacatán,* Guatemala, Huehuetenango, Instituto Lin-
            güístico de Verano.

McIntosh, John, "Cosmogonía Huichol", en *Tlalocan,* México, Uni-
            versidad Nacional Autónoma de México, v. 3, p. 14-21.

Moreno de los Arcos, Roberto, "Los cinco soles cosmogónicos", *Estu-*
1967   *dios de Cultura Náhuatl,* México, Instituto de Investi-
            gaciones Históricas, v. VII, p. 183-210.

Motolinía, Toribio de Benavente, *Historia de los indios de Nueva*
1985   *España,* Madrid, Historia 16.

Muñoz Camargo, Diego, *Historia de Tlaxcala,* México.
1892

Novotny, Karl Anton, *Tlacuilolli, Die Mexikanischen Bilderhandschriften,*
1985   *Stil und Inhalt,* Berlín, Verlag Gebr. MLNN.

Pomar, Juan de, "Relaciones de Tetzcoco", en Pomar y Zurita, *Rela-*
            ciones antiguas siglo XVI, publicadas por Joaquín García
            Icazbalceta, 2a. edición, México, Editorial Salvador
            Chávez Hayhoe, s. f.

Popol Vuh, Das Heilige Buch der Quiche Indianer von Guatemala, editado y
1944   traducido al alemán por Leonhard Schultze-Jena, Ber-
        lín, Iberoamerikanischen Institut.

Preuss, Konrad, *Nahua Texte aus San Pedro Jícora, Durango, Gebet und*
1976   *Gesänge,* editado por Elsa Ziehm, Berlín, Iberoamerika-
        nischen Institut, Gebete und Gesänge.

Ramírez, Cleofas y Karen Daken, "Huehuetlahtolli de Xalitla, Gue-
1985   rrero", *Tlalocan,* México, Universidad Nacional Autó-
        noma de México, v. VIII, p. 71-90.

"Relación de los sucesos de Pedrarias Davila en las provincias de Tie-
1945   rra Firme o Castilla del Oro, y de lo ocurrido en el
        descubrimiento de la Mar del Sur y costa del Perú y
        Nicaragua, escrita por el adelantado Pascual de Anda-
        goya", en Martín Fernández de Navarrete, *Colección de*
        los viajes y descubrimientos que hicieron por mar los españoles,
        5 v., Buenos Aires, Editorial Guaranía, t. III, p. 387-443.

"Relación del viaje que hizo Gil Gonzalez Davila por la Mar del Sur de
1870   las tierras que descubrió, conversiones en ellas logradas
        y donativos que se hicieron, año de 1522" en *Colección*
        de documentos inéditos relativos al descubrimiento, conquista
        y organización de las antiguas posesiones españolas de
        América y Oceanía, Madrid, t. XIV, p. 20-24.

Roys Ralph L., ed., *Ritual of the Bacabs,* Norman, University of
1965   Oklahoma Press.

Ruiz de Alarcón, Hernando, "Tratado de las supersticiones y costum-
1953   bres gentílicas que hoy viven entre los indios naturales
        de esta Nueva España", *Tratado de las idolatrías, superst-*
        ticiones, dioses, ritos, hechicerías y otras costumbres gentílicas
        de las razas aborígenes de México, 2 v., México, Ediciones
        Fuente Cultural.

Sahagún, Bernardino de, *Historia General de las Cosas de Nueva España,*
1956   editada por Ángel María Garibay K., México, Editorial
        Porrúa.

———, *Historia General de las Cosas de Nueva España,* edición de Alfredo
1989   López Austin y Josefina García Quintana, 2 v., México,
        Alianza Editorial Mexicana y Consejo Nacional para la
        Cultura y las Artes.

Stone, Doris, "Los grupos mexicanos en la América Central y su im-
    1957   portancia", *Arqueología Guatemalteca*, Guatemala, p. 131-
                138.

Strong, Duncan W., "The Archaeology of Costa Rica and Nicaragua"
    1948   *Handbook of South American Indians*, Washington, 1948,
                t. IV, p. 121-142.

Schele, Linda, *Maya Glyphs: The Verbs*, Austin, University of Texas
    1982   Press, 1982.

Schultze-Jena, Leonhard, *Mythen in der Muttersprache der Pipil Von
    1930   Izalco, El Salvador*, Jena, Verlag von G. Fischer.

Selden Roll, introducción de C. A. Burland, *Monumenta Americana von
    1955   der Iberoamericanischen Bibliothek*, Berlín.

Seler, Eduard, *Gesammelte Abhandlungen zur Amerikanischen Sprach und
    1902-1923   Altertumskunde*, 5 v., Berlín, A. Asher.

———, *Comentarios al Códice Borgia*, 3 v., México, Fondo de Cultura
    1964   Económica.

"Síntesis de la historia pretolteca de Mesoamérica", *Esplendor del
    1959   México Antiguo*, 2 v., México, Centro de Investigaciones
                Antropológicas.

Slocum, Mariane C.,"The origin of Corn and other Tzeltal Myths",
    1965   *Tlalocan*, v. IV, México, Universidad Nacional Autó-
                noma de México, Instituto de Investigaciones Histó-
                ricas-Instituto de Investigaciones Filológicas, p. 1-27.

Smith, Mary Elizabeth, *Picture Writing from Southern Mexico, Mixtec
    1973   Places, Signs and Maps*, Norman, University of
                Oklahoma Press.

Tedlock, Dennis, traductor, *Popol Vuh: The Mayan Book of Creation*,
    1985   New York, Simon and Schuster.

Thompson, Eric J., *An Archaeological reconnaisance in the Cotzumalhua
    1948   región, Escuintla*, Guatemala, Washington, Carnegie
                Institution of Washington, Publication 574.

———, *A Catalog of Maya Hieroglyphs*, Norman, University of Oklahoma
    1962   Press.

——, *Maya Hieroglyphic Writing: An Introduction*, Norman, University of
1960   Oklahoma Press.

Tira de la Peregrinación, edición facsimilar publicada por la Secretaría
1966   de Hacienda, México.

Torquemada, fray Juan de, *Monarquía Indiana*, 3 v., reproducción de
1969   la segunda edición, Madrid, 1723, Introducción de
        Miguel Leon-Portilla, México, Editorial Porrúa.

——, *Monarquía Indiana*, 7 v., editada por Miguel León-Portilla,
1975-1983   México, Universidad Nacional Autónoma de México.

Veinte himnos sacros de los nahuas, Introducción y notas de Ángel M.
1958   Garibay K., Seminario de Cultura Náhuatl, Instituto de
        Historia, Universidad Nacional de México.

Villa Rojas, Alfonso, *The Maya of East Central Quintana Roo*, Washing-
1945   ton, D.C., Carnegie Institution of Washington, Publica-
        tion 559.

Weitlaner, Roberto J., "Todos Santos y otras ceremonias en Chila-
1955   calapa, Guerrero", *El México Antiguo*, México, Sociedad
        Alemana Mexicanista, v. VIII, p. 295-322.

Whitaker, Gordon y Michael Coe, eds., *Aztec Sorcerers in Seventeenth*
1982   *Century Mexico: The Treatise on Superstitions by Hernando*
        Ruiz de Alarcón, State University of New York at Albany.

Zorita, Alonso de, *Breve y Sumaria Relación de los Señores de la Nueva*
1965   *España*, México, Universidad Nacional Autónoma de
        México [s.f.].

ÍNDICE ANALÍTICO

400

EL DESTINO DE LA PALABRA

-Azul, 60
-Hoang Ho (río amarillo), 10, 11
-Indo, 10
riquezas, 24
ritmo, 269, 271, 275, 276, 290, 294, 295, 312, 319
-estilístico, 263, 264, 265
ritos, 37, 67, 115, 123, 130, 132, 133, 134, 153, 158, 159, 162, 172, 191, 192, 195, 196, 199, 223, 247, 250
ritual, 13, 75, 86, 95, 99, 100, 102, 103, 203, 213, 248, 311, 338
-de los Bacabes, El, 60
Rodríguez, Francisco, 51
Romances de los señores de Nueva España, 205, 266, 268, 280, 281, 285, 310, 314, 315, 320, 321, 322, 323, 324, 325, 331
rostro, 204, 249, 250, 337
Rosa, Cruz de la, 65
Roys, Ralph L., 60
Ruffo de Forli, Juan, 36
Ruiz de Alarcón, Hernando, 62, 224, 354
rumbos del Universo (cósmicos), 60, 84, 90, 288
rutas comerciales, 118

saber matemático, 13, 14, 246
sabiduría, 4, 5, 6, 115, 248, 287, 289, 344, 346, 348, 350, 351, 352
-calendárica, 247
sabio (tlamatini), 1, 3, 4, 11, 27, 28, 29, 31, 45, 47, 53, 54, 68, 69, 74, 76, 78, 100, 208, 247, 251, 254, 255, 260, 261, 286, 291, 323, 326, 329, 331, 332, 335, 337, 338, 344, 345, 358, 362
sacerdote (tamagazqui, ofrendador), 11, 27, 28, 31, 39, 45, 53, 54, 68, 69, 74, 86, 87, 88, 90, 91,

96, 100, 103, 104, 110, 137, 140, 149, 150, 151, 154, 155, 157, 159, 160, 161, 170, 171, 179, 185, 196, 205, 207, 208, 219, 222, 224, 245, 247, 248, 251, 252, 255, 259, 261, 329, 330, 337, 338, 348, 358, 362
sacrificios, 44, 54, 65, 94, 96, 108, 134, 151, 153, 158, 159, 170, 171, 177, 191, 192, 193, 195, 196, 206, 219, 226, 246, 248, 292, 343
-gladiatorio, 199
Sahagún Bernardino de, 2, 4, 5, 9, 13, 14, 16, 17, 29, 40, 41, 42, 44, 53, 55, 60, 69, 70, 92, 98, 100, 101, 104, 134, 179, 180, 184, 194, 195, 201, 202, 206, 208, 211, 213, 218, 229, 233, 255, 295,296, 314, 343, 344, 345, 346, 347, 348, 352, 353
Salvador, El, 64, 119, 143, 232
San Francisco, 1, 239
sangre, 39, 94, 95, 105, 110, 159, 160, 191, 192, 194, 195, 246, 247, 248, 292, 293, 294
San Juan Mixtepec, 64
San Luis Potosí, 259
San Salvador Cuauhtlancingo, 50
Santa Ana Tlacotenco, 63, 260
Santa Cruz, 64
Santa Lucía Cozamaloapan, 143
Santa María, 239
Santiago Xuchitototzin, Andrés de, 58
Santo Domingo, isla de, 127
Santo Oficio, 4
Schultze-Jena, Leonhard, 64
secuencias logosilábicas, 68
-pictoglíficas, 28, 44, 45, 55, 69
Seler, Eduard, 75, 76, 77, 84, 93, 104, 182, 192, 206, 207, 209, 257, 320
Seminario de Cultura Náhuatl de la UNAM, 261

Este libro se terminó de imprimir y encuadernar en el mes de diciembre de 1997 en Impresora y Encuadernadora Progreso, S. A. de C. V. (IEPSA), Calz. de San Lorenzo, 244; 09830 México, D. F. Se tiraron 2 000 ejemplares.

Haberland, Wolfgang. *Culturas de la América indígena.*
Hallpike, C. R. *Fundamentos del pensamiento primitivo.*
Hannerz. Vif. *Exploración de la ciudad.*
Herskovits, Melville Jean. *Antropología económica.*
Herskovits, Melville Jean. *El hombre y sus obras.*
Hole, Frank y Robert F. Heizer. *Introducción a la arqueología prehistórica.*

Jensen, Ad. E. *Mito y culto entre los pueblos primitivos.*

Kendall, Carl, Hawkins, John y Bossen Laurel. *La herencia de la conquista.*
Krickeberg, Walter. *Las antiguas culturas mexicanas.*
Krickeberg, Walter. *Etnología de América.*
Krickeberg, Walter. *Mitos y leyendas de los aztecas, incas, mayas y muiscas.*

León-Portilla, Miguel, *Los antiguos mexicanos*
León-Portilla, Miguel. *Toltecáyotl: aspectos de la cultura náhuatl.*
Lévi-Strauss, Claude. *Mitológicas. I. Lo crudo y lo cocido.*
Lévi-Strauss, Claude. *Mitológicas. II. De la miel a las cenizas.*
Lewis, Oscar. *Antropología de la pobreza.*
Linton, Ralph. *Estudio del hombre.*
Lowie, Robert Harry. *Historia de la etnología.*
Long-Solís, Janet. *Capsicum y cultura. La historia del chilli.*

Mason, J. Alden. *Las antiguas culturas del Perú.*
Messmacher, Miguel y otros. *Dinámica maya.*
Morley, Sylvanus Griswold. *La civilización maya.*
Murdock, George Peter. *Cultura y sociedad.*
Murdock, George Peter. *Nuestros contemporáneos primitivos.*

Nadel, Siegfried Ferdinand. *Fundamentos de antropología social.*

Ortiz, Fernando. *El huracán. Su mitología y sus símbolos.*

Pendlebury, John. *Arqueología de Creta.*
Piggott, Stuart. *Arqueología de la India Prehistórica hasta el año 1000 a.C.*
Piña Chan, Román. *Chichén Itzá.*
Piña Chan, Román. *Historia, arqueología y arte prehispánico.*
Piña Chan, Román. *Quetzalcóatl, serpiente emplumada.*

Rodríguez Vallejo, José. *Ixcátl, el algodón mexicano.*

Sabater Pi., Jorge. *Gorilas y chimpancés del África occidental. Estudio comparativo de su conducta y ecología en libertad.*
Schávelzon, Daniel. *La Pirámide de Cuicuilco. Álbum fotográfico.*
Scheff, Thomas J. *La catarsis en la curación, el rito y el drama.*
Séjourné, Laurette. *Arqueología de Teotihuacán. La cerámica.*
Séjourné, Laurette. *El universo de Quetzalcóatl.*
Seler, Eduard Georg. *Códice Borgia.*
Shapiro, Harry L. *Hombre, cultura y sociedad.*

Smith, Waldemar R. *El sistema de fiestas y el cambio económico.*
Soustelle, Jacques. *El universo de los aztecas.*
Soustelle, Jacques. *La vida cotidiana de los aztecas en vísperas de la conquista.*
Soustelle, Jacques. *Los olmecas.*
Spranz, Bodo. *Los dioses en los códices mexicanos del grupo Borgia.*
Swadesh, Frances Leon. *Los primeros pobladores.*

Thomas, Louis-Vincent. *Antropología de la muerte*
Thompson, J. Eric. S. *Grandeza y decadencia de los mayas.*
Tibón, Gutierre. *El ombligo como centro cósmico.*
Tibón, Gutierre. *La tríade prenatal.*

Vaillant, George C. *La civilización azteca.*
Velázquez Gallardo, Pablo. *Diccionario de la lengua phorhépecha.*
Vermeule, Emily Townsend. *Grecia en la Edad de Bronce.*
Vermeule, Emily Townsend. *La muerte en la poesía y en el arte de Grecia.*
Vogt, Evan Z. *Ofrendas para los dioses.*

Wasson, Robert Gordon. *El hongo maravilloso: teonanácatl. Micolatría en Mesoamérica.*
Wheeler, Mortimer. *Arqueología de campo.*
Whitecotton, Joseph W. *Los zapotecos, príncipes, sacerdotes y campesinos.*